大夏书系·名家经典

过去的课堂

——民国名家的教育回忆

王木春 主编

华东师范大学出版社

全国百佳图书出版单位

图书在版编目（CIP）数据

过去的课堂：民国名家的教育回忆／王木春编 .—上海：华东师范大学出版社，2015.12

ISBN 978 - 7 - 5675 - 4532 - 8

Ⅰ .①过 ... Ⅱ .①王 ... Ⅲ .①课堂教学—教育史—中国—民国 Ⅳ .① G529.6

中国版本图书馆 CIP 数据核字（2016）第 016392 号

大夏书系 · 名家经典

过去的课堂

——民国名家的教育回忆

主　　编	王木春
策划编辑	朱永通
审读编辑	齐凤楠
封面设计	戚开刚

出版发行　华东师范大学出版社
社　　址　上海市中山北路 3663 号　邮编　200062
网　　址　www.ecnupress.com.cn
电　　话　021 - 60821666　行政传真　021 - 62572105
客服电话　021 - 62865537
邮购电话　021 - 62869887　地址　上海市中山北路 3663 号华东师范大学校内先锋路口
网　　店　http：//hdsdcbs.tmall.com

印 刷 者　北京季蜂印刷有限公司
开　　本　700×1000　16 开
插　　页　1
印　　张　16
字　　数　230 千字
版　　次　2016 年 6 月第一版
印　　次　2016 年 6 月第一次
印　　数　6 100
书　　号　ISBN 978 - 7 - 5675 - 4532 - 8/G · 8935
定　　价　35.00 元

出 版 人　王 焰

（如发现本版图书有印订质量问题，请寄回本社市场部调换或电话 021-62865537 联系）

目　录

自　序·追寻远逝的教育好时光 / 001

小学课堂 ▪

少年时代·郭沫若 / 003

小学·萨孟武 / 007

"三曹"老师·公　木 / 012

国文教员·图画教员·金克木 / 016

感谢我的启蒙老师·袁微子 / 020

丝业小学·徐　迟 / 022

难忘的一课·于光远 / 026

初小老师曹景黄·任继愈 / 028

感念三位启蒙恩师（节选）·黄鸿森 / 030

启蒙师·琦　君 / 035

难忘的一课·周大风 / 041

忘不了的一课·岑　桑 / 044

精彩课堂片段（小学篇）/ 047

■ **中学课堂**

二十年来的经历 · 邹韬奋 / 055

常州府中学堂 · 钱　穆 / 059

中学时代 · 茅　盾 / 062

怀李叔同先生 · 丰子恺 / 069

我的中学国文老师 · 罗　庸 / 072

我的一位国文老师 · 梁实秋 / 077

难忘的恩师 · 苏步青 / 081

难忘的中学老师 · 季羡林 / 084

我的中学 · 钱学森 / 088

忆恩师 · 张　维 / 092

张闻天教我国文课 · 张允和 / 095

对我有深刻教育意义的一堂课 · 于光远 / 098

一袭青衫 · 琦　君 / 103

忆南开 · 韦君宜 / 112

长忆吾师 · 孙开远 / 115

激情孟夫子 · 朱永福 / 119

绵绵师魂谁继? · 张思之 / 123

精彩课堂片段（中学篇）/ 128

大学课堂 ▪

北京大学·冯友兰 / 139

老师和同学·凌叔华 / 142

上海大学·丁　玲 / 148

爱上物理学·王淦昌 / 150

怀念姜立夫先生·吴大任 / 155

红楼点滴·张中行 / 158

张资平教地理·（马来西亚）温梓川 / 164

北大与北大人·朱海涛 / 168

最后一堂课和最后一首诗·程千帆 / 174

我对吴有训、叶企孙、萨本栋先生的点滴回忆·钱三强 / 177

离乱弦歌忆旧游·赵瑞蕻 / 180

沈从文先生在西南联大·汪曾祺 / 184

金岳霖先生·汪曾祺 / 188

当年师长素描·周明道 / 192

暨南四教授·原予鲁 / 198

紫色的雾·闻　山 / 204

精彩课堂片段（大学篇）/ 207

附·名家课堂自述 / 218

一个活的林间学校产生了·陈鹤琴 / 218

在言子庙·叶圣陶 / 222

后宅初阶小学·钱　穆 / 224

教师日记·丰子恺 / 227

最后一课·郑振铎 / 235

教学相长·王朝闻 / 238

后　记 / 241

编辑手札·作为教师，您应该"追寻远逝的教育好时光" / 243

追寻远逝的教育好时光

　　民国虽仅 38 年，但在浩瀚的历史长河中稍纵即逝的它，却涌现了众多杰出的学者、作家、科学家、艺术家，他们如灿烂群星，闪耀夜空。

　　这是一个谜一样的奇迹，人们有各种各样的猜测，也纷纷得出自己的答案。

　　我也非常好奇。作为教育者，我的追问显得有点"钻牛角尖"：这一大批民国精英上过的大中小学的课堂，究竟是怎样的呢？

　　于是，我钻入了故纸堆，沿着前辈们受教育的经历，在民国时代种种独特而迷人的课堂景象中流连忘返。

　　于是，诞生了这本《过去的课堂》，也诞生了我对民国课堂三个向度的认识。

　　一曰，自由与包容。

　　冯友兰先生回忆，北大在蔡元培任校长后成了"自由王国"，开什么课，课怎么讲，都是老师的自由。教师之间，有不同观点可以唱对台戏。学生们就更自由了，"可以上本系的课，也可以上别系的课。你上什么课，不上什么课，没人管；你上课不上课也没人管。只到考试的时候你去参加考试就行"。汪曾祺笔下的西南联大亦然："联大教授讲课从来无人干涉，想讲什么就讲什么，想怎么讲就怎么讲。"

　　大学课堂如此，中小学课堂里也不乏其例。季羡林的中学老师，有的是前清秀才，四书倒背如流，出口"我们大清国"；有的是激进革命者，像胡也频，一上课就宣扬普罗文学。袁微子先生记得小学每次作文时，夏老师就问："这次作文写点什么好呢？……我替你们想了几个题目，你们看怎么样？"接着夏老师拟出四五个题目，让学生自己选择。有时，调皮的同学还故意问：老师，这些题目我都不喜欢，我想自己写一个，行吗？夏老师总是笑眯眯地同意。

如此自由与包容的氛围，才孕育出不一样的课堂，并由此孕育出一个时代生气勃勃的教育气象。

二曰，个性与才学。

"个性"二字，堪称民国课堂最鲜明的特征了。请欣赏下面的课堂：

（童伯章先生）庄严持重，步履不苟，同学以道学先生称之。而上堂则俨若两人，善诙谐，多滑稽，又兼动作，如说滩簧，如演文明戏。一日，讲《史记·刺客列传》，"荆轲刺秦王"。先挟一大地图上讲台，讲至图穷而匕首见一语，师在讲台上翻开地图，逐页翻下，图穷，赫然果有一小刀，师取掷之，远达课堂对面一端之墙上，刀锋直入，不落地。师遂绕讲台速走，效追秦王状。（钱穆《常州府中学堂》）

（唐）老师讲授的是韩愈《张中丞传后叙》……老师的讲法很别致，他从来没有给我们解释字句，也从来没有说这篇文章好在哪里，为什么要读。他只是慷慨激昂地或是低徊宛转地读几遍。然后领着我们共同朗诵。他这才在教室里打转转，听着我们朗诵。有时他会搬过一张凳子，坐在你身边，说道："老弟，我们一道读啊。"虽然带着太仓腔，但是在抑扬顿挫之中，你会听到句号、分号、逗点、顿点，连带惊叹号、疑问号。（朱东润《朱东润传记作品全集》）

这些课堂，没有千篇一律的、古板的授课方式，更不见程式化的"几步教学法"或"15+30"的课堂教学模式，而是灵动的、性情的，充满生命力的。这里，老师即课堂，每一节课都是教师的才学与个性的自然展示。

三曰，创意与实践。

今天不少五花八门的所谓"创新课堂"，民国时期已经出现，算不得什么新事物。试举几例：

1. 分组法：诗人公木小学时的曹老师让学生互改作文，然后再交他审查。曹老师还把学生依座位分成六组，每组十至十一二人，在星期日讲故事，各组整理出一份记录，交他审阅、评比。

2. 启发式：冰心在贝满女中念书时，教化学的管老师上课一直采用启发式：让学生预习下一堂的内容，每人记下不懂的问题，一上课就提出来，大家讨论，接着老师讲解，最后做试验。

3. "开放"式：金克木小学时有位老师，多才多艺，既教图画课、手工课，还教自然课。他上的自然课，不拘守课本，而是把学生带出校门，到附近菜园去讲十字花科植物。后来又开一门园艺课，在校内开辟几个小畦，让学生分小组负责。

此外，作曲家周大风回忆在镇海县乡下念书时，生物教师通过师生同台演"幕表戏"，把生物、地理乃至高科技的知识都融进去，获得极大的成功。演出后，学校图书馆内相关学科的书刊被借阅一空。

以上所谈的这三个向度，与民国时期办学自由度极高不无关系。但在具体的课堂教学中，起根本作用的则是师资因素（教师的教育理念与学识水平）。民国师资情况可从以下两方面来考察。

一方面是师资水平。当时学校很少，教师人数也少，但从小学到大学，教师的整体水平非常高。

首先，从学历看。不少中小学教师出身于名牌大学或属于"海归派"。作家徐迟小学时的几位年轻老师，个个是名校优等毕业生。季羡林北大毕业后回到济南中学教书，不少同事是北大校友。此外，留学生归国当中小学教师，在当时是寻常事，像周氏兄弟从日本回来，都当过中学老师。

其次，中小学教师自编高质量的教材。金克木先生的小学国文老师，每星期都另发油印的课文给学生，以代替教科书，选的文章古今全有。有些文章后来进入了中国大学语文的读本，让晚年的金先生也惊叹不已。

再次，从课堂表现看。名家笔下的老师，课堂上风采十足，令人神往。季羡林的一位中学老师，外号"大清国"，上课从不带课本，"四书五经"不仅能背诵如流，据说还能倒背。而罗庸先生在西南联大上课，"不带片纸。不但杜诗能背写在黑板上，连仇注都背出来。"如今我们看这些老师，恍若神人。

有如此学识的老师，无论课堂如何自由、个性、创意，效果总是不差的。一代名家的成长，便是明证。这就是"名师出高徒"。

另一方面是教育理念。民国时期，多数教师虽然未受过专门的师范教育，但有着朴素的人文情怀。他们的课堂，除了传递知识，还重视传递知识之外的东西。

国学大师黄侃上课，常由古代诗文谈及现实，"爱国忧民愤世嫉俗"之情溢于言表。有一次讲顾亭林的《海上》，"他一面念一面慨叹，仿佛要陪着顾亭林也痛哭流涕"。学生们为之动容。

李叔同上音乐课时，有的同学看不相干的书，有的同学吐痰在地板上。李叔同没有立刻责备他们，而是等下课后，才用轻而严肃的声音郑重地说："某某等一等再出去。"等别的同学都走了，他才和气地提醒他们应该如何如何。说完微一鞠躬。李叔同用言传身教，告诉学生什么是尊重。

我在编书时，每读到这类文字，内心常溢满温情，同时感慨：如今的课堂上，已很难触摸到这般有温度的细节了。

诚然，民国名家们笔下的课堂，也存在诸多落后的现象，其中最普遍的要算体罚了。这类课堂，本书也选入一部分，以反映当时课堂的全貌。借此也提醒读者，对民国课堂乃至于整个民国教育，我们也不能过分神化。回望民国，诚如傅国涌先生所云："向一个消失的传统致敬，绝不仅仅是怀旧，更多的是寻找和回归。"为了更好地"寻找和回归"，客观地看待民国教育，乃是基本的态度。

王木春

2016 年 2 月 22 日　于东山岛

小 学 课 堂

少年时代 ①

郭沫若

小学是在一九〇六年的春正开学的。

小学生活的第一学期，我虽然经过了性的觉醒，但还没有完全失尽我自己的儿童生活的天真。因为是过渡时代的学校，学生年龄相隔很远，三十岁上下的成年要占过半数以上。我的年龄算是最幼的一起，体操的次序我是站在倒数第三的。

第一学期的课程，贫弱到不可思议的地步。

入校不久，校长陈济民先生便辞了职，他到离城三十里的流华溪公立小学校去当校长去了。他为甚么辞去官立去就私立，这儿当然有种种的暗潮存在；但这种暗潮的内幕，我们当时可无从知道了。

最令人害怕的是绰号名叫"老虎"的监学易曙辉先生，他教了我们一些乡土志。这是比较有趣味的一门功课。他把嘉定城附近的名胜沿革很详细地教授了我们，同时还征引了些历代文人的吟咏作为教材。这虽然是一种变格的教法，但于我们，特别是我自己，却有很大的影响。不过听他的功课是一种苦事。在一点钟之内，坐在凳上，他不许你动移一下。你要略略动移一下，他便要大发雷霆了。学校开办后，"扑作教刑"的古制虽然废了，但他依然还是要打人的。

他是一位副榜，从前教散馆的时候也就可怕得有名。他的"老虎"的绰号就是从那时候得来。但在我们小学生中又把它音变而为"老鼠"了。

① 选自郭沫若著《郭沫若自传》，江苏文艺出版社，1996.07，有删节。

他的眼睛很近，根据"鼠目寸光"的成语，我们又号他为"寸光先生"。但是事实上我们之怕他，实在比老鼠怕猫还要厉害。他的面色就像戏台上傅了粉的奸臣一样。两个皙白的面庞，一个大红的酒糟鼻，一副玳瑁圆框的近视眼镜。他一叫唤起来，真是有咆哮生风的虎威。

但就是这样一位可怕的先生，他不久又病了，一直到了暑假都没有回校。

结果只剩着两位先生。

一位是帅平均。他是本县的廪生，是以本县的官费最初送出东洋的。他是那时候日本人特别替中国人办的骗钱学校宏文师范毕业的学生。他担任的教课是算术、音乐、体操、读经讲经。

他的算术真是可怜，除了照着钞本教了我们一些就像图画一样的罗马数字以外，他演起习题来差不多连加法都要弄错。

他学的是甚么柔软体操，教了我们许多日本式的舞蹈的步法。

他的音乐最是自鸣得意的，他按会了风琴，教了我们好几首"吾党何日醒"的爱国歌。

这些便是他关于新学一方面的学问，县里人费了不少的公费特别派遣人到日本去学习得来的一点成绩。帅先生已是中年，又没有甚么科学上的准备知识，当然也怪不得甚么，不过日本人惯会办学校来骗中国人的学费，这是公然的秘密。

帅先生的授课比较有趣味的还是他的读经讲经。第一学期中他整整地教了一篇《王制》，这是使我和旧学接近的一个因数。《礼记》中的《王制》是钉短不可卒读的，但他把它分成经、传、注、笺四项，以为经是仲尼的微言，传是孔门的大义，注笺是后儒的附说。就这样把它分拆开来，也就勉强可以寻出条理了。

帅先生的功课就是这几门，但这几门是并不吃力的学问；就是应该很艰涩的经学也因为他的教材有趣，我是一点也不觉得辛苦的。

剩下的还有一位刘书林先生。他是成都附近的什邡县的人，也是一名廪生。他这人非常的温和，在小学校中能够和学生接近而且没有绰号的，就只有他一个。他担任的是历史、地理、作文。

就因为这样的原故，在第一学期中，我差不多一天到晚都在操场上玩耍。在操场上抛沙作戏，在操场上打兔子洞，在操场上翻筋斗。不到上灯，没有上自习室的时候。

……

第二学期的学堂比第一学期要算是大有起色了。

易先生当了校长，他的病也好了。

前任的校长陈济民先生也回到了学校里来，他专门担任国文。

这位陈先生是一位举人，他是再滑稽也不过的。但他的滑稽是包含得有针刺的滑稽，大家都有些怕他。

他是把包慎伯的《艺舟双楫》拿来作教材的。讲的是奇偶急徐、起承转合的文法。文法的引例是《尚书·尧典》，这可以说是非常的艰深，但是在他讲来却是津津有味。不过程度太浅、全然不感觉趣味的人也怕是有的。因为在他那样有趣味的钟点里，偏偏有人睡觉。像遇着这样的时候，那陈先生的滑稽性便要发挥出来了。

——"O—ho，O—ho！① 去了，去了。"

他偏着头，斜着眼睛，用这样的腔调形容那打瞌睡的人。那打瞌睡的人不消说是把头垂着就像风中的向日葵一样，东偏西倒，前颠后拐的。

陈先生一形容着，满堂的人便要笑起来。那可怜的人还是笑不醒的时候，陈先生便要打开讲堂门连呼学堂的老杂役李华：

——"李华！李华！你赶快抬一架床来，给某某先生睡觉。"

满堂的人轰堂大笑起来。——像这样的轰堂大笑，原因不必是一样，在陈先生的教课时间里总要发作一两次。

---

① 指鼾声：阿呼，阿呼！

　　陈先生教课非常亲切，他改国文每改一个字或者添一个字，他都要很详细地替你说出理由来。他是一个理想的小学教师。

　　他本是一位举人，他的专门学识是《大清律例》，但关于这项，我们没有受过他的教益。

小学 ①

萨孟武

　　此时社会风气渐次开通了，我们兄弟便由家塾进入小学读书。当时小学不多，有公立第一、第二、第三小学。第一公立小学校长是林万里先生，他是我的父亲及诸叔父的同学，即高啸桐及其弟梦旦太老师的学生。依万里先生的劝告，进入第二公立小学。第二公立小学的校长姓黄，他曾在我家做过老师，刚由日本回国，就任命为校长。我们全家兄弟，即祥姊、俊哥、我及本焌、本钧均进公立第二小学。由家塾进入小学，自由多了，儿童的心情也活泼多了。此时只有两班，俊哥上第一班，其余均在第二班，功课很少，除唱歌、体操之外，只有算术、国文及习字。教授国文的是陈老师，课本用商务出版的初小国文教科书。此书我们在家塾均读过，现在不过复习而已。我们于下学期（秋季）插入各班，所以读第二册。第一课为"学堂暑假，一月已满，今日早起，穿新衣，入学堂，先生授我新书，告我曰：'汝读此书，当比百册，更有味也'"。现在我尚能背诵许多课。其中一课为"鸭"，有"羽毛滑泽，逐水为戏，自以为乐也"数句，每课读了之后，均有问答题目，本课则问"鸭何以自以为乐"，全班均答"逐水为戏"，只唯本钧一人，答以"羽毛滑泽"，陈老师认为本钧所答不错，别人所答均不对。众生哗然，提出抗议，陈老师如何解释，我已经忘记了。第二册最后一课为"放假歌"，"学堂乐，乐如何，请君听我放假歌。吾曹同到此，一岁忽将过，同学相亲爱，先生勤教科，读书已二册，识字

① 选自萨孟武著《学生时代》，广西师范大学出版社，2005.04，有删节。

一千多，学堂乐，乐如何，请君听我放假歌。"

此时已近年尾了，不久即放年假，过年之后，升上一班，读第三册教科书，第一课为"元旦兄偕弟，赴叔父家贺年，闻乐声，弟悦甚……云云"，黄校长因为学生功课不多，另加一门"孝经"，我们虽能背诵，而均是"孝"，何以又有天子之孝、诸侯之孝、大夫之孝、士庶人之孝，则不甚了解。

我们兄弟在公立第二小学读书是愉快的。可惜好景不常，福州竟然发生了鼠疫，本钧得病而死，全家兄弟均辍学，逃到亲戚家里。我在亲戚家塾读书，这是我第二次进入家塾，仍读初小国文第三册。同时开始作文，老师姓陈，举人出身，问我做过文章没有，我说没有做过，姑且试试看，题目为"匡衡"（教科书中有一课，叙述匡衡好读书，以后做了宰相）。我因为看过俊哥文章，第一句是起句，以后一正一反，再加引证，最后则作结论。我依这个方法，就写"人不可不读书，何也，读书方有知识，而能治国平天下。不读书则无知识，不能治国平天下。不观乎匡衡乎，他乃牧羊儿童，因能勤学，终登宰相之位，故人不可不读书也"。这篇文章是我第一次写的，陈老师大加称赞，以为意思虽然幼稚，而文法没有不通顺之处。第二天又出一个题目，"说孝"，我还是先作起句，次一正一反，三引证，四结论，但引证乃引黄儿之事，先生问我黄儿是谁。我说国文第二册有"黄儿孝子也"一课，先生告我，凡引证必须实有其人，匡衡是汉代的人，故可引证，黄儿乃虚构之人，不可引证。大约先生把黄儿改为王祥。我的文章成为一种格式，引证必用"不观乎"三字，一天先生发脾气了，大声说道，天天都是"不观乎"。但是不用"不观乎"，要用什么字，我当时不甚明白，先生把"不观乎"改作"昔者"，于是我增加了一种写法，或用"昔者"，或用"不观乎"，换来换去，老师不会看得讨厌。不久，老师叫我不要念国文教科书，改念古文，第一篇是《陋室铭》，又读《左传句解》。读古文有古文的音调，读《左传》又有《左传》的音调。均须高声朗读。我记得读《左传》至桓公与姜氏如齐，"齐侯通焉"之处，何谓"通"，先生不加说明，只把"注"给我看，注为"禽兽之行，淫乎其妹"，而我还不了解，而念至"齐侯通焉"之句，声音又特别放大，结果竟受先生斥骂，告以此句不要高声朗读。此时每天下午均写文章一篇，题目多出在《左传》上，我的国文又渐渐进步了。

在亲戚家里读书，约有一年，我又回到老家。此时老家乃有一番变动，俊哥由叔祖镇冰带烟台读书，祥姊入女子师范。虽然去了一兄一姊，而年龄较轻的人皆上学了。如本铁、本刚、本栋、本澄都在明伦小学上课，我当然也入明伦学堂。学生之中，吾家人数最多，次为龚家，故有七龚八萨之言。

明伦小学办得极好，我与本焌同班，本铁与本刚同班，本栋次一班，本澄又次一班。教学以启发为主，除古文（唐宋八大家文章，而以韩愈及三苏文章为最多）要背诵之外，其他功课皆不强迫学生作不必要的暗记，考试也没有像现在猜谜样的贴经式题目。我们学生所注意的是古文、算术、历史三科。担任古文的是石慕齐老师，每星期要读两篇古文，古文由学校油印，发给学生，不另取费。每星期也要写两篇文章，文章有史论及经义两种。史论可自由发挥意见，经义的做法，则有一定规则，稿纸之上，题目低二格，文章也低二格，不能同史论一样，顶头写下去。原因何在，我至今尚不明白。至于游记则很少做，唐宋八大家之中，只唯柳宗元会写游记，可知游记是不容易写的，作文题目以史论为多，文章做好的，可以挂在玻璃橱之内，供给全校学生阅览。我所写文章，几乎每篇必挂，有一次题目为"晋假道于虞以伐虢论"，我竟然打破纪录，得了一百零五分。大意谓"以晋之强，虞若不许假道，晋将移伐虢之师以伐虞。虞国小兵弱，势将先虢而亡。为虞之计，莫如收晋马璧，许其假道，阴与虢约，待晋师过虞入虢之时，前后夹攻，如是晋师覆败。而虞虢二国可免亡国之惨"。这是文章大意，大约有二三百字之多。其实，这种想法，是我在家里，看过《李笠翁文集》，把它偷来的。

我对于算术也有兴趣。四则问题，不过龟兔、时针、父子年龄以及工程数种而已。每做习题，陈叔良老师一定先叫学生想想，全班学生答不出来，他就问我："算术师，你以为如何解答"，我毫不思索地立即答道，"以一代之"。盖四则问题有很多种类都是以一代之，因为我算术全班中最好，所以陈老师以开玩笑的口吻，称我为算术师。

担任历史功课的为黄季芳老师，历史课本是商务印书馆出版的小学历史教科书，共计四册（？），内容虽然简单，而比之今日高中，甚至大学的课本，也许还详细一点。黄老师常摘要《通鉴》，写在黑板之上，令学生抄在书上，以补充课本之不足。这不但增加我对历史的知识，且又培养我对历史的兴趣。过了半年之后，我又认为黄老师摘要的还是简单，乃自己参考《通鉴辑览》及其他有关书籍，如《廿二史札记》之类。课本原文用大字，所加的"注"用小字，写在稿纸之上，每一百页订成一本，全部共十二本。这是我第一部的写作，当然不配称著作，只是抄书，因为没有摘要的能力，有时且将原文全部抄下。

我国文、算术、历史三门功课，虽然甚好，但每次月考，均不能名列第一，因为我字写得不好，画也不好。我大约是第二名或第三名，第一名多系高联璜及林荣向两人。高联璜后来成了福州有名诗人，林荣向则入北洋大学，再赴美国深造。

在许多功课之中，我最怕的是地理，这地生产什么，那地生产什么，相差无几，我们记得了，旋即忘记。这种暗记式的功课，我极不喜欢。

在明伦小学读书约有四年，最初是念商务印书馆出版的初小国文，初小国文共有八册（？），我们学校只教至第四册，改读高小国文，第一课为"立宪"，载西太后所下的"圣谕"，太后上面加有好字甚多，最后二字为"慈禧"，故称为"慈禧太后"。何以要加那样多的好字，竟令我们念不下去。据老师说，每年加一字，加到现在，故有十数字之多。"圣谕"内容是什么，没有一点印象。第二课为"议会"，尚有一幅图画，什么议长席呢，议员席呢，新闻记者席呢，我们小孩实在莫名其妙。而且"席"字意义不大明白，吾国古人席地而坐，日本到了二十世纪，还是席地而坐，故日人用"席"字表示座位，什么席，什么席，大约是由吾国输入日本，再由日本输入中国的。高小国文此类文章甚多，小学生不甚了解，所以教了二三课之后，即停止不教，改读唐宋八大家文章。我们于"自习"（当时小学有自习一课，令学生大声朗诵古文）时大家同声朗读，状似唱歌，梁祝电影中那一段"大学之道，在明明德"，就是一个例子，不过头没有摇得那样厉害。读者诸位，不要以为读古文何必摇头。据我经验，读得烂熟了，头摇得合节了，文章自会做出来。

"三曹"老师 ①

公 木

　　12岁上，念完了初小的课，爸爸便送我上高小：深泽县河疃村两级小学堂。河疃在我村西北方向，相距只 5 里，却隔了县。我入的是高级班，也称河疃高小，是私立的，深泽、安平、束鹿三县周围二三十里的村庄，都送子弟来入学，一律住宿，不收学费，只要米粮，数量也无定额，杂费是由河疃村自行筹措的。校长康凌烟先生，倜傥魁伟，浓眉长须，令人见而肃然起敬，他不住校，只有时来看看，讲讲话；校务全由一位谷先生代理。谷先生又是初小班主任教师，住在高台正堂北房里，迎门桌上竖着 1 米高 "大成至圣先师孔夫子之神位" 的桐漆木牌。谷先生除给初级班讲课外，每小时还向全院摇一次铜铃，从晨 6 时到晚 9 时，终年不误，全校只有一个木座钟放在孔夫子牌前。另外，全校只有一位兼司采买的炊事员，一位打扫庭院门道的工友。再另外，就是教我们高级班的老师了，这得慢慢说，一言难尽。

　　我们高小班教室临着大街，有六七十个座位，南北窗外各植杏树数株。新年过了，爸爸赶着大车，拉两布袋米面，还有一套行李，送我到河疃，进校门先上正堂给孔圣人行了个三拜九叩礼，就算被收取了，谷先生把我的名字登记在一个大本子里。只听爸爸说了些什么，大意是说由上届

---

① 题目为编者所加，有删节，个别段落有调整，原题为《我的童年》。选自邓九平主编《庭花旧影忆童年：20 世纪中国作家学者艺术家谈童年》，中国和平出版社，1999.01。

毕业生张茂林、孙敬文两人介绍来的，孙是我的表舅，张是我的姨父，都是刚刚离校的。原来这个高小班才开办 3 年，我入的是第二届，入学也不用考试，笔试口试都不用。磕过头就由谷先生指引把行李放进侧院宿舍里，全是木板联铺，已有不少人住上，我也占了一席地就算住下了。然后编班，全班六十多人，我算是比较小的，最年长的有十七八岁。

我们高级班老师姓曹：曹怀珍，字席卿，是康校长的及门弟子，清末童生，民元后念过天津师范，至少已经 50 开外了吧，住在高台上东厢房里。除英文课是由一位不住校的王先生担任以外，曹老师担任了我们的全部课程：国文、算术、史地、博物、修身以及音乐、体育，还要批改作文，指导书法，监督早晚自习。实在忙不过来，便把他的儿子曹贡生、侄子曹俊生轮番招来助教，更大半时候是一同来。兄弟两个合住在高台上西厢房里。同学们管他们叫三曹：老曹老师席卿极端严格，经常使用教鞭戒尺，课堂上答不好提问，或平时表现懒散，轻则训斥，重则体罚。午饭后立刻回教室练习大小楷书，星期天也不放假要安排课外作业，同学都有点怕他，但对于学习好取得优异成绩的同学，他那会心的微笑，也给人深刻烙印，永生难忘；大曹老师贡生是前几年从省里师范学校毕业的，也相当严厉，却没有实行过体罚，善书法，喜欢讲授古文：《出师表》《陈情表》《祭十二郎文》，拉长声调念得很动感情，为人也很重义气，在老曹面前却极恭顺；小曹老师就不同了，他刚从保定育德中学毕业，带一些《白话文范》《白话书信》《独秀文存》《胡适文存》一类书物，给大家看，也有时选作课文来讲，最受欢迎，他几乎是不以老师自居，比我们年长的同学大不了多少。小曹老师讲课，老曹老师也常站在后排听，听着听着就插话了，倒不是反感那些"劳工神圣"、"公理战胜"等新学说，老曹老师在课堂上也抨击军阀政客、土豪劣绅、贪官污吏，也痛恨列强，他教文言，也不反对白话，只是对于《白话文范》里的文章，有时从"语学"的角度挑毛病，要求的很严格，有一回小曹老师正讲傅斯年的一篇什么作品，老曹老师就中途叫了号，指责用语不通，弄得小曹老师下不了台，临时改就学生位置，让老曹老师上台讲了一课"语学"。说起"语学"，这是老曹老师用毕生精力呕心沥血的力作，大约有十几万字吧；逐章逐节写在黑板上，让同学们各都准备一个本子照抄。不但在业余时间讲，在正课时间也讲；不但上国文课的时候讲，上史地、博物，甚至算术课的时候，也得机会就讲起来。他把词和字混同起来分作名、代、动、状、助、介、声、尾、枢九品，把句的构造分作基读、语读，又列分出若干类型的单句式、复句式，进而涉及到一些修辞的范畴。例句多取自《红楼梦》《水浒传》和《三国演义》，也兼及时人文章和《古文观止》，不限定白话，名曰"语学"，实际是一部语法书。

若干年后回想起来，曹老师的《语学》，实在是马建忠《马氏文通》外，最早见的一部语法书了。我在十二三岁上熟读了它，给我留下了终身的印象，此后学英语念过《纳氏文法》，上师大学过黎锦熙先生的《国语文法》，都没有曹席卿的《语学》使我记得牢固，可以说我终生读书写文，一直深受"语学"的指导和帮助。自然，曹老师教授习作，还有许多方法，并不是只讲讲"语学"。比如，他出作文题，有时竟是：任作一文，必用：（1）"夫"、"然"、"故"、"虽"四字；（2）"之"、"乎"、"者"、"也"、"矣"、"焉"、"哉" 7 字；如此等等。又比如，他不只使学生把习作交他批阅，还把学生分别配搭起来互相修改，然后再交他审查。又比如，他还把学生依座位分成 6 组，每组 10 至十一二人，在星期日讲故事，做记录，各组都整理出一份抄清稿本，交他审阅，进行评比。又比如，甚至在讲授算术的课堂上，他也注意到于训练逻辑思维能力外，还不忘提高语言表达能力，凡是习题都必须用文字写清楚是怎样演算出来的，如若单只列出算式，即使正确，也必重作。就这样，我的语文知识和写作基本功，是于十二三岁时在曹老师教导下初步奠定的，包括文言和白话。只是曹老师不曾讲过诗词，平平仄仄，是族叔张镜人给开的头，后来到中学的赵召德老师指导下才开始习作的。

12 岁到 14 岁，在深泽河疃高级小学两年半的学习，给我开了窍，三曹老师是启我心扉的恩师。两年半期间老曹老师没有请过一天假，大曹小曹也轮番又有时同来助教助讲。统统不索工薪，只是和我们同灶同堂吃饭，常年是五谷杂粮，萝卜白菜，最大的改善也不过吃一顿馒头、炖肉吧。他们奉献了全部心血，他们都是教育救国主义的实践家，生而不有，为而不恃，功成而不居。这样的人，今而后是再难见到了。至于康凌烟校长，道貌岸然，在我幼小的心灵里，还不理解他为什么有那么大的感召力，能够不用一文公费，便办起这样一所影响深远的学校来。

国文教员·图画教员 ①

金克木

国文教员

我上小学时白话文刚代替文言文，国语教科书很浅，没有什么难懂的。五六年级的教师每星期另发油印的课文，实际上代替了教科书。他的教法很简单，不逐字逐句讲解，认为学生能自己懂的都不讲，只提问，试试懂不懂。先听学生朗读课文，他纠正或提问。轮流读，他插在中间讲解难点。课文读完了，第二天就要背诵。一个个站起来背，他站在旁边听。背不下去就站着。另一人从头再背。教科书可以不背，油印课文非背不可。文长，还没轮流完就下课。文短，背得好，背完了，一堂课还有时间，他就发挥几句，或短或长，仿佛随意谈话。一听摇铃，不论讲完话没有，立即下课。

他选的文章极其杂乱，古今文字全有。有些过了六十多年我还记得，不是自夸记忆力好，是因为这些文后来都进入了中学大学的读本。那时教小学的教员能独自看上这些诗文，选出来并能加上自己的见解讲课，不是容易的事。现在零星写几段作为闲谈。

记得五年级上的第一篇油印课文是蔡元培的《洪水与猛兽》。文很短，又是白话，大家背完了还有点时间。老师就问：第一句是"两千多年前有个人名叫孟轲。为什么不叫'孟子'？你们听到过把孔夫子叫做孔丘吗？"

---

① 选自张定浩编，金克木著《游学生涯》，东方出版中心，2008.08，有删节。

那时孔孟是大圣大贤，是谁也不敢叫出名字的。我在家念的《论语》里的"丘"字都少一笔而且只能念成"某"字。对孟子轻一点，轲字不避讳了，但也不能直呼其名。老师的问题谁也答不出。于是他讲，这第一句用一个"轲"字就是有意的，表示圣贤也是平常人，大家平等。这就引出了文中的议论。

还有一篇也是白话，是《老残游记》的大明湖一段。这篇较长，背书时堂上有许多人站着。他们会高声唱古书，不会背长篇白话。好在选的还是文言多白话少。有一篇是龚自珍的《病梅馆记》。从他讲课中我第一次听到桐城派、阳湖派、"不立宗派"的名目。课背完了，老师说了一句："希望你们长大了不要做病梅。"刚说完，铃声响了，他立即宣布下课。

他也教诗词。教了一首七言古体诗，很长，题为《看山读画楼坐雨得诗》，写雨中山景变化。诗中提到不少山水画名家。荆浩、关仝、董源、巨然等名字，我就是从这篇诗知道的。当然那时我们谁也无福见到古画。教词，他选了两首李后主的，两首苏东坡的。背完了，他又提出问题，说，"罗衾不耐五更寒"，"高处不胜寒"，两个"寒"有什么不同？一个怨被薄，是皇帝；一个说太高，是做官的。为什么一样寒冷有两种说法？他还没发挥完，下课了。

有意思的是他选了《史记》的"鸿门宴"。文较长，教得也较久，还有许多人背不出，站着。老师说，重念重背。第二天背完有时间了，他又高谈阔论了。他说，起头先摆出双方兵力。刘邦兵少得多，所以项羽请他吃饭，他不能不去。不能多带人，只带一文一武：张良、樊哙，这就够了。司马迁讲完这段历史，最后一句是"立诛杀曹无伤"。这个"立"字是什么意思？有人回答是"立刻"。又问：为什么着重"立刻"？自己回答：因为这是和项羽通消息的内奸，非除不可，还要杀得快。项伯对刘邦通消息，又在席上保护刘邦，也是内奸，为什么项羽不杀他？反而把自己人曹无伤告诉刘邦，难道想不到刘邦会杀他？从这一个"立"字可以看出司马迁要指出刘邦有决断。项羽有范增给他看玉玦也决断不下来。刘邦是聪明人，所以兵少而成功。项羽是糊涂虫，没主意，办事犹犹疑疑，所以兵多将广也失败。他把自己手下的韩信、陈平都赶到刘邦一边去了。太史公司马迁不仅叙述历史还评论历史，先讲什么，后讲什么，字字句句都再三斟酌选用，所以是头一位大文人，大手笔。看书作文，必须这样用心思。不背不行，光背也不行。

这位老师引我进了文字，也被文字纠缠了一辈子。我究竟应不应该感谢他？自己也不知道。

图画教员

我在小学里有四门课学期考试总是只得六十分。音乐、体育是我的哥哥教。不论我自己认为多么进步了，他也只给及格分。图画、手工是怪自己没天分，手指不听话。心里想得很好，一动手就不对了。幸亏那位老师有法子让我及格。

图画、手工两门课是一个老师教。初级小学（一至四年级）一个年级一个班，每周每门两节课，他全包下了。四年级后来加了一门自然课也是他教。下午课完了，在规定放学时间以前不许学生离校，也是他带着做游戏，出主意安排捉迷藏等等。

这位老师已到中年，除了校长和校工就数他年长。小个子，有点驼背，一年到头穿一件灰布大褂，夏天单穿是长衫，冬天蒙在棉袍外是罩袍。听说他上有老下有小，只靠那一点微薄薪水钱养活。

他教图画课，有一回拿一把茶壶来让大家看，然后在黑板上画个大圆圈，说这就是茶壶。大家都笑。他在圈上面加画盖，下面改平作底，一边加上嘴，另一边加上把，果然像那把茶壶。他说要学画，先学看，画什么东西先看出"轮廓"。接着解说怎么把边画成线，把立体改成平面。当然是什么新词也不用，只讲一个词"轮廓"，他把实物贴着黑板比，说看到的只是一面，是平的。树叶子、花、纸盒子等等都拿到堂上来比着画。又教画基本形，方、圆、三角、多角，不要求准，只要求会用笔（铅笔），要直就直，要曲就曲。还教画猫，只是大圈小圈加耳朵眼睛胡子尾巴。他也教画山水，一个亭子、一道远山，平地不到二十笔直线曲线就完成了。我就是靠这些壶、猫、亭子混过考试的，因为考试就是自由作一幅铅笔画。

他教手工多半是刻硬纸片做图形。他把这些和图画连起来，说刀刻或剪开就是用笔画线，纸片粘起来就成立体。有一次他带了一团泥来，分给几个年纪大的学生，小的不给，怕弄脏了衣服（那时上学不限年龄）。他随手捏出个什么东西，说这就有边线，有表面，还是实的了。大的学，小的看，很好玩。下课就带去洗手。他还教用厚纸和废木料做小玩艺。

他教课很少讲道理，讲道理也像变魔术，手下不停，一下子线变成了面，又能变立体。既教图形，又都分别涂抹颜色，讲分辨光和影，要大家试。他说什么东西都有形，有体，有颜色，都能归成几种基本的。会了这些再加变化，全靠手和眼。他不教画人，说人是活的会变，最难画，以后才能学。多年以后我才明白，他不但教几何图形，还教柏拉图哲学加上中国人的思想。可惜我学会用术语讲他的道理以后就把他的连孩子也能懂的话全忘了。

他教自然课不拘守课本。有一回他把我们带出校门到附近菜园去讲十字花科植物。大概有人向校长告了状，不许出外上课了。他又出主意，加一门园艺课，在学校大院子里开辟几个小畦。学生分成一些小组各自负责，于是天时气象地理土壤植物动物和人类的一些知识都在劳动中上了课，又做，又问，又讲。校长准他开这门课附在自然课上。但没有教一年就停了。舆论认为上学只为念书，学别的不必上学。

那时恐怕陶行知还在美国，也还没人讲教学做合一吧？这位老师说他的不是洋货，是土货，还引《论语》作证，说孔子门徒也有要求学农的，庄稼人嘲笑孔夫子的话也记在书里。读书人会动手是中国几千年传下来的好事。诸葛亮会做木牛流马。孔子会弹琴唱歌。作诗的人会种花。

我小时不会用手，到老也只说了一辈子空话，舞文弄墨，一事无成，记下这位老师略表忏悔之情。

感谢我的启蒙老师 ①

袁微子

　　也许我是比较幸运的，我少年时候学语文（那时叫"国文"），每次作文，都没有犯愁过。不仅不发愁，而且还喜欢作文。这是为什么？回忆起来，应当感谢我的启蒙老师，至今还常常怀念着的夏老师。

　　那时候，我们可爱上夏老师的语文课呢！在语文课上，我们的夏老师总是把我们引进一个新天地。一篇内容枯燥的课文，老师可以把它教活。他自己好象就是课文的作者，把课文里一些我们想不到的意思指导我们去想，去体会。那时，我们读的有不少是文言文，可是夏老师常常在讲文言文之前先读一篇用白话写的有趣的文章给我们听。这类文章都是生动有趣的故事。老师把点名册往桌上一放，而后走到教室的窗子边，靠着窗台，说："来，先来读一篇好文章。"那富有感情的朗读，实在太吸引人了。读完了，我们要求再读一篇。老师说，你们可以去找书看啊！这样，我们办起了"图书室"，大家把课外书凑在一起，互相借阅，里面最多的自然是从夏老师那里借来的。由此我想到，凡是喜欢作文的一定是喜欢上语文课的。语文课上得死板，枯燥，而学生偏偏喜欢作文，恐怕不多见吧。为什么？因为从语文课内和课外，我们学到许多知识，懂得不少道理，自己还有种种想法。日积月累，这些知识、道理、想法，都成了作文的一个来源。作文就不愁没有什么内容可写。

　　当然，如果能够象现在的小朋友那样，老师经常带他们出去参观，学

———————————

① 选自童宗盛、陈尔静编《我的老师》，山东教育出版社，1988.11。

会观察事物，内容就会更具体，更生动，更丰富。

每次作文，夏老师总是问我们：这次作文写点什么好呢？我替你们想了几个题目，你们看怎么样？这样，黑板上就常常出现四五个题目，让我们自己选择。有时，调皮的同学还故意问：老师，这些题目我都不喜欢，我想自己写一个，行吗？夏老师总是笑眯眯地回答：只要你认真把它写好，我同意。由此我又想到，作文一定要自己有话想说，乐意把自己想说的话写出来，让老师看看，有没有意思。学生的作文，语文老师是最信得过的读者。

我喜欢作文，大概主要是这两条。当然，也有第三条，就是爱看老师的批语。夏老师的批语不象别的老师那样详批细改。夏老师很重视内容，看作的文里是不是有点新鲜意思。如果有，就会在文后给指出来，而且鼓励几句。至于错别字，老师只做一个记号，让我们自己改正。句子不通顺，也只顺着我们的意思改动几个字。老师从来没有在批语中责备过我们，因为老师知道我们都是很用心写的。

我们最喜欢夏老师发作文本了。作文本是按写得好坏排的。在发还本子之前，老师总是把放在最上面的本子翻开来，说："来，咱们大家来欣赏一篇好文章。"于是又用富有感情的语调朗读起来。老师先不说是谁写的，而教室里总有一位同学，低下头，红着脸，而他心里可真高兴啊！我的作文成绩不算好的，可也遇到过一次，那滋味，使我更加喜欢作文。

（选自《小学生作文》1983 年第 1 期）

丝业小学 ①

徐 迟

丝业小学在小镇的南栅。从南栅之外流进栅里来的河水，流过了南安桥、毕家桥，流到了张皇庙桥，丝业小学就在桥边的张皇庙的隔壁。……

母亲不时对我说：阿迟，你要用功读书，家里就等你读好书，长大成人，振兴家业，总要做出一番事业来。母亲这样的勉励，我自然牢记在心上。但是我的学习，她却无法帮助，她没有时间；两位姐姐又是在县城里上学的。我小时并不聪明，只是有着父亲的影响，从小就很严肃，不贪玩。

四年级时，那个干瘪老头儿屠凤台每周给我们增加了一堂乡土课。由他口授，我们笔录下来一篇篇关于家乡的笔记体散文。它们成了我以后进入抒情散文的入门初阶。我特别喜欢这些浔溪八景之类的文体，专门买了一本连史纸的薄本子，用毛笔将这一系列的文章又抄得工工整整，自己还十分得意。不知怎的，这给屠老师注意到了，要我把本子给他看看。我双手呈上，以为他会表扬我几句的。哪知他看了怫然不乐，训斥了我一顿，说我不知道敬惜字纸，已经有了一本经他批改过的，为什么又弄了一本，太浪费！"敬惜字纸"是当年流行的古话，人们把文字和纸张看得非常神圣和宝贵。但我认为我喜欢这样做并没有错，便和他顶撞起来。他两眼一瞪，拍桌子大怒。不知我是从哪里得来的胆量，不服气，放声大哭，以示

---

① 题目为编者所加，内容有删节。——编者注。选自徐迟著《我的文学生涯》，百花文艺出版社，2006.10。

抵抗。我说他蛮不讲理，哪像个老师？我只知读书，何错之有？他下不来面子，拿起戒尺来打我。我倔强地拉开抽屉，飞快地把书包整理了一下，一边哭，一边叫，我走，我退学好了，我再也不来了。说着就拿起书包走出教室，回到了家里。屠凤台想不到会闹僵，毫无办法。同班同学像看着一出好戏一样，看得出神了，好不高兴。

母亲正在家里，看我忽然回来。她吃惊地问：你怎么回来了？是否不舒服？我把情形仔细说明，说我不再去上学了。母亲露出一丝苦笑，一点也没责备我，不说我做得对不对。她默默地去贫儿院，打了一个电话。过不久，她从贫儿院回来，仍然不和我谈这个事。然后，我家一个堂房叔父徐轶唐来了。我叫他庆叔，是商会副会长。在族里，他像我们的族长那样一个人物，他要我把那本乡土课的抄本给他看。他看过就说，你抄这个本子还是好的，但你不应该和屠老师大吵大闹。对老师是要尊敬的。庆叔劝我，明天还去上课。他说，就当没有发生这样一回事好了。他去跟屠先生说一说这个事，也不让他再提这件事了。母亲这才开口对我说，你一定要听庆叔叔的话。明天照样去上学。我也不作声了。我也知道不上学不好，有个台阶可以下来我就下了。

第二天我去上学了。我没有到陆家杰家里，去招呼他一同去学校。当我们又一起坐在书桌前时，他忽然问我，昨天你不是说了吗？再也不来上课了。今天怎么来了？我回答：我昨天走的时候，把一块石板忘记在这儿了。我是来拿这块石板的。原来丝业小学的课桌，制作得非常精致考究。课桌下面的板壁是双层木板，中有夹缝，可以插进一块石板。石板上可以用石笔写字，做算术习题。做完了，用纸用手能擦掉它们。这是给小学生作练习题的专用品。后来就再也没有这种文具，也没见过这种考究的课桌了。说话时，屠凤台来上课了。一刹那教室里静得出奇，同学们都看着我们，但我也没有看他，他也没看我。事情就这样了结。他是全镇出名的一个严师。我是唯一的跟他干了大阵仗的一个学生。后来，人们说我有我父亲一样的性格。我也感到我是受我父亲的熏陶的。

我在丝业小学毕业以后，就到了一九二四年秋天。我初小毕业后，两年前我弟弟也已上了小学，因在学龄前，自学了小学一年级的课程，入学时学校考了他一下，就免掉了他一年级的功课，一下子让他进了二年级。他学了一年，又因为功课特别的好，而跳了一级。这年秋天他撵上来了，读四年级。我却也没有到马家港的高等小学去读五年级。我进入了一个由一批改革派创办的采用崭新教育方法的精勤学塾。这个学塾就设在丝业小学的隔壁。还没有校舍，在一个厅里上课，却大胆地采用了新学制和新教材。国文教员王剑鸣讲授的是林纾翻译的、英国大作家查尔斯·狄更斯的长篇小说《块肉余生述》，上下两册，即现译的《大卫·科波菲尔》。虽说学的仍是林纾的文言文，但这实在是很了不起的一件事。这里面传出了一股英国文豪描写的带橙子芳香的牛奶味的崭新的气息，西方的人道主义的精神。后来王剑鸣又增加了一本补充读物。恐怕谁也想不到的竟是《虞初新志》。虞初这位老先生是西汉的短篇小说家，是中国小说家的鼻祖。这本书是借用了虞初的名义来编辑成书的。我就在那里面读到了明末清初的一些文言文短篇小说，书的编者名叫张潮，他的目的是"表彰轶事，传布奇文"。这些文章，我虽还不尽能懂得，但这是我的幸运，读到了也许是那时的最好的文学课本了，我想我算是很有幸的了，能受到这种比较生动的语文教育。

英文教师李庆升先生是东吴大学上海法学院分校戴上方帽子毕了业的法学士。口才之佳也是当时南浔镇上谁也比不上的。而他选的教材竟是英国人杰尔斯（Giles）编写的《现代中国》（*Modern China*）。那是本洋装书，第一幅插图还是一幅套色的五色国旗。它是一本宣扬西方民主精神和三民主义的书。这位李庆升先生从上海毕业回乡，家门口挂出了大律师事务所的招牌来。在若干民事诉讼案中，他显出他的才能。有一次在众人面前和我的邻居金铸钦进行辩论。金辩不过他时，伸手打了李一嘴巴。李挨了一巴掌，没有还手。不慌不忙，当时拉住在场的人坐下来，然后背出若干条法律条款，控告金铸钦的错误行为。他说得有根有据，金铸钦哑口无言，汗如雨下，连称不是，并承认错误，愿意摆几桌酒请客，在小镇头面人物面前，向李大律师赔罪。这李庆升是一个机智，极富幽默的律师和教师。

上他的课真是欢快得很。知识的渊博，逻辑的完美，洋溢的热情，流畅的外语，使他成为镇上最有声望的人物。老一辈人不得不甘拜下风，年轻人认定他是好老师。

数理教师邱调梅先生把数学作为主课，而同时就夹进了初等代数。两者齐头并进，还讲授给我们一般的理化和生物的知识。但是我对于文科喜欢得比理科要多一些，所以我从邱调梅先生那里学得的东西不多。后来当我弟弟也成了他的学生时，他给我的弟弟启发和帮助可真不小了。

那时这些年轻一代的老师就在筹备着，要建立一个初级中学。精勤学塾的课程便快速地提高。我差不多是跳过了五六年级，而立即达到了初中一二年级程度。我在那里学习了两年，并不感到困难，因为我有着这些老师。他们都是名牌大学优等毕业生，已拿到了学士学位，有真才实学。而且他们都抱着一个回家乡办学的宏大志愿。在精勤学塾里讲课的虽然只有那么三五个老师，但是，志同道合地筹办中学的队伍很大，支持者甚多。

难忘的一课 ①

于光远

我是在上海尚文路江苏省立第二师范附小上小学。

四年级的时候学"常识"这门课时，学了大约两个多月的化学。上课时老师在讲台上做实验，老师一边做实验，一边讲道理。我们大家都喜欢上这门课。

记得有一次实验是这么做的：讲桌上有四只烧杯，分别盛自来水、醋酸、石灰水和盐水。它们都是无色透明的液体。老师又取出一种液体，告诉我们它叫石蕊液。当他把石蕊液倒进自来水和盐水中，没有变化。当石蕊液倒进那盛醋酸的试管时，无色透明的液体立刻变成了红色；而把石蕊液倒入盛石灰水的试管后，无色的液体又变成了蓝色。这真使我们这群只有十岁左右的小孩感到非常奇怪。这时候老师就告诉大家，醋酸是酸性的，石灰水是碱性的。石蕊液是一种试剂，它的特性就是遇酸变红，遇碱变蓝。

接着他就在已经变红的液体中加石灰水，加到一定程度，试管里的液体又从红转变成蓝色，而在已经变蓝的液体中加醋酸，达到一定程度后，又由蓝转红。这一堂课使同学们知道了酸性、碱性、中性。老师告诉大家，水和盐水就是中性的，还知道什么叫化学变化，变颜色只是化学物质起了变化的表现等等。上这门课，也使大家懂得，有些人把本来毫不奇怪的化学变化说成是神秘的东西（这种人，我小时候就有，现在更多了），

---

① 选自《百家作文指导：小学低年级版》，全国小语会刊，2009 年第 6 期。

说是他们发了功出现的现象。这是利用人们缺乏化学知识来行骗。

　　同学们，不知道你们现在上的小学课程里有没有上我上过的那种"常识课"？我认为这门课不论在内容上还是在教学方式上都很好。而且上这样的课，只花很少的一点钱就可以了，是所有小学都花得起的。

初小老师曹景黄 ①

任继愈

　　我从识字到上正规小学，换过许多地方，最后一次上小学，读到毕业，是在山东济南贡院墙根，当时叫"省立第一模范小学"（现改称大明湖小学），专收男生。这所小学师资整齐，教学认真，当时在山东省很有名气。当时是级任制，由一位老师从低年级接收，一直跟到学生毕业，然后回头来再从低年级开始。我觉得这有好处，师生有感情，互相了解，对学生的学业、品德成长有利。如果老师业务水平高，师长足以为学生的表率，这个制度值得提倡。

　　我读小学时，分为高小、初小两部。级任老师是曹景黄先生，山东新泰县人。记得小学上《论语》课，讲到"臧文仲居蔡，山节藻棁"，曹老师说："蔡是乌龟，古人以龟为神物，近人以乌龟为贬义，骂人的话。我的村庄取名'蔡家庄'，是'乌龟庄'。"大家都笑了。因此，我不仅记得曹老师是新泰人，还记得他家乡的村庄的村名。上一辈读书人，除了名字还有"字"和"号"，当时忘了问问曹老师的字和号，真遗憾。

　　曹老师教习字课，用元书纸写毛笔字（音乐、体育、图画、生物有专科老师）。作文课当堂写作，下一周批改后发还。作文卷子按成绩顺序发还给学生，成绩好的放在前面，差的靠后。发作文卷子也是一次作文评讲。作文用文言写作，好的作文，老师指出好在哪里。常见的错字、用词不当，老师结合作文向全班讲解。作文课是写作练习，发作文的评讲则是语法修辞的练习。这一好传统，现在的小学教学好像已不再实行了。记得

① 选自任继愈主编《念旧企新：任继愈自述》，人民日报出版社，2011.01。

有一次作文题目是关于清明节植树。我的作文有"吾乡多树，每值夏日，浓荫匝地……以待行人憩焉"。曹老师指出，"这个'焉'字用得好，得到文言文的语感，就算学懂了"。

曹老师讲《岳阳楼记》，讲毕，还吟诵一遍，以加深作品印象。我们上一辈学者都会吟诵。现在老先生中，文怀沙先生吟诵古诗词，很有功力。这是中国古代帮助理解、欣赏文学作品的通行办法。记得王守仁的学生向王守仁请教《诗经》的一章，王守仁没讲话，只是吟诵了一遍，问学生："懂了吗？"学生回答："懂了。"满意而归。

曹老师讲课文，若涉及有关酗酒荒淫内容的文章，他也向学生讲一些性知识，结婚后性生活要有节制（当时男女分校，学校没有女生）。同学年龄参差不齐，小的十来岁，大的有十五六岁的。

曹老师讲他们年轻时，有武科考试，有的武科考生不注意身体锻炼，性生活不节制，拉弓射箭，一只肩膀被撕裂，脱离躯体，成为终身残废。

70 年前的小学老师对青春期少年传播一些性知识，应当说是相当开明的，是对下一代人的身心成长高度负责。今天有些中小学的老师，有的还没有达到这个水平。

讲《论语》"胁肩谄笑，病于夏畦"这一章，曹老师结合课文，举了一些社会上流行的巴结上司、拍有权有势人物马屁的可耻可笑举动的例子，印象深刻，有时引得哄堂大笑。在我幼小的心灵里，培养了鄙视趋炎附势的人生观。

我今年 80 岁了，曹老师给我的教育的新鲜感从未衰减。

（《竹影集》，新世界出版社 2002 年版）

感念三位启蒙恩师（节选） [1]

黄鸿森

刘法道先生

刘法道先生，字文叔，是西南小学的算术教师，也是全县最负盛名的算术教师。他在西南小学承担全校的算术教学任务。只有珠算课，是聘请瑞安裕成钱庄店东季鹏先生来兼课。季先生也是瑞安中学旧制毕业生。

刘法道先生那时年约五十，已经谢顶，平素一袭蓝布长衫，衣着朴素而仪态庄重。他说自己十几岁就当教师，学生中有比他年纪大的。据《瑞安中学百十华诞文存》所载，他是瑞安中学的前身"学计馆"的学生。"学计馆"是孙诒让先生最早创办的新式学堂，成立于一八九六年，以培养数学人才为宗旨，不仅是温州，也是整个浙江省最早创立的学堂，声名远播，各地群相效法。刘先生无疑是最早接受新学的人物之一。

刘先生教学有自己的特色。例如一、二年级的算术课完全不用课本，只教学生心算，加减乘除都要学会心算，九九乘法表必须背得滚瓜烂熟。稍高年级还要背"斤求两"口诀："六二五，一二五，一八七五，二五……九三七五"，因为当时社会上采用的是一斤等于十六两的衡器，"斤求两"口诀就是把十六进位化为十进位。"六二五"就是"一两等于零点零六二五斤"，"一二五"就是"二两等于零点一二五斤"……"九三七五"就是"十五两等于零点九三七五斤"。这个口诀对论斤出售的货物（例如

① 选自方韶毅主编《瓯风》新刊第二集，黄山书社，2011.03，有删节。

一条鱼）出现重量不足一斤或超过一斤而有零头时计算价格颇为方便。

刘先生认为心算熟练了，日常生活中应用甚广。需要用笔计算时，善于心算也能加快笔算速度。刘先生用这种方法培养出来的学生的算学成绩相当好，在校际比赛常常夺得锦标归。

三年级开始，照课本学笔算。刘先生先讲解课文内容，然后在黑板上出题目要学生做练习。当时每个学生都带有"水牌"。所谓水牌就是一块木板，约大三十二开书本大小，约一厘米厚，两面漆成白色。学生用毛笔在水牌上演算习题，写出答案，然后将水牌反扣在课桌上，以免邻座抄袭（用水牌是为了节省买纸费用）。大家做完了，刘先生就一排一排检查习题做得是否正确。学校设备简朴，不是一人有一张课桌、一把坐椅，而是四人合用一张长条课桌、一条长板凳。他走到一排学生出口的地方，说"你排给我看"，这排学生就把水牌翻过来，让刘先生看做好的习题。他便指出谁对谁错。全班看完了，他就回到讲台，讲共同的问题，提出注意事项，然后布置作业，要求回家写在练习簿上。那时没有现在这种划有横格练习本，用的是手工生产的竹制的淡黄色纸（俗称花笺纸）订成的簿子。算题用毛笔书写，但刘先生严格要求等号必须用铅笔按着"米突尺"（刻有公制量度的学生用尺）来划。

刘先生兼训育主任，管学生纪律很严。当时的启蒙教育由私塾转到小学为时尚短，体罚还是沿用的。学生淘气出格，或者有违校纪，要罚站、打手心等。不过，刘先生很少使用。他很有威严。学生淘气过分了，经他批评几句，就不敢再这样了。因此，西南小学校纪很好。

那时没有小学生就近上学的说法。瑞安县城不大，不过两三万人口。西南小学在县里名声好，学生来自全城各地。放学时，学生按住址和回家线路分成七队（叫做"部"）。每队学生小的在前，大的在后，指定一个高班学生做队长负责管理，站在最后。全部聚集在礼堂分行站立，礼堂南面一侧是敞开的，没有门窗。每天上下午两次放学，刘先生每次必到，看哪个队站得好，没有喧哗，就敲钟让哪个队先走。敲钟一下，让第一队先走；敲钟五下，让第五队先走。学生列队唱着《放学歌》出校，整整齐齐走在街上，显示出校风严正，没有像戏院散场那样，一拥而出的乱哄哄现象。那时瑞安街上没有汽车，自行车也很稀罕，黄包车见到整队行进的学生也会主动让路。学生这样回家，家长也很放心。民俗淳厚，未闻有学生走失之事。

我在西南小学读书，各门功课以算术最好，常得满分，加上人小胆小（高小毕业还只十周岁多些），守纪律，很得刘先生器重。有一次做四则难题"鸡兔同笼"，题目是："一个笼子里关着鸡和兔，有头三十六个，脚一百只。求鸡多少只，兔多少只？"我算出的答案是兔子十四只，鸡二十二只。刘先生说，答案是对的，可惜没写出算式。又问我是怎样算出来的？我说，先假定三十六个头有一半是兔子，即十八只兔子，兔子有四只脚，十八乘四等于七十二（只脚），其余十八（只鸡）乘二等于三十六（只脚）。七十二（兔的脚）加三十六（鸡的脚）等于一百零八（只脚）。脚多出八条，证明兔子没有这么多。我就把兔子数一只一只减下来，减到十四只，兔子脚为五十六只，鸡二十二只，有脚四十四只，两者相加，头数和脚数就符合题目了。刘先生表扬了我，又说这样算法"生受险"（太费事）。他就把算式列出来，写在黑板上告诉全班同学。

至于国语，我成绩平平，作文通常只能在七十分上下徘徊。多年以后，我跟一位老朋友谈起自学，他说我从小算学比语文好，为什么不自学数学？我说，青年时代打日本，兵荒马乱，哪里找自学课本，又从何处释疑解惑？而报章杂志总是有的，就成了我的课本。有认识三千汉字基础，读多了，总能感悟出一些东西。

刘先生在算学课上多次说过，做习题，要会做，还要细心。方法对了，不细心，答案还是错的。"细心做习题，就会养成细心做事的习惯。"这句话，至今还记得。后来，我当翻译，当编辑，时怀临深履薄之心，遇事以谨。不能忘记，这是刘先生给我最早的影响。

俞大文先生

我在瑞安西南小学读五年书，教我国语的有多位老师，只记得俞大文先生一位。大约是我读高二时，他来教我们的，早几年他就来校任教了。

学校里礼堂墙壁上挂着一张本校历届毕业生一览表，用端正的小楷写的，出于总务主任兼美术教师林树炎先生的手笔，他的书法在社会上也颇有名气。表上先写毕业年份，再按毕业考试成绩登录学生姓名。俞大文先生比我们大约早十届，以第一名毕业。听说俞先生曾在设于温州的浙江省立第十中学高中部读书。十中的门槛很高，高中尤其难考，上千人报名只取几十名，可见俞先生学问不错。

俞先生教国语颇有特色。以作文而言，低年级有造句，先生出个词或短语，让学生编句子。三、四年级就有作文了，一向是先生出题目，让学生做文章。俞先生除了命题作文外，还用了别的方式。印象很深的一课是演讲记录。他演讲，有学生记录，整理成文后抄在作文本上。他演讲用口语，速度很慢，让学生跟得上。题目是《勤力》，这是当地方言，《现代汉语词典》未收此词，意思是"勤"。他演讲的第一句话是："勤力就是不懒惰的解说。"这句话使我学会了作文的一招，那就是可以从解释题目开头。后来读逻辑学知道，下定义的规则中有一条是"定义项，除非必要，不应包括负概念"，不过作文不是要求给题目下严格的定义，只是对题目解释一下，应用负概念（不懒惰）是不妨的。记录他人的话语成为文字是日常生活中用途很广的语言应用形式，我后来当记者就大派用场，俞先生这堂课我是牢记在心的。

国语老师的主要任务是教学生识字，向学生解释字义词义，教学生作文。那时我们用的商务印书馆出版的教科书，高小课本中白话文收有朱自清的《背影》，周作人的《小河》；翻译文章有法国都德的《最后一课》；文言文有辛亥革命烈士林觉民的《与妻书》；古典诗歌有《木兰诗》，杜甫的《石壕吏》，白居易的《卖炭翁》《新丰折臂翁》等。

俞先生讲解古典诗歌很有亮点，除了用通用白话解释以外，有时还用方言词，让我们这些还只会方言的学生更好地理解。例如讲到《石壕吏》中的"存者且偷生，死者长已矣"两句诗，我记得他是这样解释的："存者且偷生"意思是"活着的只能得过且过地活着"，什么是"得过且过地活着"呢？和瑞安话"měng 健"的意思接近；"死者长已矣"，意思是"死了的也就永远完了"，用瑞安话说就是"死了的也就歇吧"。后来我每读这首杜诗就忆起俞师把"长已矣"释作家乡方言"也就歇吧"，真是高明。

词学大师夏承焘教授说过，用瑞安话朗诵古诗文最为好听。俞先生教我们古典诗词课时，解释完诗词句子以后总是让我们学生跟着他一句一句地有节奏地高声朗诵。他声音洪亮，抑扬顿挫，富有韵味。他还要求同学背熟全文。于是，校园内常闻琅琅书声。至今，我偶然也读些古典诗文消遣，有时用普通话，有时用乡音瑞安话，总觉得还是乡音顺口，读着读着，俞先生教我读诗的情景就会浮现出来。

俞先生解说课文时常常讲出深层（对小学生而言）的意义。教周作人的《小河》一课，他讲到河水冲破一道道河堰时问学生：河水表示什么呢？比喻什么呢？没有人回答。他便说："河水比喻思想，比喻思潮，它要冲决一切阻力前进。"那时，我不懂什么是"思想"、"思潮"，胆小不敢问。此"惑"留在心头多年，后来阅读的东西多了，也就无师自通了。

……

（二〇一〇年十一月二十六日完稿于北京芳古园，时年九十）

启蒙师 ①

琦　君

"不倒翁，翁不倒，眠汝汝即起，推汝汝不倒，我见阿翁须眉白，问翁年纪有多少。脚力好，精神好，谁人能说翁已老。"

我摇头晃脑，唱流水板似的，把这课国文背得滚瓜烂熟，十分得意。

"唔，还算过得去。"老师抬起眼皮看看我，他在高兴的时候才这样看我一眼。于是他再问我："还有常识呢？那课瓦特会背了吗？"

我愣头愣脑的，不敢说会，也不敢说不会。

"背背看吧！"老师还没光火。

我就背了："煮沸釜中水"这第一句我是会的，"化气如……如……"全忘了。

"如烟腾。"老师提醒我。"化气如烟腾，烟腾……"我呢呢唔唔地想不起下一句。

"导之入钢管，"老师又提一句。

"导之入钢管，牵引运车轮……轮……唔……谁为发明者，瓦特即其人。"我明明知道当中漏了一大截。

老师的眼皮搭拉下来了，脸渐渐变青，"拍！"那双瘦骨嶙嶙的拳头一下子捶下来，正捶在我的小拇指上。我骇一跳，缩回手，在书桌下偷偷揉着。

"像锯生铁似的，再念十遍，背不出来还要念。"老师命令我。

---

① 选自琦君著《琦君散文》，浙江文艺出版社，1994.09。

鼻子尖下面一字儿排开十粒生胡豆，念一遍，挪一粒到右手边，念两遍，挪两粒。像小和尚念三官经，若不是小拇指疼得热辣辣的，早就打瞌睡了。

已经9点了，还不放我去睡觉，我背过脸去打了个哈欠，顿时计上心来：

"老师，我心口疼，我想吐。"我拊着肚子喊，妈妈时常是这样子喊着心口疼的。

"胡说八道，这么点孩子什么心口痛，你一定是偷吃了生胡豆，肚子里气胀。喏，我给你吃几粒丸药就好了。"他拉开抽屉，里面乱七八糟的，有断了头的香，点剩的蜡烛，咬过几口的红豆糕，还有翘着两根触须的大蟑螂。老师在蟑螂屎堆里检出几粒紫色的小丸子，那是八字胡的日本仁丹，又苦又辣，跟蟑螂屎和在一起，更难闻了。我连忙抿紧了嘴说："好了好了，这会儿已经好了。"

"偷懒，给我念完十遍，明天一早就来背给我听。"

我很快地念完了，收好书，抓起生胡豆想走。

"拍！"又是一拳头捶在桌面上，"你懂规矩不懂？"

我吓傻了，呆在那儿不敢动。

"拜佛，你忘啦！还有，向老师鞠躬。"

我连忙跪在佛堂前的蒲团上拜了三拜，站起来又对老师鞠了个90度的躬。说声："老师，明天见。"

生胡豆捏在手心，眼中噙着泪水，可是我还是边走边把胡豆塞在嘴里嚼，有点子咸滋滋的酸味。阿荣伯说的，汗酸是补的。

我回到楼上，将小拇指伸给妈看（其实早已不痛了），倒在她怀里撒开地哭。

"妈，我不要这么凶的老师，给我换一个嘛！"

"老师哪能随便换的，他是你爸爸的学生，肚才很通，你爸爸说他会做诗。"

"什么肚才通不通，萝卜丝，细粉丝，我才不要哩！"

"不许胡说，对老师要恭敬，你爸爸特地请他来教你，要把你教成个才女。"

"我不要当才女，你不是说的吗？女子无才便是德。"

"傻丫头，那是我们那个时代的话，如今是文明世界了，女孩子也要把书念通了。像你妈这样，没念多少书，这些年连记帐都要劳你小叔的驾，还得看他高兴。"

"记帐有什么难的？肉一斤，豆芽菜一斤，我全会。"

"算了吧，真要你记，你就咬着笔杆一个字都写不出来了。你四叔写的，老师还说他有好几个别字呢！"

"四叔背不出来，老师拿茶杯垫子砸他，眉毛骨那儿肿起一个大包。四叔说吃斋念佛的人会这么凶，四叔恨死他了。"

"不要恨老师。小春，老师教你、打你，都是要你好，吃得苦中苦，方为人上人。别像你妈似的，这一辈子活受罪。"妈叹了一口长气。

我知道妈的大堆牢骚快来了，就连忙蒙上被子睡觉，可是心里倒也立志要好好念书，将来要做大学毕业生。在祠堂里分六对馒头（族里的规矩，初中毕业分得一对馒头，高中、大学依次递加一对），好替妈争口气。免得爸爸总说妈没大学问，才又讨个有学问的外路人，连哥哥一起带到北平去了。爸说男孩子更重要，要由她好好管教。我就不懂爸会把儿子派给一个不是生他的亲娘去管教，她会疼他吗？还有，哥哥会服她吗？叫我就不会，她要我望东，我就偏偏翘起鼻子望西，气死她。

妈叫我恭敬老师，我是很恭敬他的。从那一次小拇指被捶了一拳以后，我总是好好的写字念书。作文和日记常常都打甲上，满是红圈圈。下课的时候，我一定记得跪在蒲团上叩三个头，再向老师毕恭毕敬地行鞠躬礼，然后倒退着跨出书房门。没走出两丈以外，连喷嚏都不敢打一个，因此我没有像四叔那样挨过揍。老师对我虽然也一样绷着脸，我却看得出来他心里还是疼我的。因为他每天都把如来佛前面的一杯净水端给我喝，说我下巴太削，恐怕将来福分薄，要我多念经，多喝净水，保佑我长生、聪明。他就没把净水给四叔喝过，这也是四叔恨他的原因，他说吃斋的人不当偏心。其实四叔在乡村小学念书，只晚上跟他温习功课，不是老师正式学生。老师的全副精神都在教导我，我是他独一无二的得意女弟子。

老师的三餐饭都在书房里吃，两菜一汤，都是素的。每次都先在佛前上供，然后才吃。有一次，阿荣伯给他端来一碗红豆汤，他念声阿弥陀佛，抿紧了嘴只喝汤，一粒豆子都不进口。我不明白咽下一粒豆子会出什么乱子，悄悄地问阿荣伯。阿荣伯说老师在十岁时就有一个和尚劝他出家，他爸妈舍不得，只替他在佛前许了心愿，从此吃长斋，一个月里有六天过午不食，只能喝米汤。

我看老师剃着光头，长长的寿眉，倒是有点罗汉相。我把这话告诉四叔，四叔说："糟老头子，快当和尚去吧！"其实老师并不老，他才四十光景，只是一年到头穿一件蓝布大褂。再热的天，他都不脱，书房里因此总冒着一股子汗酸气味。

"妨碍公共卫生。"四叔的头摇得像拨浪鼓似的，他指着墙壁缝里插着的一个个小纸包说："你看他，跳蚤都不撵死，就这么包起来塞在墙缝里。跳蚤不一样要饿死吗？真是自欺欺人。"

老师刚从门外走进来，四叔的话全被听见了。四叔已来不及溜。老师举起门背后的鸡毛掸子一下子就抽在他手背上，手背上起一条红杠。

"跪下来。"他喝道。

四叔乖乖地跪下来，我吓得只打哆嗦。老师转向我："你也坐着不许走，罚写大字三张。"

我摊开九宫格，心里气不过，不临九成宫的帖，只在纸上写"大小上下人手足刀尺……"一口气就涂完了三张，像八脚蛇在纸上爬。

老师走过来，一句不说，把三张字哗哗的全撕了。厉声说："重写，临帖再写五张，要提大小腕。"

他把一个小小银珠盒放在我手腕背上，我的手只有平平地移动，稍一倾斜，银珠盒滑下来了。我还得握紧笔杆，提防老师从后面伸手一抽，笔被抽起来，就是字写得没力气，又须重写。我的眼泪一滴滴落在纸上，把写好的字全洇开了，都是四叔害的。

上夜课时，老师把我写的五张字拿出来，原来满纸都打了红圈圈，他以从未有过的温和口气对我说："你要肯用心临帖，字是写得好的，你看这几个字，写得力透纸背。"

四叔斜眼望望我瘪了一下嘴，显得很不服气的样子。我自己也莫名其妙，我原是一面哭一面写的，居然还写得"力透纸背"。

"老师，您教我写对联好吗？"我得意起来了。

"还早呢！慢慢来。"

"我会背对联：'天半朱霞，云中白鹤；河边青雀，陌上紫骝。'"这是花厅前柱子上的一副对子，四叔教我认，我完全不懂意思。

老师非常高兴，说："好，我就教你诗与古文。"

刚刚读完小学国文第四册，第五册开始就是古文。老师教我读《师说》。"古之学者必有师"，他一个字一个字地讲解给我听，我却要打瞌睡了。我说："我也要像四叔似的读《黄柑竹篓记》。"（后来才知道是《黄冈竹楼记》）老师说："慢慢来，古文多得很，教过的都得会背。"

我也学四叔那样，摇头晃脑背得琅琅响。我还背诗，第一首是："一去二三里，烟村四五家。亭台六七座，八九十枝花。"这太容易。

渐渐地，我背了好多古文与诗。我已经学作文言的作文了，《说蚁》是我的得意杰作："夫蚁者，营合群生活之昆虫也，性好斗……"

老师一天比一天喜欢我，也不那么怕他了。下课时不再像以前那样倒退着走，一跨出书房门，我就连蹦带跳起来，可是跳得太高了，老师就会喊："小春，女孩子走路不要三脚跳，《女论语》上怎么说的？"

"笑莫露齿，立莫摇裙。"我一个字一个字地背。

"对啦，说话走路都要斯斯文文的，记住哟！"

老师教我的，我都一一记住了。不管是不是太古板。因为爸爸不在家，他就像我爸爸似地管教我。我虽怕他，也爱他。

可是爸爸从北平回来，带我去杭州考取了中学，老师就不再在我家了。

临去那天，他脖子下面挂了串长长的念佛珠，身上仍旧是那件蓝布大褂。他合着双手，把我瘦弱的手放在他的手掌心里，无限慈爱也无限忧伤地对我说："进了洋学堂，可也别忘了温习古文，习大字，还有，别忘了念佛。"

我哽咽着，说不出话来。考取中学固然使我兴奋，但因此离开了十年来教导我的老师，是我原来所意想不到的。

脚夫替他挑着行李，他步行着走向火车站。我一路牵着他的手，送他上火车。他的蓝布大褂在风中飘呀飘的，闲云野鹤似的，不知飘到哪儿去了。

（选自《烟愁》，尔雅出版社 1981 年 9 月 15 日新五版）

难忘的一课 ①
——七十余年前的一个幻想剧

周大风

这是七十余年前的事。我在一个实验道尔顿制的镇海县乡下灵山小学里读书。我们的化学教师江圣泗先生，在半年一次的恳亲会上，得到了生物教师沐绍良先生帮助，编演了一出十几分钟的短剧，剧名《火星人》，戏里的主角"火星人"由他自己扮演。其他十位左右小朋友，则由同学们临时登台配合演出，不需要事先排演，只是由江圣泗老师先说一说剧情梗概。这是当时社会上流行的"幕表戏"的习惯方法，即在总的剧情框架下，由演员即兴发挥，这对培育学生创造能力、反应能力、联想能力、应变能力很有作用。

幕开了，在一块草木枯凋的荒芜土地上，远处有青山环抱。

一群儿童在嬉戏。突然，空中落下一个人，他身穿翻里的皮袄，带（戴）着一顶奇特的帽子。大家问他是谁，他说我从火星上来，你们叫我"火星人"就可以。于是，大家不止一次地喊他"火星叔叔"、"火星伯伯"、"火星爷爷"……火星人说："你们真是一群很有礼貌的好孩子。好！我们交个朋友，一齐来玩吧。"于是，他和我们一同玩。一忽儿唱歌，一忽儿跳舞，一忽儿打虎跳、叠罗汉，玩得非常高兴。但是火星人唱的歌和跳的舞非常奇特。

突然，火星人怀里的电话铃响了，火星人就停下来拿出一面镜子，对着镜子高兴地说："妈妈！我已经到了地球，正在和地球上可爱的小朋友

① 选自傅国涌编《过去的小学》，同心出版社，2012.05。

们跳舞唱歌。妈妈！我马上要做你嘱咐过的事，请你放心。再见，妈妈！"
接着，他与镜子里的妈妈接吻了，镜子里出现一位慈祥和蔼的妈妈形象。
于是，小朋友们好奇地问了很多有关火星上的问题，火星人一一回答。
（台下观众也可以提问，火星人也三言两语地作简要的回答）。火星人也向
小朋友问地球上的情况，小朋友也作简要的回答。彼此非常融洽。大家又
做起了游戏。

　　正玩得高兴时，一位小朋友说口渴极了，要喝水。大家指着地下一
条干涸的河，面面相觑，告火星人这里干旱多年了。火星人点点头，拿出
一张地图仔细地看后说："山那边有一条河流，只要在对面山中打一引水
隧道，水就会汩汩地流到这里来。"说着，就在怀里拿出一个像手电筒般
的东西，对中山脚，"轰"一声，水嗡嗡地流过来了。小朋友们兴高采烈，
欢声雷动，大家都到河边去捧水狂饮，高声说"水好清好甜啊"。小朋友们
又你一句我一句，议论纷纷，畅谈有了水，可马上播种，明年可以大丰收
了……火星人笑着说："明年，太久了，我们火星上的庄稼，种下去半个月
就可以收获，关键是要用科学种田。并且种出来的苹果、桔子、香蕉、瓜、
菜、豆、粟，又壮又大又香，也没有病菌，生吃不会害病。"说着，从袋里
拿出几包种子，有麦、有稻、有豆、有瓜，顺手一撒说："有了水什么都好
办，半月之后，你们到这里来吃瓜果吧，但是要参加稻麦的收割劳动。"

　　正当大家听得出神时，忽然天渐渐地黑了，大家手指天空，看一朵
朵乌云跑得很快，火星人就笑着说："我到地球上来，就是应地球上的人
类要求，把大海洋里许许多多带着水的云，大批地飘到新疆大戈壁沙漠里
去，把沙漠改造成良田、草原、森林。因为云朵在一定条件下会变成水，
有了水就会给植物和动物带来生命。你们看……"说着，他又拿出那个手
电筒般的东西，朝天空一揿按钮，满天乌云滚滚地飘向西方的天边去，天
又明亮了。他说："我这个东西叫做束光，地球上称它为死光，它可以为
人类造福，也可以用来杀人。"

　　优美的音乐声响了，天空里飘来一大束橄榄枝，火星人接在手里，忽
然发现有一封信，他就读信："亲爱的地球上的兄弟姐妹们，火星上的人

们向你们问好，我们衷心地祝贺你们，从今天开始不再互相残杀了。以后大家都提倡科学，用科学来为人类造福。今天送你们一束象征着和平幸福的橄榄枝，请分赠给地球上所有的人们，祝大家进步、愉快、幸福！"接着火星人把橄榄枝一枝一枝地分发给小朋友们。大家唱着贝多芬的《和平颂》欢欣地舞（台下观众也和着唱）。

幕徐徐地下，火星人挥手向大家告别。

七十年过去了，这一出短短的儿童幻想剧，仍会栩栩如生地常在我的脑海里映现，再看看今日，激光、人工造雨、可视电话、盾构挖掘、无土栽培及基因工程、改造沙漠，已经实现，到其他星球去定居也已有了设想及试验。我国的南水北调、开发西部等等工程，正在逐步实现或正在计划之中。因此，我想到了《封神榜》中许多幻想性的情节；又想到大科学家爱因斯坦说的话："想象力比知识更重要，因为知识是有限的，而想象力概括着世界上的一切，推动着进步，并且是知识进步的源泉。"的确，没有想象，就没有科学技术的发展。在七十多年前，我的老师有这样的想象力，并且还运用了直观的、饶有兴味的、切中时弊的、潜移默化的戏剧形式，给人以启发和想象，更创造性地使台上台下联成一片。用江圣泗先生自己的话说，"我把课堂搬到了剧场，我把看戏的人也变成了剧中人了"。

自从这次演出后，学校图书馆里有关天文、农业、科学的书刊被借阅一空；学生们的作文、墙报、随笔等，科学题材多了不少；三三两两自由结合谈科学的人比比皆是，大有"满校争说火星人"之势。

后来，我的同学进入社会，从事科技工作的同学也有不少。我虽是一生从事教育及文艺，但几十年来，也设计过炒茶叶的整形机，试制过钢琴用的塑料击弦机，研制了底板共鸣的七弦古琴、能转十二个调的半音笛，还兼任过六个钢琴厂的技术总顾问等等，虽不是有关国计民生的重要项目，但多少也对科研感兴趣。这一切，都要感谢江圣泗老师对我的启蒙教育。所以，我每年都要到鄞县章村烈士陵园去，在他的骨灰龛前深切地凭吊，君子不忘其本也。

忘不了的一课 ①

岑 桑

这是半个世纪之前的事了。

那时我念小学四年级，患过一场大病，病后休学在家。父亲为了让我不致整天闲着，教我下棋，砌益智图，还教我画画。

学画从素描开始，对着茶杯、瓶子、瓜果之类写生。父亲是岭南派大师高奇峰的弟子，多少学了点西洋画技法，对描绘物体轮廓要求很严，还很讲究光线明暗，一丝不苟。他不厌其烦地纠正我的素描习作：哪里过宽了，哪里过长了；哪里的阴影不够浓，哪里的反光应该更加明显……"你得把自己眼中所见，照样画出来，不要想当然。"休学几个月，画画没多大进步，父亲这教诲却牢牢的记住了。

病愈复学，回校升上五年级。有一次上图画课，陆老师拿来两个杨桃，平放在讲桌上要我们对着写生。这正合我的胃口，静物写生，我是最带劲的，决心画一幅叫全班同学都为之喝彩的习作来。

在全班同学中，我是较为矮小的一个。我们的座位向来是按高矮编排的，我的座位编在第一排靠边的地方。写生开始了。我摊开图画纸，聚精会神地观察讲桌上的描绘对象。杨桃是五棱的，体形接近椭圆，肩部肥大，缓缓尖削下去；可是从我坐的地方看去，恰好对正杨桃的一端，那两个杨桃看起来就根本不像人们心目中的杨桃，而是好像一颗五角星了。

"你得把自己眼中所见，照样画出来，不要想当然……"父亲的教诲

---

① 选自林受之主编《我的老师》第二卷，广东教育出版社，1997.08。

一直在起作用，我不管这习作画起来像什么，也得照样画出来。

于是，我完全按照自己眼中所见的样子去画，自信画得相当准确。当我自鸣得意地交卷的时候，想不到竟惹来了同学们的一阵讥笑：

"哈哈，杨桃是这样的么？"

"那像是什么呀？"

"倒不如说那是五角星吧……"

同学们嘻嘻哈哈地抢着看，有嘲讽的，有揶揄的，说得我面红耳赤。这时候，陆老师走过来了，他把我画的"五角星"拿起来看了一下，又走到我的座位，坐下去瞄了瞄，然后回到讲桌前要大家静下来，在各自的座位坐好。只见他把我那习作高高举起，向噤若寒蝉的全班同学问道："你们看，这像杨桃吗？"大家齐声回答："不像！"

陆老师待大家静默了半晌，叫我站起来，向我发问："你自己说，你画的是杨桃吗？画得像不像？"

我答道："是杨桃，我觉得像。"陆老师向全班同学扫了一眼。又问："他自己说像，你们说好笑不好笑？"老师这一问有点古怪，同学们大都不吭声了，只有先前取笑我最带劲的几个还在嘻嘻笑着应道："好笑！"

"你们觉得好笑？"陆老师的脸容变得严肃起来。"好吧，刚才说好笑的，请站出来。"

几个原先笑嘻嘻的，不知老师闷葫芦里卖什么药，笑容顿失，面面相觑，迟迟疑疑，忸忸怩怩地离开座位，走到前面一字儿排开。陆老师来到我身边，叫我让出位置，随即让那几个排着队的同学走过来，轮流坐到我的座位上。现在，你们看看，老师对轮流坐的头一个问道："那杨桃，像不像五角星？"那同学噎嚅着回答："像……"

轮到下一个。"你说呢？现在你看见的杨桃，跟你心目中的杨桃是不是不一样？"、"是不一样。"、"你看它像什么？是有点儿像……五角星。"

他们都挨个儿坐到我的座位上观察过了，不得不承认从这样的角度看去，杨桃确实像我画的那个模样。

老师这时才叫那几位再也笑不起来的同学回到自己的座位，和颜悦地向大家说："同学们，我们都应该从这杨桃上面得到点启示了吧？——不要轻易取笑人家，说人家的不是。因为你与人家所处的位置不同、角度不同，不要用你自己看到的做标准，判断人家对还是不对。我们也不要害怕别人耻笑和说不是，只要确信自己忠于真实，说真心话，做真心事，老老实实正正直直，比什么都更重要……"

半个世纪过去了，对这位老师，我还非常尊敬和怀念。我还时常想起那讲桌上的杨桃，想起那也许早已作古的国画老师，还有那永难忘怀的一幕。杨桃的启示，使我一生受用。我是执着地按照图画老师的教诲去对人对事，做人做事的，这种执着曾使我吃过不少亏，然而心里踏实，不因吃亏而言悔；即使再吃亏，我也耻于扭曲自己去换取一些什么。当我眼中的杨桃看起来不像众口一词说的那样，我也一定会把自己所见如实地描述出来，而决不歪曲它的形象去迎合别人的心意。

精彩课堂片段（小学篇）

陶氏学堂是私立贵族学堂，陶氏子弟自成特殊阶级原无足异，但是有些现象却是令人难以置信的。陶氏子弟上课时随身携带老妈子，听讲之间可以唤老妈子外出买来一壶酸梅汤送到桌下慢慢饮用。听先生讲书，随时可以写个纸条，搓成一个纸团，丢到老师讲台上去，代替口头发问，老师不以为忤。陶氏子弟个个恣肆骄纵，横冲直撞，记得其中有一位名陶栻者，尤其飞扬跋扈。他们在课堂内外，成群地呼啸出入，动辄动手打人，大家为之侧目。

国文老师是一位南方人，已不记得他的姓名，教我们读《诗经》。他根据他的祖传秘方，教我们读，教我们背诵，就是不讲解，当然即使讲解也不是儿童所能领略。他领头扯着嗓子喊"击鼓其镗"，我们全班跟着喊"击鼓其镗"，然后我们一句句的循声朗诵"踊跃用兵，土国城漕，我独南行"。他老先生喉咙哑了，便唤一位班长之类的学生代他吼叫。一首诗朗诵过几十遍，深深的记入在我们的脑子里，迄今有些首诗我能记得清清楚楚。脑子里记若干首诗当然是好事，但是付了多大的代价！一部分童时宝贵的光阴是这样耗去的！

——梁实秋《我在学堂》（梁实秋著《雅舍忆旧》，云南人民出版社，2012.05）

一想到培育我们的那个初级小学老师，孙梦星先生的影像便亲切而又生动的来到我的眼前。孙老师，家境贫困，为人诚朴正直，和蔼可亲，是

一位科场的失意人物，六十多岁了，不过是一个空名"秀才"。……孙老师五音不全，嗓门粗，教起唱歌来，"啦啦，啦啦"脖子鼓得老粗，但听起来，并不美妙悦耳。他教我们唱："小小船，小小船，大家努力齐努力，划过前船争第一。"教我们唱："萤火虫，夜夜红，飞到西来飞到东，快快飞到我这里，给我做盏小灯笼。"他早上来，从家里带点干粮——几卷煎饼，或是一张烙饼，就一点咸菜，算是一顿午餐了。下了班，我们帮他劈点柴，生个小炉子，烧壶开水，吃口热饭。对这种生活，他不以为苦，有点反以为乐的神情。他教功课，最拿手的是国文。那时的小学课文，大概是什么"司马光击缸救儿"、"孔融四岁让梨"、"荀巨伯远视友人疾"……之类历史人物的事迹，想在孩子们心中树立模范。有的课本，还是厚道林纸彩绘的，当时看了很动人，很喜欢。孙老师教我们作文，他自己也作"范文"，把它写在一个竹纸本子上，把某些自认的佳句，划上一个又一个浓圈，次点的，点上一连串黑点。

——臧克家《皓首忆童稚》(天津教育出版社编《寸草春晖》，天津教育出版社，1985.06)

大王庙的教职员只有校长和一位老师。校长很温和，冻红的鼻尖上老挂着一滴清水鼻涕。老师是孙先生，剃一个光葫芦瓢似的头，学生背后称他"孙光头"。他拿着一条藤教鞭，动不动打学生，最爱打脑袋。个个学生都挨打，不过他从不打我，我的两个不懂事的弟弟也从没挨过打，大概我们是特殊的学生。校长不打学生，只有一次他动怒又动手了，不过挨打的学生是他的亲儿子。这孩子没有用功作业，校长气得当众掀开儿子的开裆裤，使劲儿打屁股。儿子嚎啕大哭，做爸爸的越打越气越发狠痛打，后来是"孙光头"跑来劝止了。

……

那年我虚岁九岁。我有一两个十岁左右的朋友，并不很要好。和我同座的是班上最大的女生，十五岁。她是女生的头儿。女生中间出了什么纠纷，如吵架之类，都听她说了算。小女孩子都送她东西，讨她的好。一次，有个女孩子送她两只刚出炉的烤白薯。正打上课铃，她已来不及吃。我和她的课桌在末排，离老师最远。我看见她用怪脏的手绢儿包着热白薯，缩一缩鼻涕，假装抹鼻子，就咬一口白薯。我替她捏着一把汗直看她吃完。如果"孙光头"看见，准用教鞭打她脑袋。

在大王庙读什么书，我全忘了，只记得国文教科书上有一课是："子曰，父母之年，不可不知也……"，"孙光头"把"子曰"解作"儿子说"。念国文得朗声唱诵，称为"啦"（上声）。我觉得发出这种怪声挺难为情的。

每天上课之前，全体男女学生排队到大院西侧的菜园里去做体操。一个最大的男生站在前面喊口令，喊的不知什么话，弯着舌头，每个字都带个"儿"。后来我由"七儿"、"八儿"悟出他喊的是"一、二、三、四、五、六、七、八"。弯舌头又带个"儿"，算是官话或国语的。有一节体操是揉肚子，九岁、十岁以上的女生都含羞吃吃地笑，停手不做。我傻里傻气照做，她们都笑我。

——杨绛《大王庙》（杨绛著《杂忆与杂写（增订本）》，生活·读书·新知三联书店，2010.07）

我们的班主任是李老师。……他大概有四十多岁，在一个九岁孩子的眼中就算是一个老人了。他人非常诚恳忠厚，朴实无华，从来没有训斥过学生，说话总是和颜悦色，让人感到亲切。他是我一生最难忘的老师之一。当时的小学教员，大概都是教多门课程的，什么国文、数学（当时好像是叫算术）、历史、地理等课程都一锅煮了。因为程度极浅，用不着有多么大的学问。一想到李老师，就想起了两件事。一件是，某一年初春的一天，大圆池旁的春草刚刚长齐，天上下着小雨，"沾衣欲湿杏花雨，吹面不寒杨柳风"。李老师带着我们全班到大圆池附近去种菜，自己挖地，自己下种，无非是扁豆、芸豆、辣椒、茄子之类。顺便说一句，当时西红柿还没有传入济南，北京如何，我不知道。当时碧草如茵，嫩柳鹅黄，一片绿色仿佛充塞了宇宙，伸手就能摸到。我们蹦蹦跳跳，快乐得像一群初入春江的小鸭。这是我一生三万多天中最快活的一天。至今回想起来还兴奋不已。另一件事是，李老师辅导我们英文。认识英文字母，他有妙法。他说，英文字母"f"就像一只大马蜂，两头长，中间腰细。这个比喻，我至今不忘。我不记得课堂上的英文是怎样教的，但既然李老师辅导我们，则必然有这样一堂课无疑。好像还有一个英文补习班。

另一位教员是教珠算（打算盘）的，好像是姓孙，名字当然不知道了。此人脸盘长得像知了，知了在济南叫 Shao qian，就是蝉，因此学生们就给他起了一个外号，叫 Shao qian，我到现在也不知道这两个字怎样写。此人好像是一个"迫害狂"，一个"法西斯分子"，对学生从来没有笑脸。打算盘本来是一个技术活，原理并不复杂，只要稍加讲解，就足够了，至于准确纯熟的问题，在运用中就可以解决。可是这一位 Shao qian 公，对初学的小孩子制定出了极残酷不合理的规定：打错一个数，打一板子。在算盘上差一行，就差十个数，结果就是十板子。上一堂课下来，每个人几乎都得挨板子。如果错到几十个到一百个数，那板子不知打多久才能打完。有时老师打累了，才板下开恩。那时候体罚被认为是合情合理的，八九十来岁的孩子到哪里去告状呀！而且"造反有理"的最高指示还没有出来。

——季羡林《新育小学的教员和职员》（季羡林著《季羡林自传》，当代中国出版社，2008.04）

我们班上换来了一个姓柴的老师。这位柴老师是一个瘦瘦的高高的个子。他给我的印象最深刻的有下面三点：一是他那条扁起裤管的灰色的西装裤子，这也许是在小县城里还很少见的缘故；二是他那张没有出现过笑容的脸孔；三就是他手里拿着的那支实心竹子做的教鞭。终于有一天，在上课的时候，也许我歪着头正看窗外的小鸟吧，或者是给邻座通报一件在当时看来是应当立刻通报的事情，总之，冷古丁地头上挨了重重的一鞭。散学后，我两手抱着头哭着回家，头上起了象小馒头那么大的一个血包。（当然，今天也并没有影响我的工作！）我当时哭着说："我再也不上学了。"妈妈也在心疼的情况下对我采取了妥协。可是呆了不几天，我就又跳跳蹦蹦地跟同伴们一起回到学校里去，好象什么事情也没有发生过。

　　……

　　这里我还想讲讲我的另一位老师。这位老师姓宋，是一个严厉的人。在上体育课的时候，如果有一个人走不整齐，那就要象旧军队的士兵一样受到严厉的斥责。尽管如此，我的小心眼儿里仍然很佩服他，因为我们确实比其他学校走得整齐，这使我和许多"敌人"进行舌战的时候，有着显而易见的理由。引起我忧虑的，只是下面一件事。这就是上算术课。在平民小学里，我的"国语"（现在叫"语文"）比较好，因而跳过一次班，算术也就这样跟不上了。来到这里，"国语"依然没问题，不管作文题是"春日郊游"或者是"早婚之害"，我都能争一个"清通"或者"尚佳"。只是宋老师的算术课，一响起铃声，就带来一阵隐隐的恐惧。上课往往先发算草本子。每喊一个名字，下面有人应一声"到——"，然后到前面把本子领回来。可是一喊到我，我刚刚从座位上立起，那个算草本就象瓦片一样向我脸上飞来，有时就落到别人的椅子底下，我连忙爬着去拾。也许宋老师以为一个孩子不懂得什么叫做羞惭！从这时起，我就开始抄别人的算草。也是从这时起，我认为算术这是一门最没有味道的也是最难的学科，象我这样的智力是不能学到的。一直到高小和后来的师范，我都以这一门功课为最糟。我没有勇气也从来没有敢设想我可以弄通什么"鸡兔同笼"！

　　——魏巍《我的老师》（天津教育出版社编《寸草春晖》，天津教育出版社，1985.06）

中学课堂

二十年来的经历 ①

邹韬奋

大声疾呼的国文课

......

我们最感觉有趣味和敬重的是中学初年级的国文教师朱叔子先生。他一口的太仓土音，上海人听来已怪有趣，而他上国文课时的起劲，更非笔墨所能形容。他对学生讲解古文的时候，读一段，讲一段，读时是用着全副气力，提高嗓子，埋头苦喊，读到有精彩处，更是弄得头上的筋一条条的显露出来，面色涨红得像关老爷，全身都震动起来，（他总是立着读）无论哪一个善打瞌睡的同学，也不得不肃然悚然！他那样用尽气力的办法，我虽自问做不到，但是他那样聚精会神，一点不肯撒烂污的认真态度，我到现在还是很佩服他。

我们每两星期有一次作文课。朱先生每次把所批改的文卷订成一厚本，带到课堂里来，从第一名批评起，一篇一篇地批评到最后，遇着同学的文卷里有精彩处，他也用读古文时的同样的拼命态度，大声疾呼地朗诵起来，往往要弄得哄堂大笑。但是每次经他这一番的批评和大声疾呼，大家确受着很大的推动；有的人也在寄宿舍里效法，那时你如有机会走过我们寄宿舍的门口，一定要震得你耳聋的。朱先生改文章很有本领，他改你一个字，都有道理；你的文章里只要有一句有精彩的话，他都不会抹杀

---

① 选自文明国编，邹韬奋著《邹韬奋自述》，安徽文艺出版社，2013.04，有删节。

掉。他实在是一个极好的国文教师。

我觉得要像他那样改国文，学的人才易有进步。有些教师尽转着他自己的念头，不顾你的思想；为着他自己的便利计，一来就是几行一删，在你的文卷上大发挥他自己的高见。朱先生的长处就在他能设身处地替学生的立场和思想加以考虑，不是拿起笔来，随着自己的意思乱改一阵。

我那时从沈永瓅先生和朱叔子先生所得到的写作的要诀，是写作的内容必须有个主张，有个见解，也许可以说是中心的思想，否则你尽管堆着许多优美的句子，都是徒然的。我每得到一个题目，不就动笔，先尽心思索，紧紧抓住这个题目的要点所在，古人说"读书得间"，这也许可以说是要"看题得间"；你只要抓住了这个"间"，便好像拿着了舵，任着你的笔锋奔放驰骋，都能够"搔到痒处"，和"隔靴搔痒"的便大大地不同。这要诀说来似乎平常，但是当时却有不少同学不知道，拿着一个题目就瞎写一阵，写了又涂，涂了又写，钟点要到了，有的还交不出卷来，有的只是匆匆地糊里糊涂地完卷了事。

英文的学习

关于英文的学习，我不能忘却在南洋公学的中院里所得到的两位教师。后来虽有不少美籍的教师在这方面给我许多益处，但是这两位教师却给我以初学英文的很大的训练和诀窍，是我永远所不能忘的厚惠。在这国际交通日密、学术国际化的时代，我们要研究学问，学习一两种外国文以做研究学问的工具，在事实上是很有必要的，所以我提出一些来谈谈，也许可以供诸君的参考。

我所要说的两位英文教师，一位是在中学二年级的时候教授英文的黄添福先生。他就是拙译《一位美国人嫁与一位中国人的自述》的那本书里的男主人公。他大概是生长在美国，英文和美国人之精通英文者无异；英语的流利畅达，口音的正确，那是不消说的。他只能英语，不会说中国话。做中国人不会说中国话，这就某种意义说来，似乎不免是一件憾事，但是仅就做英文教师这一点说，却给学生以很大的优点。当然，倘若只是精通英文而不懂教授法，还是够不上做外国文的良师。黄先生的教授法却有他的长处。他教的是英文文学名著，每次指定学生在课外预备若干页，最初数量很少，例如只有两三页，随后才逐渐加多。我记得在一年以内，每小时的功课，由两三页逐渐加多到二十几页。上课的时候，全课堂的同学都须把书本关拢来，他自己也很公平地把放在自己桌上的那本书关拢起来。随后他不分次序地向每一个同学询问书里的情节，有时还加以讨论。问完了每个同学之后，就在簿子上做个记号，作为平日积分的根据。他问每个同学的时候，别的同学也不得不倾耳静听，注意前后情节的线索，否则突然问到，便不免瞠目结舌，不知所答。在上课的五十分钟里面，同学们可以说没有一刻不在紧张的空气中过去，没有一刻不在练习听的能力。

除听的能力外，看的能力也因此而有长足的进展，因为你要在课堂上关拢书本子，随时回答教师关于书内情节的问句，或参加这些情节的讨论，那你在上课前仅仅查了生字，读了一两遍是不够的，必须完全了然全课的情节，才能胸有成竹，应付裕如。换句话说，你看了你的功课，必须在关拢书本之后，对于书内的情节都能明白。这样的训练，对于看的能力是有很大的益处。我和同学们最初却在心里有些反对，认为教师问起文学的内容好像和什么历史事实一样看待，使人费了许多工夫预备。但是经过一年之后，觉得自己的看的能力为之大增，才感觉到得益很大。

还有一位英文良师是徐守伍先生。他是当时的中院主任，等于附属中学的校长；当我们到了四年级的时候（当时中学是四年制），他兼授我们一级的英文。他曾经在美国研究经济学，对于英文也很下过苦功。他研究英文的最重要的诀窍是要明白英文成语的运用。这句话看来似乎平常，但在初学却是一个非常重要而受用无穷的秘诀。徐先生还有一句很直率而扼要的话，那就是你千万不要用你自己从来没有听过或读过的字句。这在中国人写惯中国文的人们，也许要觉得太拘泥，但是仔细想想，在原理上却也有可相通的。我们写"艰难"而不写作"难艰"，我们写"努力"、"奋斗"而不写作"奋力"、"努斗"，不过是由于我们在不知什么时候、什么地方听过或看过这类的用法罢了。初学英文的人，在口语上或写作上往往有"捏造"的毛病，或把中国语气强译为英文，成为"中国式的英文"！要补救这个毛病，就在乎留意不要用你自己从来没有听过或读过的英文字句。在积极方面，我们在阅读的时候，便须时常注意成语的用法。成语的用法不是仅仅记住成语的本身就够的，必须注意成语所在处的上下文的意思。我们在所阅读的书报里，看到一种成语出现两三次或更多次数的时候，如真在用心注意研究，必能意会它的妙用的。我们用这样的态度阅读书报，懂得成语越多，记得成语越多，不但阅读的能力随着增进，就是写作的能力也会随着增进。

黄先生使我们听得懂、听得快，看得懂、看得快，偏重在意义方面的收获；徐先生使我们注意成语的运用，对于阅读的能力当然也有很大的裨益，尤其偏重在写作能力的收获。

我觉得这两位良师的研究法可通用于研究各种外国文。

常州府中学堂 ①

钱 穆

二

除监督元博师外，当时常州府中学堂诸师长尤为余毕生难忘者，有吕思勉诚之师。亦常州人。任历史地理两课。闻诚之师曾亲受业于敬山太老师之门。诚之师长于余可十二岁，则初来任教当是二十五岁，在诸师中最为年轻。诚之师不修边幅，上堂后，尽在讲台上来往行走，口中娓娓不断，但绝无一言半句闲言旁语羼入，而时有鸿议创论。同学争相推敬。其上地理课，必带一上海商务印书馆所印《中国大地图》。先将各页拆开，讲一省，择取一图。先在附带一小黑板上画一十字形，然后绘此一省之四至界线，说明此一省之位置。再在界内绘山脉，次及河流湖泽。说明山水自然地理后，再加注都市城镇关卡及交通道路等。一省讲完，小黑板上所绘地图，五色粉笔缤纷皆是。听者如身历其境，永不忘怀。

一次考试，出四题，每题当得二十五分为满分。余一时尤爱其第三题有关吉林省长白山地势军情者。乃首答此题，下笔不能休。不意考试时间已过，不得不交卷。如是乃仅答一题。诚之师在其室中阅卷，有数同学窗外偷看，余不与，而诚之师亦未觉窗外有人。适逢余之一卷，诚之师阅毕，乃在卷后加批。此等考卷本不发回，只需批分数，不需加批语。乃诚

---

① 选自钱穆著《八十忆双亲·师友杂忆》，生活·读书·新知三联书店，2005.03，有删节。

之师批语，一纸加一纸，竟无休止。手握一铅笔，写久须再削。诚之师为省事，用小刀将铅笔劈开成两半，俾中间铅条可随手抽出，不断快写。铅条又易淡，写不出颜色来，诚之师乃在桌上一茶杯中蘸水书之。所书纸遇湿而破，诚之师无法粘贴，乃以手拍纸，使伏贴如全纸，仍书不辍。不知其批语曾写几纸，亦不知其所批何语。而余此卷只答一题，亦竟得七十五分。只此一事，亦可想象诚之师之为人，及其日常生活之一斑。

……

三

尚有数学科临时来代课一徐先生忘其名。乃当时府城中负盛名之旧数学家。有一妹，兄不娶，妹不嫁，同有才子名，亦得怪人称。同学呼为徐疯子。余初谓其名字常在胸臆间，乃不谓今日临下笔亦已忘之，苦忆不获，曾函询旅港之老同学费子彬，来函相告，未即补入。顷子彬已逝世，此函遍检不得，姑仍称徐先生。吕诚之师曾从学，自加减乘除迄小代数二次方，仅一星期而毕。

先生为人，落拓不羁。首次上讲堂，身穿深红色长袍，口中衔酥糖半块，糖屑溢两唇，手掌中尚留酥糖半块。然诸同学震其名，一堂静默，恭敬有加。先生在堂上不多发言，而时出狂笑声。

一同学练习本上一题，未知演法，上讲台问。先生狂笑曰："此易耳，得数当系何？"竟不告此同学以演法。此同学苦演始获解，然最终得数亦竟如先生言。

一日，逢月考，先生在黑板上出四题，诸同学皆瞠然不知所答。一题为$\left\{\left[\left(1-\frac{1}{2}\right)-\frac{1}{2}\right]-\frac{1}{2}\right\}-\frac{1}{2}$…余意此即庄子一尺之棰，日取其半，万世不竭也。因以$0…1$为答，幸得之。馀三题皆类此，恨不复忆。一同学亦答中其中之一题。全班惟余等两人各中一题，各得七十五分。馀皆全不中，各得六十分。先生笑曰："聊以试诸生之聪明耳。答不中，尽无妨。"

先生上课不久，诸同学愈益加敬。闻先生将去职，乞留。先生曰："汝辈旧老师当来，我特应急耳。"因笑曰："倘使他拜我门下，亦与诸君同学，我亦不留。"

先生最后一堂课，手持书八本，乃先生自著书。告诸生："我尝从学于无锡荡口镇之华蘅芳、华世芳两先生，今班上有荡口镇同学八人，当各赠我所著书一部以为纪念。"先生即下讲台，首以一本给余，余坐讲堂之第一位，其余皆在后座，先生一一走就其座授之。先生平日似乎高瞻远瞩，双目在云汉间，俗情世事，全不在眼。乃不意其知班上有从荡口镇来者八人，惊七人皆姓华，独余不姓华，亦从荡口镇来。又各知其座位。此诚先生怪中之尤可怪者耶。课后，余读其书，茫然不解，今已不记其书名。后学几何，大喜之，然于数学终未入门。亦不知先生书今日尚有人领会否。然先生为人风格特具，终使余不能忘也。

四

又余班上国文先生为童斐伯章老师。宜兴人。庄严持重，步履不苟，同学以道学先生称之。而上堂则俨若两人，善诙谐，多滑稽，又兼动作，如说滩簧，如演文明戏。一日，讲《史记·刺客列传》，"荆轲刺秦王"。先挟一大地图上讲台，讲至图穷而匕首见一语，师在讲台上翻开地图，逐页翻下，图穷，赫然果有一小刀，师取掷之，远达课堂对面一端之墙上，刀锋直入，不落地。师遂绕讲台速走，效追秦王状。

中学时代 ①

茅 盾

一九〇九年夏季，我从植材学校毕业了，时年十三周岁。母亲准备让我进中学。那时中学只有府里有，也就是杭州、嘉兴、湖州、宁波、绍兴等地才有。杭州除了中学还有一所初级师范，有人劝我母亲让我考这个师范。师范学校当时有优越条件：不收食宿学费，一年还发两套制服，但毕业后必得当教员。母亲认为父亲遗嘱是要我和弟弟搞实业，当教员与此不符，因此没有让我去。杭州我母亲还嫌远，嘉兴最近，但最后决定让我去考湖州中学（其实湖州与杭州的远近一样），因为本镇有一个亲戚姓费的已在湖中读书，可以有照顾。这是我第一次离开乌镇，又是到百里之远的湖州，所以母亲特别不放心。我和姓费的同乘小火轮，费是我的长辈，该称他表叔。到了湖州中学，原想插三年级，但因算术题目完全答错了，只能插二年级。

湖州中学的校舍是爱山书院的旧址加建洋式教室。校后有高数丈的土阜，上有敞厅三间，名为爱山堂，据说与苏东坡有关。至于宿舍，是老式楼房，每房有铺位十来个。

湖州中学的校长沈谱琴，是同盟会的秘密会员，大地主，在湖州颇有名望。他家有家庭女教师汤国藜，是个有学问的老处女，是乌镇人，但我从未听人说起她，想来她是从小就在外地的。（辛亥革命后，章太炎的续弦夫人即是这位汤女士。）沈谱琴从不到校，他聘请的教员大都是有学

① 选自茅盾著《我的学生时代》，新蕾出版社，1982.01，有删节。

问的人。我记忆中最难忘的是一个教本国地理的（可惜记不起他的姓名了）和一个教国文的，仿佛还记得他姓杨名笏斋。地理是一门枯燥无味的功课，但这位老师却能形象地讲解重要的山山水水及其古迹——历史上有名的人物及古战场等等。同学们对此都很感兴趣。至于杨老师他教我们古诗十九首，《日出东南隅》，左太冲《咏史》和白居易的《慈乌夜啼》《道州民》《有木》八章。这比我在植材时所读的《易经》要有味得多，而且也容易懂。杨先生还从《庄子》内选若干篇教我们。他不把庄子作为先秦诸子的思想流派之一来看待。他还没这样的认识。他以《庄子》作为最好的古文来教我们。他说，庄子的文章如龙在云中，有时见首，有时忽现全身，夭矫变化，不可猜度。《墨子》简直不知所云，大部分看不懂。《荀子》《韩非子》倒容易懂，但就文而论，都不及《庄子》。这是我第一次听说先秦时代有那样多的"子"。在植材时，我只知有《孟子》。

湖州中学的体育有"走天桥"、"翻铁杠"等。我第一次练习"走天桥"时，体育老师告诉我：眼朝前看，不朝下看，就能在天桥上来回走，走天桥是容易的，不比翻铁杠。老同学示范过以后，老师叫我走。我记着眼朝前看，轻易从天桥的此端走到彼端，待要往回走时，走到一半，不知怎的朝下一看，两腿就发软了，不敢再走了，只好骑在天桥上，挪动身子，慢慢地爬到了彼端。其实天桥离地面不过丈把高。

至于翻铁杠，我就无法翻。人家身子一跳，两手就抓住铁杠。我身矮，老师抱我上了杠，老师一松，我又落下来了。如此数次，惹得老同学们大笑，更不用说翻铁杠的能手了。从此，我也不再学翻铁杠了。

至于枪操，都是真枪，老同学告诉我，这枪能装九颗子弹，打完再装也不过半分钟就装好，熟练后只要几秒钟。这是从外国买来的，同学们就称之为"洋九响"。真有子弹，而且很多，放在体操用具的储藏室。

我觉得体操不难，开步走，立正，稍息，枪上肩之类，我在植材时学过，但不是真枪，只是木棍。现在是真枪了，我身高还不及枪，上了刺刀以后，我就更显得矮了。枪不知有几斤重，我提枪上肩，就十分困难。枪上肩后，我就站不稳。教师喊开步走，我才挪动一步，肩上的枪不知怎地就下来了。我只好拖着枪走，真成了"曳兵而走"了。从此以后，体操这门课，我就免了。至于踢足球，我算是用尽力一踢，球只在地上滚了七、八尺。因此，同学们赛球时，我只在旁欣赏。

每学期照例有一次"远足"，我欣然参加了。第一次是到道场山，路不远，顶多三十里。我去时刚走不多路，便觉两腿上象挂了十多斤的铅条，就要在路旁休息。老同学知道我是第一次"远足"，便扶着我跑，说练练就行了。如此挨到了目的地，也不知怎的，回来时我居然能走，不用人扶，不过总要掉队。

现在想来，湖州中学的体操实在是正式的军事操练，"远足"也是"急行军"的别名罢了。

后来事实证明，沈校长这样布置，是有深意的。

……

我们回到校内，方知学校已招了新生，其中有个姓张的，二十来岁了，在新生中年龄最大。插二年级的，有董大酉，不过十二三岁。

我们正准备上课，舍监出了布告：沈校长将于明日到校对全体同学讲话，明日上午七时全体同学应在操场集合。

这个布告引起了很大的轰动。大家都在猜，从不到校的沈校长为什么要对全体同学讲话，有什么要事。

次日七时，全校教职员和学生齐集操场。一会儿，沈校长和一位矮胖的老人来了。沈校长说自己做校长多年，对教育实在是外行。旋即郑重介绍那老人，大意如下："这位钱念劬先生，是湖州的最有名望的人。钱先生曾在日本、俄国、法国、意大利、荷兰等国做外交官，通晓世界大势，学贯中西。现在钱先生回湖州来暂住，我以晚辈之礼恳请钱先生代理校长一个月，提出应兴应革的方略。"

然后舍监宣布散会，大家各回教室上课。

我们回教室不久，钱老先生来到课堂门外听了一会儿就走了。这一节课是杨先生讲的作文，他出了题目，略加解释，我们就构思，一点钟内得交卷。

这天晚上，全校就纷纷议论，说钱老先生听遍了各教师的讲课，有时还进课堂去指出：何者讲错了，何者讲的不详细。大部分教师都挨了批评，而对英文教师的批评是发音不准确。

也在这天晚上，英文教师鼓动全体教师罢教以示抗议，但是除了他本人外，只有杨先生因和他个人交情不浅，勉强附和，其余教员多半不赞成。

第二天，钱老先生来校后，听说有的教师罢教，就对学监说，叫学生照常上课，他找人来代课。

别的班级，我不知道，就我的班级说，来代英文课的也姓钱，我们猜他是钱老先生的儿子，私下里称之为小钱先生。他先教发音，从英文二十六个字母开始，在黑板上画了人体口腔的横剖面，发某音时，舌头在口腔内的位置。这真使大家感到十分新鲜。这位小钱先生又看了过去我们所作的造句练习，他认为英文教师只是发音不准确，造句练习该改的，他都改得不错，而且英文读本《泰西三十轶事》也是公认的一本好书。我觉得这位小钱先生态度公正，而是英文教师太要面子。

代国文课的老师也姓钱，年龄和代英文的老师不相上下，我们以为他俩全是钱老先生的儿子。后来，二年级的插班生董大酉告诉我们：代国文的单名一个夏字，是钱老先生的弟弟，比钱老先生小三十四五岁。代英文的名稻孙，是钱老先生的儿子。至于董大酉自己，学监说他是钱老先生的外甥。

轮到两星期一次的作文课了。钱老先生来到我们班上。他不出题目，只叫我们就自己喜欢做的事，或想做的事，或喜欢做怎样的人，写一篇作文。惯做史论或游记的同学们觉得这好象容易却又不然，因为茫无边际，从何处说起呢？

我听了钱老先生的话，也和同学们有同样的感想。后来忽然想起杨先生教过的《庄子·寓言》，就打算模仿它一下。我写了五六百字，算是完了，题名为《志在鸿鹄》。全文以四字句为多，有点象骈体。这篇作文的内容现在记不清楚了，大体是鸿鹄高飞，嘲笑下边的仰着脸看的猎人。这象寓言。但因我名德鸿，也可说是借鸿鹄自诉抱负。

第二天发下作文卷来，我的卷上有好多点，也有几个圈（钱老先生认为好的句子加点，更好的加圈，同学们的卷子也有连点都没有的），有几个字钱老先生认为不是古体，就勾出来，在旁边写个正确的。钱老先生还在我这篇作文的后边写一个批语："是将来能为文者。"

……

一个月过去了，钱老先生不再代理校长，英文教员和杨先生也照旧上课了。

钱夏先生代课时期，曾教我们以"南中响接好音，法遂遣使问讯吴大将军"开头的史可法《答清摄政王书》，以"桓公报九世之仇，况仇深于九世；胡虏无百年之运，矧运过于百年"为警句的《太平天国檄文》，也教过黄遵宪（公度）的"城头逢逢雷大鼓"为起句的《台湾行》，也教了以"亚东大陆有一士，自名任公其姓梁"为起句的梁启超的《横渡太平洋长歌》。那时，我们都觉得新鲜，现在杨先生又来上课了，我们都要求他也讲些新鲜的。杨先生说，钱先生所讲，虽只寥寥数篇，但都有扫除房秽，再造河山的宗旨，不能有比它再新鲜的了。杨先生想了想，又说，幸而还有文天祥的《正气歌》，还可凑数，于是教了《正气歌》。

我对杨先生说：讲些和时事有关的文章，不知有没有？

杨先生忽然大笑，说："钱先生教你们读史可法答摄政王书，真有意义。现在也是摄政王临朝。不过现在的摄政王比起史可法那时的摄政王有天壤之别。"

杨先生又说"明末江南有个复社，继东林党之后抨击阉党和权贵。现在李莲英党羽，仍然嚣张，顽固大臣操持国政，形势与明末相近。复社首领张溥（天如）编选《汉魏六朝百三名家集》，每集都作题辞。张溥号召'兴复古学，各为今用'，他编选的《汉魏六朝百三名家集》的题辞即有此用意。现在我选《汉魏六朝百三名家集》教你们，也不算复古而是为今用吧。"

杨先生只讲解"题辞"。各集本文要我们自己去择优钻研。从《贾长沙集》的题辞，我们知有屈原、宋玉，知有《楚辞》。从《司马文园集》之题辞，我们知有《昭明文选》。从《陈思王集》及其他建安时代文人集的题辞，我们知有建安七子。杨先生并择建安七子的精萃诗文教了我们。杨先生在解释《潘黄门集》(潘安仁)的题辞后，又为我们讲解了《闲居赋》，还引元遗山的诗："心画心声总失真，文章宁复见为人。高情千古闲居赋，争信安仁拜路尘。"

总之，单从题辞的讲解中，我们知有陆机、陆云两弟兄，知有嵇康、傅玄、鲍照(明远)、庾信(子山)、江淹(文通)、丘迟(希范)，因为丘是湖州人，杨先生特别感兴趣。

然而一百零三家的题辞究竟太多，不可能全讲，杨先生只能选择他自己喜欢的给我们解释。这些题辞都是骈体，杨先生于是教我们学作骈体文。他说："书不读秦汉以下，文章以骈体为正宗。"

……

寒假已完，我到安定中学。当时不象现在那样，甚至也不象北洋军阀时代那样，公立学校没有通用的固定课本，教师爱教什么就教什么，私立学校更不受约束。私立安定中学的校长想与杭州中学比赛(按杭、嘉、湖三府的中学，后皆改称浙江省立第一中学校，浙江省立第二中学校，浙江省立第三中学校，其他各府中学也都照改，始于何年，我记不清了)，凡是杭州的好教员都千方设法聘请来。当时被称为浙江才子的张相(献之)就兼教三校(安定、一中，另一教会办的中学)的国文课，另一个姓杨的，则兼两校(安定而外，也在教会办的中学教国文)。张献之老师教我们作诗、填词，但学作对子是作诗、词的基本功夫，所以他先教我们作对子。他常常写了上联，叫同学们做下联，做后，他当场就改。

……

张先生经常或以前人或以自己所作诗词示范，偶尔也让我们试作，他则修改。但我们那时主要还是练习作诗词的基本功，作对子。张先生即以此代其他学校必有的作文课。

张献之先生后来曾任中华书局编辑，他的著作，今尚印行者为《诗词曲语辞汇释》，这是一部工具书。

　　另一个国文教员姓杨，他的教法也使我始而惊异，终于很感兴趣。他讲中国文学发展变迁的历史。他从诗经，楚辞、汉赋、六朝骈文，唐诗、宋词、元杂剧、明前后七子的复古运动、明传奇（昆曲），直到桐城派以及晚清的江西诗派之盛行。他讲时在黑板上只写了人名、书名，他每日讲一段，叫同学们做笔记，然后他看同学们的笔记，错了给改正，记得不全的给补充。这就是杨老师的作文课。我最初是在他讲时同时做笔记，后来觉得我的笔无论如何赶不上杨先生的嘴，尽管他说得很慢。于是我改变方法，只记下黑板上的人名，书名，而杨先生口说的，则靠一时强记，下课后再默写出来。果然我能够把杨先生讲的记下十之八、九。

　　除了张献之老师和杨老师，安定中学的历史地理教员都不错，教数学的不及嘉兴中学，教物理、化学的都是日本留学生。

　　一年半的时间很快过去了。一九一三年夏，我在杭州私立安定中学毕业了。

怀李叔同先生 ①

丰子恺

距今二十九年前，我十七岁的时候，最初在杭州的浙江省立第一师范学校里见到李叔同先生，即后来的弘一法师。那时我是预科生，他是我们的音乐教师。我们上他的音乐课时，有一种特殊的感觉：严肃。摇过预备铃，我们走向音乐教室，推进门去，先吃一惊：李先生早已端坐在讲台上。以为先生总要迟到而嘴里随便唱着、喊着，或笑着、骂着而推进门去的同学，吃惊更是不小。他们的唱声、喊声、笑声、骂声以门槛为界限而忽然消灭。接着是低着头，红着脸，去端坐在自己的位子里。端坐在自己的位子里偷偷地仰起头来看看，看见李先生的高高的瘦削的上半身穿着整洁的黑布马褂，露出在讲桌上，宽广得可以走马的前额，细长的凤眼，隆正的鼻梁，形成威严的表情。扁平而阔的嘴唇两端常有深涡，显示和爱的表情。这副相貌，用"温而厉"三个字来描写，大概差不多了。讲桌上放着点名簿、讲义，以及他的教课笔记簿、粉笔。钢琴衣解开着，琴盖开着，谱表摆着，琴头上又放着一只时表，闪闪的金光直射到我们的眼中。黑板（是上下两块可以推动的）上早已清楚地写好本课内所应写的东西（两块都写好，上块盖着下块，用下块时把上块推开）。在这样布置的讲台上，李先生端坐着。坐到上课铃响出（后来我们知道他这脾气，上音乐课必早到。故上课铃响时，同学早已到齐），他站起身来，深深地一鞠躬，课就

---

① 选自葛乃福编《丰子恺散文选集》，百花文艺出版社，1991.03，有删节。

开始了。这样地上课，空气严肃得很。

有一个人上音乐课时不唱歌而看别的书，有一个人上音乐时吐痰在地板上，以为李先生不看见的，其实他都知道。但他不立刻责备，等到下课后，他用很轻而严肃的声音郑重地说："某某等一等出去。"于是这位某某同学只得站着。等到别的同学都出去了，他又用轻而严肃的声音向这某某同学和气地说："下次上课时不要看别的书。"或者："下次痰不要吐在地板上。"说过之后他微微一鞠躬，表示"你出去罢。"出来的人大都脸上发红。又有一次下音乐课，最后出去的人无心把门一拉，碰得太重，发出很大的声音。他走了数十步之后，李先生走出门来，满面和气地叫他转来。等他到了，李先生又叫他进教室来。进了教室，李先生用很轻而严肃的声音向他和气地说："下次走出教室，轻轻地关门。"就对他一鞠躬，送他出门，自己轻轻地把门关了。最不易忘却的，是有一次上弹琴课的时候。我们是师范生，每人都要学弹琴，全校有五六十架风琴及两架钢琴。风琴每室两架，给学生练习用；钢琴一架放在唱歌教室里，一架放在弹琴教室里。上弹琴课时，十数人为一组，环立在琴旁，看李先生范奏。有一次正在范奏的时候，有一个同学放一个屁，没有声音，却是很臭。钢琴及李先生十数同学全部沉浸在亚莫尼亚气体中。同学大都掩鼻或发出讨厌的声音。李先生眉头一皱，管自弹琴（我想他一定屏息着）。弹到后来，亚莫尼亚气散光了，他的眉头方才舒展。教完以后，下课铃响了。李先生立起来一鞠躬，表示散课。散课以后，同学还未出门，李先生又郑重地宣告："大家等一等去，还有一句话。"大家又肃立了。李先生又用很轻而严肃的声音和气地说："以后放屁，到门外去，不要放在室内。"接着又一鞠躬，表示叫我们出去。同学都忍着笑，一出门来，大家快跑，跑到远处去大笑一顿。

李先生用这样的态度来教我们音乐，因此我们上音乐课时，觉得比上其他一切课更严肃。同时对于音乐教师李叔同先生，比对其他教师更敬仰。那时的学校，首重的是所谓"英、国、算"，即英文、国文和算学。在别的学校里，这三门功课的教师最有权威；而在我们这师范学校里，音乐教师最有权威，因为他是李叔同先生的原故。

　　李叔同先生为甚么能有这种权威呢？不仅为了他学问好，不仅为了他音乐好，主要的还是为了他态度认真。李先生一生的最大特点是"认真"。他对于一件事，不做则已，要做就非做得彻底不可。

我的中学国文老师 ①

罗 庸

民国二年的寒假里，我考进了京师公立第二中学校。

当时北京一共有四个公立中学，直属于京师学务局，学务局本来是清代八旗学务公所的化身，四个公立中学也大半是八旗官学的改组。第二中学在东城史家胡同，其前身便是左翼八旗官学。

民国初年的学制定为中学四年，一律冬季始业。辛亥革命后，这新改组的京师公立第二中学还保留着左翼八旗官学的旧生三班，所以民国元年入学的新生便称为第四班，我们这一班数下来就是第六班了。这时学校一律是单级制，所以我初入学的这一年，校中共有学生四班，即第三班至第六班。

甲午战败以后，清廷派了大批的学生到日本去留学，我们的校长文冠英先生便是那时候的早稻田大学师范科毕业生，所以校中的教师大半是日本留学生，只有国文老师不是留学生，但都是在前清有功名的。

这时校中有三位国文老师，教第三班和第四班的是伊鉴湖先生，教第五班的是景月石先生，教我们这一班的是王璞如先生。伊老师名人镜，京兆武清县人，前清拔贡，是一位老名士。王老师名毓华，京兆宝坻县人，前清举人。这两位是全校国文重心，喜好国文的学生，都以能受教于这两位老师为荣幸，而我们这一班恰好遇到了王老师。

---

① 原载《国文月刊》第三十四期（1944）。选自顾黄初、李杏保主编《二十世纪前期中国语文教育论集》，四川教育出版社，1991.01，有删节。

小学生在初升学的时候，对于学校和教师大率有一种新奇和仰望的心情，尤其对于素所喜爱的功课，其注意尤为深切。我一向是喜欢国文的，所以刚一入校，便以渴望的心情期待这位新的国文老师。

第一周的国文钟点到了，铃声才住，讲堂外慢慢的走进来王老师。值日生喊"一"，大家立起来。王老师蹀上讲台，向大家微微一鞠躬，随手把挟在胁下的讲义放在桌上。值日生喊"二"，大家坐下，值日生赶着向每人的座位上发讲义，王老师背着手在台上左右的蹀着，目光轮转注视着每一个学生。

王老师这时年约四十五六，身量不高，肩背微驼，瘦长的脸上突出两个高颧骨和一个大鼻子，浓眉大眼，弈弈有神。后面的头顶业已全秃，推光的两鬓也已斑白。穿一件半旧灰布皮袍。整洁而朴素。就在这没有开口的一·两分钟之内，同学们不约而同的被他的气象慑服了。不由得从心里赞叹一句："这才真是我们的老师！"

那是一种说不出来的感觉，简易、率真、崇高、严肃、凝重、亲切、安和、慈祥，这许多印象在面前构成了一座苍山，一窗春日，一池清水，一味醍醐。就是平常最调皮的学生，这时也不由得欠心定气，静默无哗，讲堂里立刻换了一番景象。

这一课讲的是"范祎与人论学文之法"，王老师操着本色的宝坻土音，声如洪钟，语言缓慢而沈着有力。读本文时抑扬顿挫，一字不苟，尤其是语势的转折，虚字的照应，经他一念，整篇文章就像一个人在面前说话一般，不待解释，已经大部分明白了。他只略略注释几个难字，黑板上写字极少，题外的话也极少。他写的一笔好苏字，在黑板上也一笔不苟，似乎是"就石书丹"一样；也是真的，下课后谁也舍不得拭去黑板上那寥寥的几个字。

一堂上过，同学们都好像打了强心针，个个精神焕发，谁都预备把国文念好。尤其是我们几个喜欢国文的同学，竟有"托身已得所，千载不相违"之感。

第一次的作文题出的是"国奢示之以俭论"，这在那时代并不算太深，因为学生中读过《礼记》《左传》的大有人在。批改后发卷的时候，又给了我们一个新的印象，文卷上照例是不批分数的，但王老师却按分数的高下把试卷排出先后，最先发还的三本课卷说明叫全班传观。写中佳句用密圈一，命意好的地方用密点，圈点都是像刻书那样整齐。末尾照例有几句尾批，如"笔有炉锤，词无枝叶"，或"语虽妥适，迹近敷衍"之类。浓浓的墨，衬着那一笔苏字，使得你不好意思再来拿潦草的书法塞责交卷，于是大家又都努力练习起写字来。

就是这样一口气上完三个学年，王老师用的是林纾选《中学国文读本》，商务版，线装。第一册是清文，以下明元宋唐倒溯上去，最后是《战国策》和晚周诸子。选文的主体自然是归方姚曾和唐宋八家，但王老师再选时却又有他的一番斟酌。所以三年中虽然念了许多家的文章，竟如只念一家一样，风格意境，造句谋篇，都属于一派，一点也不凌杂。这样，无形中引起了大家读专集的兴味，我们几个喜好国文的人便相约各人读一部专集。我选的是韩昌黎，三年中把一部韩文大半背熟，作文因此长进了不少。但这些王老师是不管的，他只是按部就班的讲他的文章，出他的作文题，讲了又作，作了又讲。也不叫学生背书或默写，也不测验，也不考书。

旧式的国文教师如果是科举出身或书启师爷改行的，大半带一点八股味或八行味，这对于学生的影响是很坏的。但王老师却没有这些气味。他只是古文家而兼有理学修养，却也不标榜桐城阳湖。

王老师对于文字训诂考据的一套学问无疑是很差的，但绝不因此影响到学生的信仰。当时的中学课程到第三年要加授文字源流，这一年便在国文课中每周加一小时，仍由王老师担任，课本用的是商务共和国教科书《文字源流》。仅仅上了一两堂，大家便觉得这门学问实在非王老师之所长，徒自让他费力，便要求停讲，结果是改请伊老师每周讲一小时他自己编的《国文字母类编》。

这事在我们班上不能不算是一个奇迹，因为我们这一班是相当难对付的，常常会质问教师。假如换一位别的教师那恐怕只有辞职走路之一法，但在王老师则大家只觉得"此课不必有，而此师不可无"。人格的感化力显然是超过一切的，王老师便是最好的实证。

伊老师来上他的"国文字母类编"了，这在我们只是一个新奇，而并不感到亲切。伊老师似乎是"堂堂乎张也"的一流人物，将近六十的年纪，高高的身材，嶙嶙的瘦骨，清癯的面貌上配上稀疏的一把花白胡鬚。剃得光光的头，留着旧式辫顶，却从颈后把辫发戛然一剪。走路永远是挺胸阔步，双目上视，对于学生似乎有不屑理睬的神情。博学多能，少年时据说有才子之目。商务的《辞源》那时刚刚发售预约，尚未出版，伊老师便是全校的活辞源，但也只有教师才有资格请问。有时作一首诗或拟一副挽联，那些典故和古体字便令人摸不着头。隶书和行草都是学的伊墨卿，小篆也写得极好。在第三四班教国文的情形我们不大知道，但现在想起来恐怕是自我发挥的时候多。记得有一次旧历元旦学校不放假，伊老师很不高兴，便出了一个作文题，是"戴凭元旦说经坐重席论"。恰好学务局视学员崇镇东来查学，还把这个作文题记在查学报告上，着实表扬了一番。现在伊老师来教《国文字母类编》了，大家怀着好奇的心情，想从这里得到一些不传之秘，却不料闹得个败兴而归。

……

但伊老师另一方面给我们的影响却是不可磨灭的，这时是民国四五年之交，袁世凯筹备帝制正闹得乌烟瘴气。北京的中小学校正在把员生名册汇钞给学务局作联名劝进的材料，一般的教育界忧于军政执法处陆建章的淫威，大都噤若寒蝉，独有我们的王老师和伊老师却在讲堂上昌言反对，王老师是很委婉的，常常出"闻诛一夫纣未闻弑君说"，"国家之败由官邪也论"一类的题目。伊老师则慷慨激昂，公然在讲堂上大骂"国贼"。其时袁党侦骑密布，我们都替伊老师捏一把汗，但满心积愤，又愿意借了伊老师来发泄一下。就在这一种矛盾的心情之下，维持着我们这班青年的正气直到袁氏的覆亡。现在想起来真乃"其功不在禹下"的。在这里，我始终敬佩着伊老师。

在第四学年的春天，学校发生了易长风潮，旧教师相率辞职，我自己也就不常到校上课，后来勉强参加学业考试了事。伊老师从此回返故乡，便没有再见的机会了。王老师还在北京另一学校教书，直到芦沟事变的这一年，仍然健在。我自己西南飘泊，不觉已满七年，王老师早该是七十开外的人了，但愿不久回到故都，能够重和他老人家见面。

以上这一段童年的回忆，不觉已过了三十年。在这三十年中，遭遇了两次世界大战，国内的文化教育，也经过了许多变迁。像"戴凭元旦说经坐重席论"这一类的作文题，是不会再在中学里出现的了，但中学国文教学上的许多问题，似乎还应该借鉴于三十年前，现在就以我亲炙门墙的两位老师作例，有几点是足供现代中学国文教师参考的。

文学的功用本在陶冶性情，最低的限度也应该知能并重。现在有些位中学国文教师似乎只在灌输文学知识，甚至不惜以村言俚语取媚于学生，作文技术的训练尚且不注意，"身教"更谈不上了。行与学离，学与文离，师弟相渎，教学交弊，天下所痛之事无有过于此者！在这里，我想，我们的王老师实在是最好的模范。

教学的目的在成就学生，不在表现教师。有些位国文教师似乎只为发挥自己，"进而不顾其安，使人不由其诚，教人不尽其材；其施之也悖，其求之也佛。"学生既不能实际受益，教师的表现也落了空虚，这实在是很不聪明的办法。在这里，我们的伊老师是可以为戒的。

我的一位国文老师 ①

梁实秋

    我在十八九岁的时候，遇见一位国文先生，他给我的印象最深，使我受益也最多，我至今不能忘记他。

    先生姓徐，名镜澄，我们给他取的绰号是"徐老虎"，因为他凶。他的相貌很古怪，他的脑袋的轮廓是有棱有角的，很容易成为漫画的对象。头很尖，秃秃的，亮亮的，脸形却是方方的，扁扁的，有些像《聊斋志异》绘图中的夜叉的模样。他的鼻子眼睛嘴好像是过分地集中在脸上很小的一块区域里。他戴一副墨晶眼镜，银丝小镜框，这两块黑色便成了他脸上最显著的特征。我常给他画漫画，勾一个轮廓，中间点上两块椭圆形的黑块，便惟妙惟肖。他的身材高大，但是两肩总是耸得高高，鼻尖有一些红，像酒糟的，鼻孔里常常地藏着两筒清水鼻涕，不时地吸溜着，说一两句话就要用力地吸溜一声，有板有眼有节奏，也有时忘了吸溜，走了板眼，上唇上便亮晶晶地吊出两根玉箸，他用手背一抹。他常穿的是一件灰布长袍，好像是在给谁穿孝，袍子在整洁的阶段时我没有赶得上看见，余生也晚，我看见那袍子的时候即已油渍斑斓。他经常是仰着头，迈着八字步，两眼望青天，嘴撇得瓢儿似的。我很难得看见他笑，如果笑起来，是狞笑，样子更凶。

    我的学校是很特殊的。上午的课全是用英语讲授，下午的课全是国语讲授。上午的课很严，三日一问，五日一考，不用功便要被淘汰，下午的

---

① 选自梁实秋著《雅舍忆旧》，云南人民出版社，2012.05。

课稀松，成绩与毕业无关。所以每到下午上国文之类的课程，学生们便不踊跃，课堂上常是稀稀拉拉的不大上座，但教员用拿毛笔的姿势举着铅笔点名的时候，学生却个个都到了，因为一个学生不只答一声到。真到了的学生，一部分从事午睡，微发鼾声，一部分看小说如《官场现形记》《玉梨魂》之类，一部分写"父母亲大人膝下"式的家书，一部分干脆瞪着大眼发呆，神游八表。有时候逗先生开玩笑。国文先生呢，大部分都是年高有德的，不是榜眼，就是探花，再不就是举人。他们授课不过是奉行故事，乐得敷敷衍衍。在这种糟糕的情形之下，徐老先生之所以凶，老是绷着脸，老是开口就骂人，我想大概是由于正当防卫吧。

有一天，先生大概是多喝了两盅，摇摇摆摆地进了课堂。这一堂是作文，他老先生拿起粉笔在黑板上写了两个字，题目尚未写完，当然照例要吸溜一下鼻涕，就在这吸溜之际，一位性急的同学发问了："这题目怎样讲呀？"老先生转过身来，冷笑两声，勃然大怒："题目还没有写完，写完了当然还要讲，没写完你为什么就要问？……"滔滔不绝地吼叫起来，大家都为之愕然。这时候我可按捺不住了。我一向是个上午捣乱下午安分的学生，我觉得现在受了无理的侮辱，我便挺身分辩了几句。这一下我可惹了祸，老先生把他的怒火都泼在我的头上了。他在讲台上来回踱着，吸溜一下鼻涕，骂我一句，足足骂了我一个钟头，其中警句甚多，我至今还记得这样的一句：

"×××！你是什么东西？我一眼把你望到底！"

这一句颇为同学们所传诵。谁和我有点争论遇到纠缠不清的时候，都会引用这一句"你是什么东西？我把你一眼望到底！"当时我看形势不妙，也就没有再多说，让下课铃结束了先生的怒骂。

但是从这一次起，徐先生算是认识我了。酒醒之后，他给我批改作文特别详尽。批改之不足，还特别的当面加以解释，我这一个"一眼望到底"的学生，居然成为一个受益最多的学生了。

徐先生自己选辑教材，有古文，有白话，油印分发给大家。《林琴南致蔡子民书》是他讲得最为眉飞色舞的一篇。此外如吴敬恒的《上下古今谈》，梁启超的《欧游心影录》，以及张东荪的《时事新报》社论，他也选了不少。这样新旧兼收的教材，在当时还是很难得的开通的榜样。我对于国文的兴趣因此而提高了不少。徐先生讲国文之前，先要介绍作者，而且介绍得很亲切，例如他讲张东荪的文字时，便说："张东荪这个人，我倒和他一桌吃过饭……"这样的话是相当的可以使学生们吃惊的，吃惊的是，我们的国文先生也许不是一个平凡的人吧，否则怎样会能够和张东荪一桌上吃过饭！

徐先生于介绍作者之后，朗诵全文一遍。这一遍朗诵可很有意思。他打着江北的官腔，咬牙切齿地大声读一遍，不论是古文或白话，一字不苟地吟咏一番，好像是演员在背台词，他把文字里的蕴藏着的意义好像都给宣泄出来了。他念得有腔有调，有板有眼，有情感，有气势，有抑扬顿挫，我们听了之后，好像是已经理会到原文的意义的一半了。好文章掷地作金石声，那也许是过分夸张，但必须可以琅琅上口，那却是真的。

徐先生之最独到的地方是改作文。普通的批语"清通"、"尚可"、"气盛言宜"，他是不用的。他最擅长的是用大墨杠子大勾大抹，一行一行地抹，整页整页地勾；洋洋千余言的文章，经他勾抹之后，所余无几了。我初次经此打击，很灰心，很觉得气短，我掏心挖肝地好容易诌出来的句子，轻轻地被他几杠子就给抹了。但是他郑重地给我解释一会儿，他说："你拿了去细细地体味，你的原文是软爬爬的，冗长，懈呮呮唧的，我给你勾掉了一大半，你再读读看，原来的意思并没有失，但是笔笔都立起来了，虎虎有生气了。"我仔细一揣摩，果然。他的大墨杠子打得是地方，把虚泡囊肿的地方全削去了，剩下的全是筋骨。在这删削之间见出他的工夫。如果我以后写文章还能不多说废话，还能有一点点硬朗挺拔之气，还知道一点"割爱"的道理，就不能不归功于我这位老师的教诲。

徐先生教我许多作文的技巧。他告诉我："作文忌用过多的虚字。"该转的地方，硬转；该接的地方，硬接。文章便显着朴拙而有力。他告诉我，文章的起笔最难，要突兀矫健，要开门见山，要一针见血，才能引人入胜，不必兜圈子，不必说套语。他又告诉我，说理说至难解难分处，来一个譬喻，则一切纠缠不清的论难都迎刃而解了，何等经济，何等手腕！诸如此类的心得，他传授我不少，我至今受用。

我离开先生已将近五十年了，未曾与先生一通音讯，不知他云游何处，听说他已早归道山了。同学们偶尔还谈起"徐老虎"，我于回忆他的音容之余，不禁的还怀着怅惘敬慕之意。

难忘的恩师 ①

苏步青

1914年夏天，地处温州的浙江省第十中学（现为温州市第一中学）校门外，围了一大群人。人们挤来挤去，争看张贴在墙上的红榜。"省十中"是浙东南的最高学府，声誉不凡，从这里毕业的学生，在社会上不愁谋不到一个职业。更重要的是，"省十中"有个惯例，考进该校的第一名学生，在校四年的学费、膳费、杂费全免。因此该校公布录取名单在温州算得上是一件大事。

发榜那天，我早早来到校门外，看自己是否被录取。挤在后面的人看不清录取名单，不停地发问："第一名是谁？"当我听到第一名的名字是我时，心里别提有多高兴，这下子我可以昂首挺胸地告慰父母了。

获得头榜，我的一举一动都引起老师、同学的极大关注。上国文课时，老师第一个就点我的名。他看我身材瘦小，而且全班最矮，穿着一件像袍子样的上衣，似乎不相信第一名就这般模样。"你就是苏步青？"我心里扑扑直跳，又是国文课，真怕再碰上一个谢老师，便轻声地回答："我是苏步青。"

为了考查大家的作文水平，老师当场命题：《读〈曹刿论战〉》。两堂课内，我手不停地写满三页蝇头小楷，交给老师带回去。

第二天，老师把我领到自己宿舍，问我喜欢不喜欢《左传》，我一听忙说，这是我熟读并能背诵某些篇目的名著，当然喜欢啰！老师让我背一遍《子产不毁乡校》，我背得果然一字不差。老师高兴地赞叹："好，好，

---

① 选自苏步青著《神奇的符号》，湖南少年儿童出版社，1997.12。

难怪你的文章很有《左传》笔法。"接着老师又问我读过哪些诗文，喜欢哪些，我都一一答出，并说明缘由。老师听我这么一说，更加满意，最后把画满圈圈点点、批了"佳句"、"精彩"的作文还给我，还说了这么一句话："你好好用功，将来可当文学家。"

教历史的老师也很喜欢我。每回考试，那些"战国四公子是谁？"、"汉武帝征服匈奴的主要将领是谁？"、"晋国的董狐为什么名垂青史？"之类的问题，常常搞得同学们头昏脑胀，考后还争论不休。但是，这些问题我却认为太简单，三下两下就答完卷。有一回老师问："秦王朝灭亡原因何在？"有的学生只回答一两点，有的答不出来。由于我读过西汉贾谊作的《过秦论》，文中集中论述了这个问题，我便全面地回答了这个问题，还把《过秦论》从头到尾背了一遍。教室里议论纷纷，有的同学表示佩服，有的不以为然，认为这是好出风头，靠的是死记硬背。

我觉得学古文，应该熟背一些重要的篇目，至于出风头，我倒没有这种想法，随他们去说吧。这事倒使历史老师兴奋了一阵子，他有意培养一位未来的史学家，还把书柜里一长排《资治通鉴》借给我。读着这部上至战国、下至五代十国共1300多年的浩瀚历史，我很快入了迷，产生了博古通今、当历史学家的憧憬。

在人生征途中，布满了十字路口、交叉路口，每一个人的人生轨迹都是曲折的，至于这条曲线究竟怎么画，却来自许许多多个偶然。某一天，某一个人，某一件事，某一瞬间的思想火花，随时都可能构成微妙的点，而这些点，连成了人生的路线。

那是中学二年级的时候，省十中来了一位教数学的老师。这位老师名叫杨霁朝，刚从东京留学归来。他和大家一样，穿一身白竹布长衫，白皙的脸显得消瘦，但隐约透出一种和别人不同的气质。他满腔热血，一身热情。第一堂课，老师没有马上讲数学题。"当今世界，弱肉强食。列强依仗船坚炮利，对我豆剖瓜分，肆意凌辱。中华民族亡国灭种之危迫在眉睫！"他一口气讲到这里，在座的每一位同学都感受到救亡图存的责任。接着杨老师把话引入正题："要救国，就要振兴科学；发展实业，就要学好数学。"这堂课使我彻夜难眠，终生难忘。

我想，过去陈玉峰老师教我好好读书，报答父母的培育之情，国文老师要我当文学家，历史老师要我当史学家，都没有跳出个人出息的小圈子。而今杨霁朝老师的数学课，却让我把个人的志向和国家兴亡联系起来，我动心了，也仿佛感觉到自己懂事了一些。

以前，我并没有对数学产生多大的兴趣，尽管前两年的数学成绩也总是全班第一。我觉得文学、历史才有浩瀚的知识可学，而数学不免显得简单乏味。但是杨霁朝老师的数学课却能吸引住我。那些枯燥乏味的数学公式、定理一经他讲解就变活了，那一步步的推理、演算、论证，就像一级级台阶，通往高深、奇妙的境界。杨老师还带领我们测量山高、计算田亩、设计房屋，这些生动活泼的形式在学生中间产生了极大反响。我在这些活动中干得最起劲。杨老师出了许多趣味数学题让我们竞赛，每次我都取得好名次。

课本里的习题远远不能满足我的要求，我不断讨习题做，引起杨老师的格外关注。有一回杨霁朝老师将一本日本杂志上的数学题拿给我做。有几道题确实很难，我一时不知如何下手。严冬的深夜，空荡荡的教室像冰窖一样，我一个人坐在那里发犟脾气，不得出答案，决不回宿舍。眼前的数学题，像一块生硬的馒头，咬不动，啃不下。苦思冥想，一团乱麻的思路突然被解开，我兴奋得两颊通红，脑神经不停地跳着。就这样，不知不觉我被引入了数学王国的大门。

三年级时，学校调来一位新校长，名叫洪彦远，他原是日本高等师范学校数学系的毕业生，已经40多岁了。到任后不久，他随处都听到我的名字，所以特地调我的作文和数学练习查看。洪校长在日本师范接受过先进的教育思想，很有眼光，特别看重有才能的学生，我就是这样被看中的。当杨霁朝老师调任物理课后，洪校长就到我们班教几何课。有一次证明"三角形的一个外角等于不相邻的两个内角之和"这条定理。我用了24种大同小异的解法，演算了这道题。洪校长大为得意，把它作为学校教育的突出成果，送到省教育展览会上展出。

难忘的中学老师 ①

季羡林

王崑玉先生

王老师是国文教员，山东莱阳人。他父亲是当地有名的文士，也写古文。所以王先生有家学渊源，从小受过良好的教育，特别是古文写作方面更为突出。他为文遵桐城派义法，结构谨严，惜墨如金，逻辑性很强。我不研究中国文学史，但有一些胡思乱想的看法。我认为，桐城派古文同八股文有紧密的联系。其区别只在于，八股文必须代圣人立言，《四书》以朱子注为标准，不容改变。桐城派古文，虽然也是"文以载道"，但允许抒发个人感情。二者的差别，实在是微乎其微。王老师有自己的文集，都是自己手抄的，从来没有出版过，也根本没有出版的可能。他曾把文集拿给我看过。几十年的写作，只有薄薄一小本。现在这文集不知到哪里去了，惜哉！

王老师上课，课本就使用现成的《古文观止》。不是每篇都讲，而是由他自己挑选出来若干篇，加以讲解。文中的典故，当然在必讲之列。而重点则在文章义法。他讲的义法，正如我在上面讲到的那样，基本是桐城派，虽然他自己从来没有这样说过。《古文观止》里的文章是按年代顺序排列的。不知道什么原因，王老师选讲的第一篇文章是比较晚的明代袁

---

① 选自季羡林著《我的小学和中学》，外语教学与研究出版社，2009.12，标题为编者所加，有删节。

中郎的《徐文长传》。讲完后出了一个作文题目——《读〈徐文长传〉书后》。我从小学起作文都用文言，到了高中仍然未变。我仿佛驾轻就熟般地写了一篇《书后》，自觉并没有什么了不起，不意竟获得了王老师的青睐，定为全班压卷之作，评语是"亦简劲，亦畅达"。我当然很高兴。我不是一个没有虚荣心的人，老师这一捧，我就来了劲儿。于是就拿来韩、柳、欧、苏的文集，认真读过一阵儿。实际上，全班国文最好的是一个叫韩云鹄的同学，可惜他别的课程成绩不好，考试总居下游。王老师有一个习惯，每次把学生的作文簿批改完后，总在课堂上占用一些时间，亲手发给每一个同学。排列是有顺序的，把不好的排在最上面，依次而下，把最好的放在最后。作文后面都有批语，但有时候他还会当面说上几句。我的作文和韩云鹄的作文总是排在最后一二名，最后一名当然就算是状元，韩云鹄当状元的时候比我多。但是一二名总是被我们俩垄断，几乎从来没有过例外。

我在上面已经谈到过，北园的风光是非常美丽的。每到春秋佳日，风光更为旖旎。最难忘记的是夏末初秋时分，炎夏初过，金秋降临。秋风微凉，冷暖宜人。每天晚上，夜课以后，同学们大都走出校门，到门前荷塘边上去散步，消除一整天学习的疲乏。于时月明星稀，柳影在地，草色凄迷，荷香四溢。如果我是一个诗人的话，定会写诗百篇。可惜我从来就不是什么诗人，只空怀满腹诗意而已。王崑玉老师大概也是常在这样的时候出来散步的。他抓住这个机会，出了一个作文题目——《夜课后闲步校前溪观捕蟹记》。我生平最讨厌写论理的文章。对哲学家们那一套自认为是极为机智的分析，我十分头痛。除非有文采，像庄子、孟子等，其他我都看不下去。我喜欢写的是抒情或写景的散文，有时候还能情景交融，颇有点沾沾自喜。王老师这个作文题目正合吾意，因此写起来很顺畅，很惬意。我的作文又一次成为全班压卷之作。

自从北园高中解散以后，再没有见到过王崑玉老师。后来听说，他到山东大学（当时还在青岛）中文系去教书，只给了一个讲师的头衔。我心中愤愤不平。像王老师那样的学问和人品，比某一些教授要高得多，现在有什么人真懂而且又能欣赏桐城派的古文呢？王老师郁郁不得志，也在情理之中，但是，在我的心中，王老师的形象却始终是高大的，学问是非常好的，是一个真正的读书人。王老师将永远活在我的心中。

大清国先生

教经学的老师，天底下没有"大清国"这样的姓名，一看就知道是一个诨名。来源是他经常爱说这几个字，学生们就以其人之道还治其人之身，干脆就叫他"大清国"，结果是，不但他的名字我们不知道，连他的姓我也忘了。他年纪已经很大，超过六十了吧。在前清好像得到过什么功名，最大是个秀才。他在课堂上讲话，张口就是："你们民国，我们大清国，怎样怎样……"、"大清国"这个诨名就是这样来的。他经书的确读得很多，五经、四书，本文加注疏，都能背诵如流。据说还能倒背。我真不知道，倒背是怎样一个背法？究竟有什么意义？所谓"倒背"，大家可能不理解是什么玩意儿。我举一个例子。《论语》："子曰：学而时习之……"倒背就是："之习时而学……"这不是毫无意义的瞎胡闹吗？他以此来表示自己的学问大。他对经书确实很熟，上课从来不带课本。《诗》《书》《易》《礼》他都给我们讲过一点，完全按照注疏讲。谁是谁非，我们十几岁的孩子也完全懵然。但是，在当时当局大力提倡读经的情况下，经学是一门重要课程。

……

胡也频先生

我们班第一个国文教员是胡也频先生，从上海来的作家，年纪很轻，个子不高，但浑身充满了活力。上课时不记得他选过什么课文。他经常是在黑板上写上几个大字："现代文艺的使命。"所谓现代文艺，也叫普罗文学，就是无产阶级文学。其使命就是无产阶级革命。市场上流行着几本普罗文学理论的译文，作者叫弗理契，大概是苏联人，原文为俄文，由日译本转译为汉文，佶屈聱牙，难以看懂。原因大概是日本人本来就是没有完全看懂俄文。再由日文转译为汉文，当然就驴唇不对马嘴，被人称之为天书了。估计胡老师在课堂上讲的普罗文学的理论，也不出这几本书。我相信，没有一个学生能听懂的。但这并没有减低我们的热情。我们知道的第一个是革命，第二个是革命，第三个仍然是革命，这就足够了。胡老师把他的夫人丁玲从上海接到济南暂住。丁玲当时正在走红，红得发紫。中学生大都是追星族。见到了丁玲，我们兴奋得难以形容了。但是，国民党当局焉能容忍有人在自己鼻子底下革命，于是下令通缉胡也频。胡老师逃到了上海去，一年多以后就给国民党杀害了。

我的中学 ①

钱学森

一

　　我是 1923 年至 1929 年在师大附中学习的，想到在师大附中学习的情景，我是很有感触的。那时候，这儿是城的边缘，很荒凉，再往南去的陶然亭是一片荒野。北京城里就怕刮风，俗话说："无风三尺土，下雨一街泥。"胡同里常有做小买卖的叫卖声，听起来很凄凉。我们在附中上学，都感到一个问题压在心上，就是民族、国家的存亡问题。不要说老师们，就是所有的学生，也都在心里头存着这个问题。就在这样的气氛下，我们努力学习，为了振兴中华。我们班上，给我们同学印象最深的是教语文（那时叫国语）的董鲁安老师。董老师实际上把这个课变成了思想政治教育课，讲了许多大道理。我们这些学生也就从那个时候懂得了许多道理，我们要感谢董老师。1935 年初夏，我已准备出国，去看望董老师。后来人家告诉我，董老师那时已在进行地下党的工作，为了掩护，公开面貌是信佛教的居士。就在那以后不久，他便离开北京到解放区去了。新中国成立以后，我在报纸上见到了董老师的名字，他是河北省委的负责人之一。我 1955 年回到祖国时，董老师已经故去了，没有能够再见到他。董老师给我们的教育是很深刻的，我们这些学生，一辈子也不会忘记他。

----

① 选自钱学森著《钱学森讲谈录：哲学、科学、艺术》，九州出版社，2013.08。

在知识能力教育方面，我们的印象也很深刻，例如矿物硬度有十度，哪几个矿物能代表这十度呢？"滑、膏、方、萤、磷、长、石英、黄玉、刚、金刚"，挺押韵的，好记，有用！这就好似硬度的十度。滑就是滑石，膏是石膏，方是方解石，萤是萤石，磷是磷石，刚是刚玉。这是谁教给我们的？是我们的李士博老师，他编了这个词，我到今天还背得烂熟。

还有教几何的傅仲孙老师，他自己编几何讲义，用古汉语编。傅老师古文水平很高，是桐城派古文。教我们的时候还拉着腔调念讲义，很带味。给我印象很深的是老师说的："你只要承认公理，定理是根据逻辑推断的必然结果，没有第二种定理。在中国是如此，全世界也是如此，就是拿到火星上去它也得是如此。"他的这个讲法好，彻底极了，火星上都是一样的，跑不了。

几十年前在师大附中所受的教育，我们这些人是终身感谢的，现在还在影响着我们。所以我提两条建议。第一条，是不是可以找老校友讲讲当年学习的一些情况，总结一下那个时期老师们的教学方法，供现在教师参考，进一步办好师大附中。因为我总想，我们附中毕业的校友们当中有不少很有成绩的，那就是说附中的教育对他们是起了很大作用的，那么这些经验是可以总结一下的。第二条，我们还有很多附中校友流落生活在台湾，我们要联合台湾的师大附中校友共同努力，争取台湾早日回归祖国，完成统一大业。

二

老附中师资水平很高，对学生很亲切，常和学生接触，像教我们生物的于君石老师（同音），常带学生到野外采集标本、制作标本，我记得给了我一条蛇，让我作标本，后来这位老师去了南昌，现在是江西大学教授、省政协委员。教我们的还有翁文颐、董鲁安、夏宇众。

我对师大附中很有感情。在我一生的道路上，有两个高潮，一个是在师大附中，一个是在美国读研究生的时候。六年的师大附中学习生活对我的教育很深，对我的一生，对我的知识和人生观起了很大的作用。现在的中学离老师大附中的水平差远啦！现在的中学水平像师大附中那样就行。六年小学、六年中学、四年大学应培养出硕士生水平。20年代，正是北洋军阀时代，当时那样困难，能办出附中那样的好学校，现在条件好多了，为什么办不到？要研究一下是怎么回事？我附中毕业后，到上海交通大学，第一年就觉得大学的功课没有什么，因为我在中学都学过。在上海交大四年，实际上就学了两年，后来考上公费留学美国，还是靠附中打下的基础。现在有好多的问题需要解决。20年代做到的，现在有没有做到，我看，做到像师大附中那样水平才行。现在的教育应该做到6+6+4=硕士水平。现在讲附中那时的情景，有点像神话。学生知识丰富，当时小孩子都知道，世界上有两个伟人，一个是列宁，一个是爱因斯坦。现在应该研究一下，目前的教育制度、师资水平、技术革命和对学校的要求。

现在的父母对教育孩子很费劲，我们那个时候没有像现在这样受罪。在学校里玩得好，不天黑不回家，不怕考试，不突击考试，可以说没有考不上大学的。现在的学生对知识没有兴趣，老师教到什么程度学生学到什么程度，这样的教育是不行的，教材不是主要的，主要是教师。

附中培养的学生水平很高，就是不怕考试，不能死考课本，要提倡多看课外书。附中的选修课很多，学生的知识面很广，每天中午大家吃了饭，在教室里互相交谈感兴趣的各种科学知识，数学的、物理的、化学的，什么都有。附中高中毕业生水平可以和大学一年级水平一样，关键是师资水平。附中的特点，一个是师资水平高，一个是学生愿意学，不死记硬背。当时师大附中很穷，但是化学实验做得很多，化学实验室对学生随时开放。当时校长林励儒，是有名的教育家，学校经费困难，甚至发不出工资，但是他能把教师们团结起来，使大家都能热心干好学校工作。

附中的学生求知欲强，把学习当成一种享受，而不是一种困难，对学生要诱导，而不是强迫，师生关系密切，息息相通。

　　当时附中高中有些课用英文讲，到了高中二年要学第二外语，当时设有英语、德语和法语，我选修了德语。外语要情景教学，创造语言环境，初中学了的东西，高中就要用。

　　现在限制太多、太死，要培养孩子们多方面的兴趣。

忆恩师 ①

张　维

　　1924 年我由师大附小考入师大附中初一，三年底又考入高中理科班，只读了一年，又考到天津北洋大学预科。在北师大附中读了四年，这是对我一生最有影响的四年。母校的校风严肃活泼，校园整洁美丽。学生们在这样的环境中日日熏陶，不知不觉地养成了知书达理、勤奋好学的风气。从这里毕业的学生在各行各业都领先是理所当然的。中国共产党早期领导人之一赵世炎，为新中国科学技术的发展作出巨大贡献的钱学森和汪德昭昆仲三人以及马大猷等众多的科学家，我国第一代交响乐指挥李德伦等，仅是几个突出的例子。在教师中则有徐铭鸿、石评梅等思想进步的老师。从我个人的成长过程看，使我受益最大，影响最深远的是我的恩师们。四年里教过我的老师不下 20 位。现仅对三位印象最深，同班同学们至今聚会时津津乐道的恩师写一些片段回忆。

　　初中一年级教我们英语的老师是赵海天先生。赵先生毕业于师范大学，个儿不高，胖胖的，一口北京话，上课总是一张笑脸。但讲起课来则非常认真，对学生的预习和作业要求非常严格。记得那时英语课每周五小时，每堂课下课前，赵先生总是要求学生要预习下一课，将生词在家中先查字典，在单词本上注上音标，选出恰当的词义（"讲儿"）。第二天一上课，赵先生就先点一名学生到黑板上写出生字并注上音标与词义。如果前一天在家没有完成预习，在黑板上写不出音标和词义，就当场出洋相。这

---

① 选自北京师大附中编《在附中的日子（上册）》，京华出版社，2001.09，有删节。

样的要求日复一日，一个学期下来，我们养成了查字典预习的习惯，这也为我们一生的外语学习打下了良好的基础。

初中和高一有两年的数学老师全是程延熙先生。他鼻子大，又有些鹰钩，同学给他起了个外号叫"程大鼻子"，程老师体高而瘦，端肩且有些向右下倾，喜欢夹着点名册来上课。一口皖南口音，但讲课时口齿却非常清楚，一句一句地，有条不紊，极少重复，逻辑性又强。听了他的课觉得数学并不难学，复习起来也不太费力。程先生的板书好，尤其是画的几何图非常规矩。他画图时，先定好圆心，一笔下来，一定是一个闭合的圆，几乎与用木制的大圆规教具画得一样。

同学们对程先生的教学非常佩服，非常尊敬他。但有时也跟他开个小小的玩笑。记得在高一时，王怀宗同学在上课前，在黑板上画了程先生的一个头部侧影，特别突出勾画出他那个大鼻子。我们全担心程先生来时，看了一定要大发雷霆。谁知，程先生走进教室，站到讲台前，端详了黑板好一会儿，笑了笑，操着他那皖南口音评论说："嘴太小，鼻子太弯。"同学们哄堂大笑，紧张的气氛一下子松了下来。这反映了当年我们师生之间的关系非常融洽，学生们既尊重老师，又感到老师很亲切可爱。可惜，我在新中国成立后有一次去看望程先生时，忘记向他谈起这段往事，至今引为憾事。

语文老师董鲁安先生是在 20 年代师大附中老师中最为学生称道的教师之一。董先生给人们的印象是个乐观派，名士派，非常潇洒。他讲起书来慢条斯理，一板一眼。讲文章，念诗词，到了精彩段落或句子，时常忘我地坐在讲台椅子上自言自语起来，说"妙哉，妙哉"、"妙不可言"一类的话。有时讲得出神，就给同学们讲述一些轶事或甚至离题好远的趣闻。所以他的课深受学生们的欢迎。在高中一年级时，有一次董先生上课讲着讲着又走了题。我班高材生林津同学在下边悄悄地议论："又神聊啰！"谁知董先生耳朵很灵，这话被他听见了。他笑了笑，没有说什么，就回到课文正题。过了些天，董先生讲课又走了题。这回大约是条件反射在起作用罢，董先生想起了林津的话，于是就问他："林津，我是不是又神聊啦？"

全班哄堂大笑，弄得林津红了脸，很不好意思。以后董先生不止一次地开林津的玩笑。就是在这样和谐的气氛中耳濡目染，使我们非常爱上董先生的语文课。对这件事，同学们多年后再见面，还津津乐道，回忆起我们融洽的师生关系。

……

以上短短的几段回忆只是我在母校四年受教过程中的片鳞只爪。每回想起当年在校时的种种情景，还历历在目，记忆犹新。好像这些才发生在昨天。这四年的幸福时光对我后来在大学的学习以及在半个多世纪来的工作影响十分深远，以至到今天仍使我念念不忘母校和多位老师对我的亲切教导。

张闻天教我国文课 ①

张允和

五四运动（1919）时候，我才十岁。我姐妹三人（元和、允和、兆和）是在家塾里念书的。还有一个四妹，抱给本家，不同我们三人在一起。我们有三位家庭老师，教不同的课程，基本上都用文言文，只偶尔用一些白话文。我们没有上过小学，后来直接上了初中。

1921年，父亲张冀牖（吉友）创办苏州乐益女中。1923年，我姐妹三人进乐益念初中。课程在当时算是现代化和多样化了，可是国文课多半还是念古文。

1924年，先后来了几位新教员，都是新任教务主任侯绍裘先生介绍来的。其中有叶天底先生教图画，画素描写生。有侯绍伦先生（绍裘先生的弟弟）教英文，选的课本是《莎氏乐府本事》。还有张闻天先生教国文。他的教材与众不同。国文课上教的不是中国古代文言文，也不是近代白话文，而是世界名著的白话翻译本。有三篇文章我在70年后的今天还记得很清楚。它们是：《齿痛》《鼻子》和《最后一课》。

《齿痛》是法国作家的短篇小说，忘了作者的姓名。文章叙述一个人站在楼上窗口，向楼下沸腾的人群瞭望。这时候正是耶稣要上十字架的时刻。文章用大量的笔墨描写楼上的人牙齿疼痛的情况。楼下的悲壮场面，使得他心烦意乱，因而牙齿更痛了，痛得无法忍受。当时我不懂这篇文章的意思。张闻天老师告诉我们："人们往往夸大自己的小痛苦，而不关心

---

① 选自周有光、张允和著《今日花开又一年》，中国文史出版社，2011.09。

人民大众的大痛苦。"又说："我们要关心人类，要救受难的人类，要做世界上真正的人，不要老在自己的小痛苦上浪费精力。"

《鼻子》是日本芥川龙之介写的短篇小说。文中说，有一个和尚，生了一个奇大的鼻子。大家都拿他取笑。和尚心里很不受用，想方设法到处找寻神方，一定要把这个大鼻子治成和平常人的鼻子一模一样。他用了许多可笑而奇怪的办法，甚至让人用脚踩他的鼻子。他受了不知多少痛苦。后来，居然找到一种办法，把他的鼻子改造得和平常人一样。他想，这下可好了。人们再也不会笑我的鼻子了。想不到，和尚一走出去，群众哗然！大家说："瞧这和尚的鼻子怎么变了？"又说："瞧，这和尚哪来这个奇怪的鼻子？"更多的人指指戳戳、比比划划。和尚更苦恼了！要想恢复原来的大鼻子已是不可能了。课堂上同学们哄堂大笑！文章的深奥真意，我们当时是不会懂得的。

法国文学家都德的《最后一课》，写的是 1870 年普法战争，普鲁士打败法国，吞并阿尔萨斯和洛林两省，小学校上最后一课法文，一个小学生懊悔过去没有认真学习祖国的法文。这是大家知道的爱国主义好文章。当时给我们女孩子很大的震动，激发了我们的爱国心。

由此，在 1925 年"五卅惨案"之后的爱国运动中，乐益女中的同学跑遍苏州的八个城门去募捐。特别是火车站，我们的竹筒总是满载而归。统计苏州各界的募捐，乐益女中占第一位。后来苏州公园和公共体育场之间的"五卅路"就是用这笔捐款开辟建成的。

乐益女中的爱国行动，引起了当局的注意。他们多少次到乐益来找麻烦。那时，我的爸爸是校主，我的继母韦均一是校长。当局提出，这帮"反动"的教员一定要辞退。我爸爸多少次恳求把这些人留下，都无结果。最后当局下哀的美敦书[①]："一定要辞退，否则就不客气了，封闭乐益女中，逮捕他们！"我爸爸既要维持苦心创办的乐益女中，又要保护老师们免于坐牢。在万不得已的情况下，忍痛辞退了这几位可敬的老师，请他们避避

———————
① 哀的美敦书：Vltimatum，最后通牒的意思。

风头。有困难的老师，给了额外的费用。乐益女中也因此停办了高中部。我们三姐妹于是转学到南京读高中。

张闻天老师不久到苏联去了。侯绍裘、叶天底两位老师在 1926 年后，先后遇害。

我爸爸最佩服北大校长蔡元培先生，乐益女中的创办是得到蔡先生指点的。爸爸聘请的教员中，各党各派的人都有，这就是蔡先生的主张。老师给学生的不但是崭新的知识，更重要的是做人的道理。尤其是张闻天老师，他把我们引入一个广阔的世界。

在张闻天老师的教导下，我对文学的兴趣，从中国文学转向世界文学。我开始读莫泊桑的短篇小说。对他站在十字路口观察行人的举动，感兴趣，认为文学描写就应当有这样的真实性。后来看短篇小说觉得不过瘾，又啃长篇小说。我读俄国托尔斯泰的《复活》《战争与和平》和《安娜·卡列尼娜》，果戈理的《钦差大臣》，小仲马的《茶花女》，以及莎士比亚的戏剧。

1956 年后，我参加俞平伯先生主持的北京昆曲研习社。我用比较戏剧的眼光研究昆曲。例如把法国小仲马的《茶花女》和中国李玉的《占花魁》对比；把英国莎士比亚的《罗米欧与朱丽叶》和明代汤显祖的《牡丹亭》对比。这都是受了张闻天老师的影响。

张闻天老师只教了我半年国文，可是给了我以后一辈子做人的长远影响。这是真正的思想教育。特别使我不能忘怀的是，他的谆谆叮嘱：做人要做对人类有益的人，做事要做对世界有益的事，真正的人是"放眼世界"的人。

60 多年了，张闻天老师说的这些话，仍旧天天在我的耳鼓里回响着。

1991 年 11 月 20 日

对我有深刻教育意义的一堂课 ①

于光远

我有这样一个亲身经历，它给了我一次很深的关于科学精神的教育。我只记得它发生在我上高中的时候，却不记得是在北京师大附中还是在上海大同附中的事。所以现在放在我进大学本科之前来作介绍。

有这么一天，老师抱着一捆纸和尺来到教室，然后他给每个人发了一张纸和一把尺。我看那纸是很普通的白纸，上面什么东西都没有，使我莫名其妙，不知道他想干什么。发完以后，老师就讲话了。

他说："现在我给你们每人一张纸和一把尺，可是我不知道你们手上那张纸的面积准确地说究竟有多大。你们手上的纸，虽然看起来差不多一样大，可是认真量过之后，你们就可以知道它们还是有大有小的。现在你们做一个作业：仔细地量一下和认真地计算一下，然后把纸的面积和本人的姓名写在纸上交给我，由我来评定谁量得准确。你们应该努力做到尽可能准确。"我注意到老师特别在"尽可能准确"五个字上加强了语气。

接着老师随便问一位同学："你打算怎么个量法？"那位同学站起来回答说："这很简单，先量长和宽，然后把量得的长、宽相乘，不就是这张纸的面积吗？"老师对他说："你没有量，怎么知道我发给你的那张纸是长方形？你要用计算长方形面积的公式来计算我给你的这张纸的面积，前提是这张纸必须是长方形。现在你还没有量。我给你的那张纸也许是平行四边形，也许是不规则的四边形。如果不是长方形，你那样去算就不对了。

---

① 选自李辉主编《于光远自述》，大象出版社，2005.06。

我方才不是说要量得尽可能准确吗？你那样去量，是不符合科学要求，也是不符合方才我提出的尽可能准确的要求的。"

当老师向那个同学提出问题和那个同学回答问题时，我都注意听着。我一面听一面想，假如老师问我，我准会同那位同学一样地回答。因此老师对那位同学最后讲的那些话，对我也是一个教育。我明白了要运用某个几何学公式来计算几何图形的面积时，先要弄清楚你面对的是不是那个图形。可是这个最简单的道理，一到实践中就忘记了。原因是平常不要求准确，现在提出了准确的要求，就不知道该如何做了。

其实做起来也很简单，只要先量一下你手中那张纸的四条边和四只角就可以了。不过老师没有给我们量角度的工具。如果真的不能按照长方形的公式来计算，下面的事就不简单了。

接着同学们就开始动手去做老师要大家做的作业。我正埋头量纸的时候，老师走到我的身旁，看了一阵子，又讲话了。并且要全教室的同学暂时放下正在做的事，听他说话。他拿起我的那把尺，并举了起来，指着尺的两头对同学们说："你们看，这尺的两头是有磨损的。而且不只是这一把，所有的尺都会有这个问题。你们看，用这把有磨损的尺子，怎么能够量出准确的长度？"我从他的手中接过那把尺一看，它的两头果然有磨损，而且已经磨损得圆了，不再是平的。老师接着说，"量东西要准确，不能用磨损的头，而要用尺的中间的某一条刻线对准纸的一头，然后再仔细看看纸的另一头是对着尺上的哪个刻度。"

"而且你们要注意，我给你们的尺是有厚度的，如果你们把尺平放着去量，这是不行的，因为尺有厚度，如果你的眼睛的位置不同，那么看出来的结果是会不一样的。这怎么办？应该采取这样的办法：把你的尺立起来，把尺的刻度和纸的一头先对上，这样眼睛即使稍微偏差一点，就不太要紧了。"这一点又是我没有想到的。

听他这么一讲，我才知道简单地用一把尺量长短，有这么多讲究。

老师的话还没有完。他还问，如果纸的另一头并不正好对着尺的某一条刻度上，你们怎么办？他说，这个时候你就要根据你的目测做出估量。

他告诉大家说，你们看纸的另一头所对的地方是在两条刻度的什么地方，如果正好是同尺的某个刻度对齐，那当然没有什么问题。如果不在刻度上，那就要目测一下，到底是对着尺的哪个地方，如果目测的结果恰好在两个刻度的正中间，那就记下 0.5。如果目测的结果比 0.5 小，那就根据小的程度记下 0.4、0.3、0.2、0.1。如果目测的结果在 0.5 以上，那就记下 0.6、0.7、0.8、0.9。如果你不去做这种目测和估量，那就是放弃这个精确性。但是目测是不可靠的。

于是，他接着又讲了一个概念：这种由目测和估量而得到的数字，在十进位记数法中就叫做"不可靠的数字"。"不可靠的数字"只可以保留一位，因为十位数如果已经是不可靠的，个位数就成了完全没有意义的了。十位数都已经是不可靠的了，个位数还有什么意义？如果百位数是不可靠的，那么，连十位数都没有意义了。"不可靠的数字"之外又有了一个"无意义数字"的概念。把"无意义数字"当作"有意义数字"就是把不准确的说成准确的，那就是冒充准确。虽然你主观不想冒充，但客观上就是冒充，我们是不能那样做的。这位老师接着在黑板上给全班学生讲了最后一位是带有不可靠数字的四则运算。讲了一个这样的道理："如果不可靠数字与不可靠数字加减乘除，得出的结果，当然是不可靠的数字。可靠的数字和不可靠的数字加减乘除，得出的结果也是不可靠的数字。"他告诉我们，你们把得出的不可靠的数字都做上记号。按照不可靠的数字只能留一位的原则处理，最后可以得出比较准确的数字。

那一堂课虽然只有几十分钟，但在科学精神、科学态度、科学方法上对我的教育却非常深刻，七十多年的时间过去了，我一直没有忘记。可是我觉得自己太对不起那个老师了，因为那个老师姓什么，我竟想不起来了。我只记得，他是一位男老师，连他是高，是矮，是胖，是瘦，都不记得了。这一堂课给我的教育实在太深了，我真的不知道这样的老师现在还多不多，我希望有，而且会更多起来。

几十年的时间过去了，我从一个中学生变成了博士生的导师。记不清是在哪一年，我招收经济学的博士生时，有七个人来报考。我出了一道题目：某单位大概有二十三个人，大概每人每个月平均吃十五个苹果，这个单位每月大概平均共吃多少苹果？七个报考经济学的博士生的人中没有一个能回答得出来。23×15这样一个小学生都会觉得很浅的题目，只是加上了几个"大概"就把那七个考生难住了。其实这是极容易做的题目，就是因为他们没有学过"有意义数字的四则运算"，结果他们都交了白卷。我后来在《工人日报》上发表了一篇文章，题目是《有意义的数字和有意义的计算》。其中讲了一种计算方法——标记法，即把所有不可靠的数字和可靠数字作上记号（其实只要在两种数字中的某一种上作标记就可以了，因为如果在一种数字上作了标记，同时也就是为另一种数字作了一个不加标记的标记），按照我小时候那个老师教给我们的可靠、不可靠数字的加减乘除，就可以把乘积中的所有数码，不论可靠的和不可靠的实际都带有标记，再按照在十进位记数法中只允许留一位的原则，就可以把我们要的数字算出来了。这是一种计算方法，当然还有其他计算方法，我在《工人日报》的文章中未作介绍。

　　还有一件事同上面讲的故事有关。这是更近的事情了，而且这件事还没有完，还正在进行当中。

　　大家知道，现在在出版工作中有一个非常不合理的规定，那就是出版物中凡是用方块字表示的数量，都要改用阿拉伯数码来表示。因此在出版物中经常可以看到"5000多"，"不到650000"，"大约2000亿"这样的表述。作者原来文稿中写的"五千多"、"不到六十五万"、"大约两千个亿"被改成相应的阿拉伯数码。我很早就反对有关政府部门作出的这个规定。我本人也不能忍受这种改动，陷我于不科学的境地。有许许多多作者、编辑和其他方面人士以各种理由反对这样的规定。而规定的制定者和发布者，虽然说不出什么理由，但是至今巍然不为许多责难所动。

　　我的主要理由是：它是一个明显违背科学的错误规定。一个数字表现两个方面：一个方面是表示数量的大小，还有一个方面是表现它的准确性。会计记账，1763533500.00元，表示这笔钱一角一分不差，它就有这样一种准确性。电话号码、手机号码是一个字也不能错。这种准确性应该有正确的表述。我们只能说"不怕一万，只怕万一"，不能说"不怕10000，只怕0.0001"。这一万是个大概数字，而10000中的第四位的"0"必须是可靠的。在会计工作中，连小数点以后的两位也必须是可靠的。手机号码的所有数位都必须是可靠的。否则接电话的对方会对你说"你打错了"。或者电话局对你说："对不起，这个电话号码是空号。"

我这几年一直在努力奋斗的一件事，就是想反对掉我国七个单位制定的那个《规定》。首先我拒绝执行这个规定。我请人刻了一个图章，图章中刻了这样的话："亲爱的编者、校者，希望不要改动我文稿中对数字或数码的表述。文中我用方块字的，请保留方块字，文中用阿拉伯数码的，就保留阿拉伯数码，谢谢了。"

我讲了这么多，从中你们可以看出，七十多年前，我的那个老师借用尺量纸这件事对我们进行的关于科学精神的教育，在我身上有多么深的影响。

一袭青衫 ①

琦 君

　　我念中学时，初三的物理老师是一位高高瘦瘦的梁先生。他第一天进课堂，就给我们一个很滑稽的印象。他穿一件淡青退色湖绉绸长衫，本来是应当飘飘然的，却是太肥太短，就像高高地挂在竹竿上。袖子本来就不够长，还要卷上一截，露出并不太白的衬褂。坐在我后排的沈琪大声地说："一定是借旁人的长衫，第一天上课来出出风头。"沈琪的一张嘴是全班最快的，喜欢挖苦人。我低着头装没听见，可是全班都吃吃地在笑。梁先生一双四方头皮鞋是崭新的，走路时脚后跟先着地，脚板心再拍下去，拍得地板好响。他又不坐，只是团团转，拍嗒拍嗒像跳踢踏舞似的。我想他一定是刚刚当老师心情很紧张吧，想笑也不敢笑，因为坐第一排太注目了。梁先生拿起粉笔在黑板上写了个大大的"梁"字，大声地说：

　　"我姓梁。"

　　"我们都早知道了，先生姓梁，梁山伯的梁。"大家齐声说。沈琪又轻轻地加了一句："祝英台呢？"

　　梁先生像没听见，偏着头看了半天，忽然咧嘴笑了，露出一颗大大的金牙。沈琪又说："镶金牙，好土啊！"幸得梁先生还是没听见。看着黑板上那个"梁"字自言自语地说："今天这个字写得不好，不像我爸爸写的。"

　　全堂都哄笑起来，我也笑了。因为我听他喊爸爸那两个字，就像他还是个孩子。心想这位老师一定很孝顺，孝顺的人，一定是很和蔼的。沈琪

① 选自琦君著《琦君散文》，浙江文艺出版社，1994.09。

却又说："这么大的人还喊爸爸，应该说'父亲'。"我不禁回过头去对她说："你别咬文嚼字了，爸爸就是父亲，父亲就是爸爸。"我说得好响，梁先生听见了。他说："对了，爸爸就是父亲，对别人得说'家父'，可是我只能说'先父'，因为我父亲已经去世了，是去年这个时候去世的。"他收敛了笑容，一双眼睛望向窗外，好像望向很远很远的地方，全堂都肃静下来。他又绕着桌子转起圈来，新皮鞋敲着地板拍嗒拍嗒响，绕了好几圈，他才开口说："今天第一堂课，你们还没有书，下次一定要带书来，忘了带书的不许上课。"语气斩钉截铁，本来很和蔼的眼神忽然射出两道很严厉的光来。我心里就紧张起来，因为我的理科很差，又不敢问老师。如果在本校的初三毕业考都过不了关，就没资格参加教育厅的毕业会考了。因此觉得梁先生对我前途关系重大，真得格外用功才好。我把背挺一下，做出很用心的样子。他忽把眼睛瞪着我问：

"你叫什么名字？"

我说了名字。他又把头一偏说："叫什么，听不清，怎么说话跟蚊虫哼似的，上黑板来写。"大家又都笑起来。我心里好气，觉得自己一直乖乖儿的，他反而盯上我，他应当盯后排的沈琪才对。沈琪却在用铅笔顶我的背说："上去写嘛，写几个你的碑帖字给他看看，比他那个梁字好多了。"我不理她，大着胆子提高嗓门说："希望的希，珍珠的珍。"

"噢，珍珠宝贝，那你父母亲一定很宝贝你啰，要好好用功啊！"

全堂都在笑，我把头低下去，对于梁先生马上失去了好感。他打开点名册，挨个儿的认人，仿佛看一遍就认得每个人似的。嘴巴一开一合，露着微龅的金牙，闪闪发光，威严中的确透着一股土气。下课以后，沈琪就跳着对大家说："你们知不知道，世界上有一种牙齿是最土的，就像梁先生的牙，所以我给他起个外号叫'土牙'。"大家都笑着拍手同意了。沈琪是起外号专家。有个代课的图画老师姓蔡，名观亭，她就叫他菜罐头。他代了短短一段日子课就被她气跑了。告诉校长说永生永世不教女生了。一位教外国史的老师，一讲话就习惯地把右手握成一个圈，圈在嘴边，像吹号一般，沈琪就叫他"号兵"。他非常和气，当面喊他"号兵"他也不生气，还说当"号兵"要有准确的时间观念和责任感，是很重要的人物。但是"土牙"这个外号，就不能当着梁先生叫了，有点刻薄。国文老师说过，一个人要厚道，不可以刻薄，不可以取笑别人的缺点，叫人难堪。我们全班都很厚道，就是沈琪比较调皮，但她心眼并不坏，有时帮起人忙来，非常热心，只是有点娇惯，一阵风一阵雨的喜怒无常。

第二次上物理课时，我们每个人都把课本平平整整放在课桌上。梁先生踩着踢踏步进来，但这次响声不大，原来他的四方头新皮鞋已换成布鞋，湖绉绸长衫已经换了深蓝布长衫。鞋子一看就知道太短，后跟倒下去，前面翘起像条龙船。他一点不在乎，往桌上一坐，两脚交叉，悬空荡着。我才仔细看到有一只鞋子前面，黑布已破了个小洞。沈琪低声地说："你看，他的鞋子要吃饭了。"我说："他一定是舍不得穿皮鞋吧。"母亲说过，节俭的人，一定是苦读出身，非常用功。现在当了老师，一定不喜欢懒惰的学生，可是我又实在不喜欢物理化学算术这些功课。

他从口袋里摸出一个小小空心玻璃人，一张橡皮膜，就把小人儿丢入桌上有白开水的玻璃杯中，蒙上橡皮膜，用手指轻轻一按，玻璃人就沉了下去，一放手又浮上来。他问："你们觉得很好玩是不是？哪个懂得这道理的举手。"级长张瑞文举手了。她站起来说明是因为空气被压，跑进了玻璃人身体里面，所以沉下去，证明空气是有重量的。梁先生点点头，却指着我说："记在笔记本上。"我坐在进门的一个位置，他就专盯我。我记下了，他把笔记本拿去看了下说："哦，文字还算清通。"大家又笑了。一个同学说："先生点对了，她是我们班上的国文大将。"梁先生看我说："国文大将？"又摇摇头："只有国文好不够，要样样事理都明白。你们知道物理是什么吗？物理就是宇宙间一切事物的道理。道理本来就存在，不是人所能创造的，聪明的科学家就是把这道理找出来，顺着道理一步步追踪它的奥妙，发明了许多东西。我们平常人就是不肯用脑筋思考，只会享现成福。现在物理课就是把科学家已经发现的道理讲给我们听，训练我们思考的能力和兴趣。天地间还有许多道理没有被发现，所以你们每个人将来都有机会做发明家，只要肯用脑筋。"

讲完了这段话，他似笑非笑闪着亮晶晶的金牙。我一想起"土牙"的外号，觉得很滑稽，却又有点抱歉。其实又不是我给起的，只是感到梁先生实在热心教我们，不应当给起外号的。他的话说得很快，又有点模糊不清，起初听来很费力，但因为他总是一边做些有趣的实验，一边讲，所以很快就懂了。他又说："日常生活中，无时无刻不接触到万物的道理。比如用铅笔写字，用筷子夹菜，用剪刀剪东西，就是杠杆定律，支点力点重点的距离放得对就省力，否则就徒劳无功，可是我们平常哪个注意到这个道理呢？这也就是中山先生所说的'知难行易'。可是我们不应当只做容易的事，要去试试难的，人类才会有进步。"

我们听了都很感动，他虽然是教物理，但时常连带讲到做人的道理。我们初三是全校的模范班，本来就一个个很哲学的样子，对于国文老师的一言一行，都佩服得五体投地，现在物理老师也使我们佩服起来了。

有一次，他解释"功"与"能"的分别时，把一本书捧在手中站着不动说："这是能，表示你有能力拿得动这本书，但一往前走产生了运送的效果，就是功。平常都说功能、功能，其实是两个步骤。要产生功，必须先有能，但只有能而不利用就没有功。"他又点着我们说："你们一个个都有能，所以要用功。当然，这只是比喻啦。"说着他又闪着金牙笑得好慈祥。

他怕我们笔记记不清，自己再将教过的实验画了图画，写了说明编成一套讲义，要我们仔细再看，懂得道理就不必背。但在考试的时候，大部分背功好的同学都一字不漏的背上了，发还考卷的时候，他笑得合不拢嘴说："你们只要懂，我并不要你们背，但能够背也好，会考时候，全部题目都包含在这里面了。"他又看着我说："你为什么改我的句子？"

我吓一跳，原来我只是把他的白话改成文言，所有的"的"字都改"之"字，句末还加上"也"、"矣"、"耳"等语助词，自以为文理畅顺，没想到梁先生会问，可是他并没不高兴，还说："文言文确是比较简洁，我父亲也教我背了好多《古文观止》。"

"《古文观止》只是一本书，怎么说好多《古文观止》？"沈琪又嘀咕了。

"对，你说得对，沈琪。"梁先生冲她笑，一副从善如流的神情。

梁先生终年都穿蓝布长衫，冬天蓝布罩袍，夏天蓝布单衫，90度的大热天都不出一滴汗。人那么瘦，长衫挂在身上荡来荡去。听说他曾得过肺病，已经好了。但讲课时偶然会咳嗽几声，他说粉笔灰吃得太多了，嗓子痒。我每一听他咳嗽，心里就会难过，因为我父亲也时常咳嗽，医生说是支气管炎，梁先生会不会也是支气管炎呢？有一次，我把父亲吃的药丸瓶子拿给他看，问他是不是也可以吃这种药。他忽然把眉头皱了一下说："你父亲时常吃这药吗？"我回答是的。他停了一下说："谢谢你，我大概不用吃这种药，而且也太贵了。不过你要提醒你母亲，要特别当心父亲的身体，时常咳嗽总不大好。"看他说话的神情，那份对我父亲的关切像是异乎寻常的，我心里很感动。

沈琪虽然对梁先生也很佩服，但她生性喜欢捉弄人，尤其是对男老师。她看梁先生喜欢坐桌子，就把桌子脚抹了蜡烛油，梁先生一坐就往后滑，差点摔一大跤，全班都笑了。沈琪笑得最响。先生瞪着她说："你笑什么？站起来。"

沈琪笔直的站起来，一副"视死如归"的样子，嘴里却不服气地说："又不是我一个人笑！"

"你最调皮，给我站好。"我们从来没见他这么凶过。

沈琪又咕噜咕噜轻声念着："土牙、土牙，你这个大土牙。"梁先生大吼："你说什么？"沈琪说："我没说什么，我在背物理讲义。"

"好，你背吧！"那一堂课，她一直站到下课。我们这才看到梁先生凶的一面，也觉得他罚女生站一堂课有点过分了。下一次上课，他又笑嘻嘻的，好像什么都忘了。想坐桌子时，用手推一把，摇摇头说："太滑了。不能坐。"

我们在毕业考的前夕，每个人心情都很紧张沉重，对于课堂的清洁和安静都没以前那么注意，但为了希望保持三年来一直得冠军，和学期结束时领取银盾的纪录，级长总是随时提醒大家注意，可是这个希望，却因物理课的最后一次月考而破灭了。

那天梁先生把题目卷子发下来以后，就在课堂里拍着踢踏步兜圈子。大家正在专心地写，忽然听见梁先生一声怒吼："大家不许写，统统把铅笔举起来。"我们吓一大跳，不知是为什么，回头看梁先生站在墙边贴的一张纸的前面，指着纸，声色俱厉地问："是谁写的这几个字！快站起来，否则全班零分。"我当时只知道那张纸是级长贴的，上面写着："各位同学如愿在暑假中去梁先生家补习数学或理化的请签名于后。"因为他知道我们班上有许多数理比较差的，会考以后，考高中以前，仍须补习，他愿义务帮忙，确确实实不要缴一块钱，头一年就有同学去补习过，说梁先生教得好清楚易懂，好热心。所以我第一个就签上名，也有好多同学签了名。那么梁先生为什么那样生气呢？我实在不明白。冷场了好半天，没人回答。时间一分一秒的过去，我们心里又急又糊涂。我悄悄地问邻座同学究竟写的是什么呀？她不回答我，只是瞪了沈琪一眼，恨恨地说："谁写的快勇敢点出来承认，不要害别人，"可是沈琪一声不响，跟大家一齐举着铅笔。梁先生再一次厉声问："究竟谁写的？有勇气写，为什么没勇气承认？"忽然最后一排的许佩玲霍地站起来说："梁先生，罚我好了！是我写的，请允许同学们继续考试吧！

梁先生盯着她看了半天说："是你？"

"我一时好玩写的，太对不起梁先生了。"说着，她就哭了起来。许佩玲是我们班上品学兼优的好学生，她这次究竟在那张纸上写些什么，惹得梁先生那么冒火呢？

"好，有人承认了就好。现在大家继续写答案。"他说。

我一面写，一面心乱如麻，句子也写得七颠八倒的。下课铃一响，卷子都一齐缴上去。

梁先生收齐了卷子，向许佩玲定定地看了一眼就走了。下一节是自修课，大家一齐拥到墙边去看那张纸，原来在同学签名下的空白处，歪歪斜斜地用很淡的铅笔写着："土牙，哪个高兴来补习？"大家都好惊奇，许佩玲怎么会写这样的字句？也都有点不相信，又都怪梁先生未免太凶了，许佩玲的试卷变成零分怎么办？许佩玲幽幽地说："梁先生总会给我一个补考的机会吧。"平时最喜欢大声嚷嚷的沈琪，这时却木鸡似地在位子上发愣。我本来就满心怀疑，忍不住走过去问："沈琪，你怎么一声不响，我觉得许佩玲不会写的。"沈琪忽然站起来，奔到许佩玲身边，蹲下去，哽咽地说："你为什么要代我承认，你明明知道是我写的。我太对不起你，太对不起大家了。"

"我想总要有一个人快快承认，才能让同学来得及写考卷。也是我不好，我看见了本想擦，一下子又忘了，不然就不会有这场风波了。沈琪，不要哭，没有关系的，我一二次月考成绩都还好，平得过来的。"许佩玲拍着沈琪的肩，像个大姐姐。她是我们班上比较年长的同学，是热心的总务股长，也是真正虔诚的基督徒，我很佩服她。

我们对她代人受过的牺牲精神，都好感动，但对沈琪的忏悔痛哭，又感到很同情。级长说："沈琪，你只要快快向梁先生承认就好了，可以免去许佩玲受冤枉。"正说着，梁先生已经走过来了，他脸上一点没有生气的样子，只和气地说："同学们，我再给你们一次机会，那几个字究竟是谁写的？因为不像是许佩玲的笔迹。"沈琪立刻站起来说："是我，请梁先生重重罚我好了，和许佩玲全不相干。"

梁先生的金牙笑得全都露了出来，他说："沈琪，我就知道是你捣蛋，你为什么写土牙两个字？你为什么不愿意补习，你的数理科并不好，我明明是免费的啊！"他又对我们说："大家放心，你们的考试不会得零分。许佩玲的卷我已经看过了，她是一百分。"

全班都拍起手来，连眼泪还挂在脸上的沈琪都笑了。我一直都不大喜欢沈琪，但由这次的事情看来，她也是非常诚实的，我对她的印象也好了。

梁先生走后，我们还在兴奋中，七嘴八舌地谈论着。忽然隔壁初二的级任导师走来，在我们的安静记录表上，咬牙切齿地打了个大叉叉，说我们吵得使她没法上课。这一打大叉叉使我们这一学期的努力前功尽弃，再也领不到安静奖的银盾，而且破坏了三年来的冠军纪录。我们都好伤心，甚至怪那位初二导师，故意让我们失去这个机会的。沈琪尤其难过，说都是因为她闯的祸，实在对不起全班。大家的激动使声浪无法压制下来，而且反正已经被打了叉叉，都有点自暴自弃的灰心了。此时，梁先生又来了，他是给我们送讲义来的，他时常自己给我们送来。看我们一个个失魂落魄的样子，还以为仍为沈琪的事，他说："你们安心自修吧！事情过去就算了，过而能改，善莫大焉。"我们却告诉他安静纪录表被打叉叉的事，他偏着头满不在乎的样子说："这有什么不得了，旁人给你做纪录算得什么？你们都这么大了，都会自己管理自己。奖牌、银盾都是形式，校长给的奖也是被动的，应当自己给自己奖才有意思。"

"可是我们五个学期都有奖，就差了毕业的一个学期，好可惜啊！"

"唔！可惜是有点可惜，知道可惜就好了，全体升了高中再从头来过。"

"校长说要全班每人考甲等才允许免试升高中，这太难了。"

"一定办得到，只要把数理再加强。"

我们果然每人总平均都在甲等，这不能不说是由于梁先生的热心教导。升上高一的开学典礼上，梁先生又穿起那件退色淡青湖绸长衫，坐在礼堂的高台上。校长特别介绍他是大功臣，专教初三和高三的数理的。

在高一，我们没有梁先生的课，但时常在教师休息室里可以看到他，踩着踢踏步满屋子转圈圈。十分钟休息的时候，我们常常请他跟我们一起拍排球，他总是摇摇头说不行，没有力气。我们觉得他气色没有以前好，而且时常咳嗽得很厉害。有一天，校长忽然告诉我们，梁先生肺病复发，吐血了。在当时医学还不发达，肺病没有特效药，一听说吐血，我们马上想到死亡，心里又惊怕又难过，恨不得马上去医院看他。可是我们不能全体去，只有我们一班和高三、初三的级长，三个人买了花和水果代表全体同学去看他。她们回来时，告诉我们梁先生人好瘦，脸色好苍白。他还没有结婚，所以也没有师母在旁陪伴他，孤零零一个人和别的肺病病人躺在普通病房。医生护士都不许她们多留，只和他说了几句话就告别出来了。她们说梁先生虽然说话有气无力，还是勉励大家好好用功，任何老师代课都是一样的。叫我们不要再去看他，因为肺病会传染，他的父亲就是肺病死的。我们听了都不禁哭了起来。沈琪哭得尤其伤心，因为她觉得自己最最对不起梁先生。

不到两个月，就传来噩耗，梁先生竟然去世了。自从他病倒以后，虽然死的阴影一直笼罩着我们全班同学的心，但一听说他真的死了，没有一个同学愿意接受这残酷的事实。我们一个个嚎啕痛哭。想起他第一天来上课时的神情，他的那件飘飘荡荡又肥又短的退色淡青湖绉绸衫，卷得太高的袖口，一年四季的蓝布长衫，那双前头翘起像龙船的黑布鞋，坐在四脚打蜡的桌子上差点摔倒的滑稽相，一张笑咧开的嘴露出的闪闪金牙。这一切，如今都只令我们伤心，我们再也笑不出来了。

在追思礼拜上，训导主任以低沉的音调报告他的生平事迹。说他母亲早丧，事父至孝。父亲去世后，为了节省金钱给父母亲做坟，一直没有娶亲，一直是孑然一身。他临终时还念念不忘双亲坟墓的事。他没有新衣服，临终时只要求把那件退色淡青湖绉绸长衫给他穿上，因为那是他父亲的遗物。

听到这里，我们全堂同学都已哽咽不能成声。训导主任又沉痛地说："在殡仪馆里，看他被穿上那件绸衫时，我才发现两只袖口已磨破，因没人为他补，所以他每次穿时都把袖口折上来，他并不是要学时髦。"

全体同学都在嘤嘤啜泣。殡仪馆里，我们虽然全班同学都曾去祭吊过，但也只能看见他微微带笑的照片，似在向我们亲切地注视。我们没有被允许走进灵堂后面，没有机会再看见他穿着那件退色淡青湖绉绸长衫，我们也永不能再看见了。

（选自《千里怀人月在峰》，尔雅出版社 1978 年 9 月 1 日初版）

忆南开 ①
——为母校南开校庆作

韦君宜

一九二八年，我进南开初中一年级，还没满十二岁。文学是什么呢？我只订过一份中华书局出的《小朋友》，看过黎锦晖先生改编的童话《神仙妹妹》（即"天鹅"）、《秘密洞》（即"阿里巴巴与四十大盗"）。此外世上还有什么作品，什么作家，实在一点儿也没听说过了。进了南开中学之后，给我留下的第一个有关文学的印象是在校庆日看"南开新剧团"排演的"娜拉"，这是我有生以来第一次接触外国重要作品。主演万家宝（即曹禺）。那时人家是大学部学生，我是初一小孩子，他当然不认识我。可是我这个小观众却对此戏印象极深。至今，在末幕换上深色衣裙的娜拉站在台中央说："我原来是一个洋娃娃！"决绝出走的模样儿，还留在我的脑际。

我们那一班除了一般的国文课之外，还有一堂"阅读"课。老师是刚刚从南开高中部毕业的邵存民校友。他大概是助教性质吧，不是正式上堂讲课，而是由他指定要读的书，学生读了，写读书笔记交给他，然后再由他在课堂上评论。他指定的第一本书，是叶圣陶的童话《稻草人》。老实说，叶先生这本童话实在不像是给孩子看的，毋宁说是给大人看的。十二岁的我，并不能领略其中深意。但是，对于我，这终归是开始来接触当代文学作品了。我用心阅读，模糊觉得了这才是书，真正的有文采的书，不

---

① 选自韦君宜著《韦君宜文集》第 4 卷，人民文学出版社，2013.04。

是哄孩子的改编童话。我看这书，是我自己开始长大的凭证。后来，在正式的国文课中，除去讲胡适、梁启超的文章（这是主要的）之外，还介绍过谢冰心、叶圣陶、鲁迅、周作人、刘半农、王统照以至康白情、宗白华等等作家。当然，讲书的老师是按课文讲的。可是每讲一课，要学生自己预习，要自己去找书查作者小传、生平著作和生字生词。不夸大地说，我在初中一二年级时，就是由于作了这些预习，知道了这些作家原来还有许多著作，然后才去找着看了《隔膜》《火灾》《寄小读者》《华盖集》等等作品的。女中部那个虽然不大的图书室，对于一个初中学生已经是宝库。那时候南开中学图书馆是兴开架借书的，自己到书架上去找，找到了，请管理员宋先生给登记上。我这才知道可以自己去找书读。

我不能忘记初中三年级的国文老师徐凌影先生，更不能忘记高中一年级的国文老师田聪先生。徐先生原是一个女记者，报纸副刊编辑。她教给我们学着写课堂命题以外的文章，用笔来自抒胸臆，还领导我们办了一个《嘤鸣》月刊。田先生则是一位思想进步的大学毕业生。他满腔锐气，把当代左翼文学介绍给我们这些关在教室里的女孩子们。我过去只从姐姐订的《小说月报》上偶然见过茅盾和丁玲的名字。这一年，才开始大量阅读，后来我把《文学月报》《北斗》《春光》……全买了来。还订阅《现代》和《文学》。一个十五岁的孩子，一下子钻进上海左翼文化的热烈空气里，简直着了迷。此外，田先生还教我们去读外国作品，从他嘴里我知道了托尔斯泰、陀斯妥也夫斯基……。而且开始去找这些很难读的书来读。现在想起来田先生的目的似乎并不只是为了进行文学教育。他看来像一位先行者（我不知道他是否党员），要在这群不懂事的孩子们中间划破鸿蒙。他提倡过小组讨论，把课桌分小组摆开来谈，他说过："女青年该看看章秋柳、孙舞阳那样的人是怎么生活的。——当然，不必那么浪漫。"可惜的是那时候我还只是一个幼稚的学生。我的作文，原是班上优秀的。但是我觉悟不到我这样的学生也能变成章秋柳、孙舞阳。因而在高中二年级见到一位同班同学在校刊上发表的《论巴金作品中的三个女性》，还有个高三同学模仿莎菲女士日记写的《丽嘉日记》，不由得瞠目结舌。我跟不上。

这样干的田先生终于在学校存在不住，被解聘了。几个同学也被开除了。

田先生虽走，但是他的教育给我这个不成器的落后学生还是留下了影响。我会看书了，会买书了，我不是只会读课本的小孩子了，这是得永远感谢播种者的。

高中二年级国文分了组，我那一组叫"文章作法组"。教这一组国文的，是一个不通的先生，不知道是怎么进了南开的。这位先生别字连篇，在黑板上的板书"投闲置散"，竟误为"偷闲置散"。已经稍读了几本书少年气傲的我，就写信给学校教务处揭发他。结果这位先生果真被解职了。这使我稍稍消释由于田先生的走而引起的对学校的不满。我想，他们到底也还是想把学校办好的。而当时，我的要求也只不过是想读书。

到高中三年级，两个组合为一组。程度不行的刷下去了。这一年的国文老师是孟志荪先生。他以讲中国诗史为线索，从诗经楚辞直讲到宋词，每一单元都选名家作品来讲。还教我们买参考书。其中我记得最清楚的是讲诗经楚辞的那一阶段，孟先生用王实甫《西厢记》中的句子，来为诗经作注解，他用"下功夫把头颅挣"来形容"手如柔荑，肤如凝脂……"一章。他让我们去读顾颉刚先生在"古史辨"里发表的文章，力辟"毛诗"大序小序和朱注的荒唐，告诉我们"关雎"、"静女"……以至"山鬼"、"湘君"、"湘夫人"，其实都是情诗。这些，从又一方面打开了我的眼界。

读书的习惯，使用文字的基本功，可以说全是六年来南开教给我的。进大学以后不久，我就开始在《清华周刊》上发表文章，以后就用笔来为革命服务了。

今天我伏案执笔，不能不想起我的老师和母校。

长忆吾师 ①

孙开远

土气洋气

恩师殷美姑曾分析华西坝上四所大学学生的风度说："金大神气，金女大洋气，齐鲁土气，华西俗气。"殷老师毕业于金女大，洋气自不必说。我当时不知道巢筱岑先生是清华毕业的，只是想，要是根据这个说法，巢老师很可能出身齐鲁，因为他实在土气，土得几乎事事和范孙楼内镜箴上的要求相反。衣不整，发不理，那模样打扮，说句大不敬的话，倒很像苏洵笔下的王安石。但是这不是真正的巢筱岑先生，真正的巢先生只有在教室的讲台上才能看见。他一走上讲台，那刺猬般的头发，老式得可笑的黑边眼镜，找不到黑板擦时用以擦黑板的袖子，以及满布油迹的旧蓝布大褂，全部从你眼前消失了。你所能看见的就只是那全力以赴、全神贯注的炯炯双目，所能听见的就只是那铿锵有力、包含着全部心血和生命的讲课声。他讲课有如磁石，不论是好学生还是差学生，勤勉的还是懒惰的，全都会不由自主地随着他的讲解转。他不是用知识和道理在讲课，而是用他的全部生命在讲课，因而有一种不可抗拒的征服力。现在不是有许多人相信气功师能发功吗？巢老师讲课就有如发功，能把知识发到学生的头脑里去，并且永远地留在那里。

卢侃贤弟的老太爷前公冀野先生曾在南开演讲说写文章讲话切忌重复

---

① 选自刘鹤守编《办中学的一面镜子》，中国文联出版社，2006.10。

啰唆，这自然是不刊之论。但是也有例外，巢老师就是这样的例外。别人讲 probability 的例题时，大约都会例如说："袋中盛红球白球各若干，连续五次均抓出红球的 probability 是多少？"巢老师则不是这样"简洁"。他不看学生，也不看黑板，而是侧着身子两眼注视窗外，高举着伸开五指的右手作抓东西状，然后上身随着手臂的起落而曲伸，自上向下地抓，一面抓，一面用浓重的天津口音大声讲解："抓一次，抓一次，抓一次，抓一次，再抓一次。"已经抓了五次了，还意犹未尽，又总结一句说："一共抓五次。"可谓极尽重复啰唆之能事矣！可是，我从来没有觉得重复啰唆过，只觉得印象一次比一次深，道理一次比一次明。我数学学得不好，而至今有些东西仍能牢牢记住而不忘者，巢老师这种形象的"重复啰嗦"与有力焉。

Not so compelling，but fascinating

正如土气与洋气之为南北极一样，物理殷美姑老师讲课那种温柔敦厚、娓娓动听的神情，与巢筱岑老师的高昂激越、有声有色截然相反。巢老师讲课令你觉得他是狮子搏象用全力，搏兔也用全力。殷老师却令你感到她连搏象也不必用力的。她能把艰深的物理概念化作润物无声的细雨，轻轻地叩入你的心扉，让你懂得了还不知道是怎么弄懂的。巢老师可以用衣袖擦黑板，殷老师却拿粉笔都要用纸包着，怕玷污了手指。他们各从一个方面教育和影响着学生。我无缘听殷老师讲英语课，但是在物理课上也能向她学英语。她曾告诉我们力的平衡要用 equilibrium 而不要用 balance，虽然英汉字典里两者都译作"平衡"。沈蒂生兄所最为叹服的殷老师的英语发音，也给我留下了极深的印象。这点我不必多说，因为同学们一定对她那清亮悦耳的声音至今记忆犹新。令我最感兴趣的是，她在讲力学定律时，将 inertia 读作 in—er—tia，第一个音节中的 n 不与第二音节 er 连读。我觉得非常好听，但也感到很奇怪。上大学后，我曾以此问题就教于著名语音学家初大告先生。他说这是美国某些方言区的读法，举许多美国人说

America 时 r 不与 i 连续为例。虽然他告诫我不可以这样念，因为这不是他所谓的 received pronunciation，但却更加深了我对殷老师的敬佩，这证明她即使有不规范处也是有所本的。这也才是真正的洋气。

当时我已经决定报考大学文科，对物理本没有必要多去钻研，只是因为我敬爱殷老师，为了讨好她，竟不惜费时费力地将物理作业做得特别好。我的"溜须拍马"果然获得了很丰硕的报偿。高三成绩展览前夕的一次物理课上，她看着一张纸条念了几位理科的 superstar 的名字，叫他们把作业本交去展览，然后又好像忽然想起了什么似的，抬起头来笑着对我点点头说："孙开远，把你的作业也交上来吧！"虽然这个"也"字里面包含着明显的藐视和勉强，我却不以为侮。岂但不以为侮，简直是感激涕零。因为她念理科尖子们的名字时并没有抬起头来看他们一眼，唯独对我点了点头。虽然这是因为纸条上本来没有我的名字的缘故，但用现在人事部门的同志们常用的话来说，毕竟也是一种"待遇"，使我有了身为"特邀代表"的感觉，岂可不引以为荣？

棉被不耐五更寒

1944 年冬一个风雪严寒的上午，陶光老师给我们上国文课，讲完了一段文章以后离下课还有几分钟，他就和我们闲聊起来。他说昨夜为乡愁所苦，通宵不寐，闻击柝声，益增凄恻，遂成《竹枝》词一首曰："十载伶俜念玉京，一声凄恻诉衷情。水流花谢太难凭，忍还听彻短长更。"

过了几天，骏千对我说，陶老师的丝绵被子被洗衣服的老妈子用旧棉胎偷换了，他冻得睡不着，误以为是思乡失眠，写了那首词。这当然是开玩笑，但陶老师的丝棉被子被调了包倒确是事实。

大学一年级时的一天，我和章绵在重庆马路上闲逛，碰到陶先生和他的一位朋友从马路对面的人行道上迎面走来。我们向他点头打招呼，万没有想到他竟穿过马路走来和我们谈话。当时我和章绵真是无地自容，就是今天写到此事，我也惭愧万分，不觉汗流之浃背也。陶先生说他已受云南大学之聘将前往执教。1947年在南京，傅新民兄拿来一张《新民晚报》给我看，"学府风光"栏中有陶师与一唱京戏的女伶结婚的消息：说云大的家属们因"戏子"属下九流，迁入教授宿舍有辱"斯文"，乃群起而拒之，"陶光教授只得另租金屋以藏娇"云云。现在回想起来，那些"斯文"之愚昧，记者笔调之轻薄，实在令人觉得可恨又可笑。陶老师擅昆曲，与京戏女演员结婚，自然是同声相应同气相求。师尊已经谢世，不知师母尚健在否？陶老师讲课不旁征博引，也不条分缕析，而只是启发性地略加指点。对孟子"无父无君是禽兽也"的说法只说了一句："前提和结论之间没有联系。"对"君子远庖厨"只淡淡一笑，他自己可是身体力行，"理论与实践相结合"的。陶老师崇尚墨家，主张兼爱，并推而广之，做到真的"恩足以被禽兽"而不吃肉。他解释说："我吃素，不是由于宗教信仰，而是因为不忍。"真的，"行人试各扪心问，谁肯将刀割自身？"决不"以羊易之"。

我从陶老师处获益最多的地方是他对作业的详细批改。有一次，一位同学的作文开头一句是："远远的东方，太阳正在升起。"陶老师在课堂上讲评时在"的"字后面加了个逗号，变成："远远的，东方，太阳正在升起。"这一个逗点真了不起，把整个情景都变活了。古人有所谓"一字师"，陶老师这里"一点师"。张国超大为叹服，把他那大得与身高不太相称的头摇得和货郎鼓一样，惹得态度一贯严肃的陶老师也不禁笑了："嘿嘿，你在干什么？"

（1990年）

激情孟夫子 ①

朱永福

在中学及大学时代，小子我最崇敬的是孟志荪老师"国（文）选（读）"的教学。他一口微带天津口音的普通话，年过五旬，从外表看并没有什么显突之处，经常穿一件浅绿色的哗叽长衫，已经相当陈旧了，有时穿战前缝制的黑呢中山服，夏天穿白呢中山服，从天津来的老南开，都有这样的中山服。

从他私下的谈话里，了解到他是金陵大学外文系毕业，学的是西方洋文学，几十年教的，却是乐土中华土文学。了解了这一点，就不难了解孟老师的学术及生活中，为什么没有一般国文老师作为职业特征的迂腐之气了。孟老师的学术思想表现在两方面：一是他参与主编的教材，二是他的课堂教学活动。

中学时代，我们使用的课本大多是出版于社会各大书店，如中华余介石的数学、商务陈祯的生物、钟山张其昀的地理等。初一初二英语是中华文幼章编的，高三英语是商务出的综合英语课本，中间一段是学校自编的。只有国文课，从初一到高三，全是学校自编的，孟老师是主编者之一。对比当时的其他国文教材及以后屡经改变的语文教材，依小子愚见，是最好的一套语文教材。从初一到高一，内容由浅入深，"五四"以来的白话及文言并重，白话作家有鲁迅、茅盾、叶绍钧、郑振铎、冰心、许地山、夏丏尊、苏雪林……等，大体上都是文学研究会的作家，而创造社诸

---

① 选自刘鹤守编《办中学的一面镜子》，中国文联出版社，2006.10。

公如郭沫若等人的作品，一篇也未入选。一方面，在编辑此书时，郭沫若的通缉令尚未取消，不能入选；另一方面，恐怕也与孟老师的文学主张有关，在讲课时，他多次谈到，他主张为人生而艺术（art for life's sake），反对为艺术而艺术（art for art's sake）。高二课程，可说是一部中国文学史，从《诗经》《楚辞》、乐府，到明清的散文、戏曲，通过选读各期的代表作品，讲述中国各期文学发展的简貌。高三是一部先秦思想史，课本是孔、孟、荀、墨经典著作的节选。从初一第一课叶绍钧的《藕与莼菜》起，记得读过的作品有：屈原的《九歌》，司马迁的《报任少卿书》《李将军列传》，杨恽的《报孙会宗书》，李后主的词，李、杜的诗，《古诗十九首》，张若虚的《春江花月夜》，韦庄的《秦妇吟》，韩愈的《祭十二郎文》，袁枚的《祭妹文》，苏东坡的《赤壁赋》，史可法的《答多尔衮书》，孔尚任的《哀江南》……都是千古的至情名篇。当时四大领袖之一所欣赏的王阳明，一篇也未入选，曾国藩的家书大概也只选了一篇，从这里就可看出孟老师没有丝毫风派的媚骨，在那个时代，这是多么难能可贵。中学语文不过两大任务：一、情操的陶冶（现在叫爱国主义的培养），二、写作能力的提高，这套教材都充分完成了。关于前者，就以愚劣如小子我而论，自省对咱们东方古代灿烂文明有点了解、景仰和陶醉，就完全受益于这套教材。关于后者，在《四四萍踪》上看到众级友的写作，大多出手不凡，就可能与这套教材有关。所有这些，都不能不使人感激它的主编孟老师了。

孟老师的讲课，是非常生动精采的。孟老师知识渊博，口才雄辩，讲课既富哲理，又充满激情，任何人听他的课，都会被他吸引，感情随他的指引而回荡起伏，进入秦汉和唐宋诗文的境界，下课铃响后，才如梦初醒，回到现实。这也许就是演员所谓进入角色。孟老师的讲课，的确有使你进入角色的神功，或议论时事，或臧否人物，或抒发感情，或嬉笑怒骂，都非常生动。写到这里，上过孟老师课的女级友，一定会说小子吹牛，她们的确都未领略过这种精采讲课。当时我们男生，都有这种感觉，同一个孟老师，在男生班和男女混合班，讲课的生动性竟有很大的不同。有十八九岁的女生在座，讲话多少要注意一点分寸，这点考虑把孟老师在男生班上经常出现的瞬间激情破坏了，因此像在男生班那种即兴发挥一次也未出现过。"国选"班内先教《离骚》，后教唐宋诗词，可供孟老师即兴发挥的地方可说太多了，因为女生在座，使本来可以欣赏到的精采表演都未欣赏到。所以，当时我们男生的心情，都很矛盾，一方面希望看到她们，一方面又真想把她们轰走。当然，口说无凭，举例为证：讲到诗言志时，孟老师说："刘邦是个泼皮，当了皇帝，神气活现，短短三句话，就把市井无赖心灵暴露无遗。'大风起兮云飞扬'，写景起兴进入主题，'威加海内兮归故乡'，流氓闯江湖发了横财，一定要回老家炫耀一番，不仅对外人炫耀，对自己老子也炫耀，对他老子说：'老爷子说我最没出息，到底是我发的财多，还是兄弟他们发的财多？'"安得猛士兮守四方'，像上海的小瘪三，双手抱着偷来的金银珠宝，日夜坐卧不安，哪里去找高明打手，替我守家护院？"一面说，一面身体微微前倾双臂左右伸出，又向前合拢，似乎面前真有一堆金银珠宝。"文革"中颇出风头的这首《大风歌》，孟老师在40年前是这样对学生讲的，谁能说不精采？在讲到司马相如时，孟老师说："司马相如人品卑劣，年青时看到卓文君是个 charming beautiful young lady（哄堂大笑），就打卓小姐的主意，勾上手之后，又敲老丈人的竹杠。卓文君娘婆两家都是川西坝儿的大绅粮，珠宝首饰体己私房，钱随人来，司马相如已经发了一笔妻财，还不满足，还要开什么酒馆。"讲到这里，突然装着四川腔说："幺师！来了！你哥子今天吃点什么？今天的猪耳朵安逸极了，你哥子来四两？"讲时装出点头哈腰的样子，双膝揎曲，右手向上一扬，似乎把一块抹布搭在肩上。"卓王孙这个临邛首富，哪里受得了女婿这样出他洋相，只好请人拿言语，赠送银子，请两口子去长安。后来卓文君年老色衰，又被打入冷宫。"对这个所谓文坛佳话，孟老师的见解的确高人一等。charming beautiful young lady 三个形容词从此经常出现在当时高三一组男生口中，lady 被换成了 girl 安在某些女生身上。

孟老师的文学见解，有些是非常精采的。他说："《史记》的文章，最好全读，如果你没有时间，又想读写得最好的，那你就找倒霉不幸的人的传记来读，司马迁对不幸倒霉的人，都充满同情，写得十分精采，《项羽本纪》就比《高祖本纪》高明得多。"其实，孟老师本人的讲课，也遵循这条原理，对遭遇不幸的作者，孟老师讲起来，也都是特别富有感情。屈原、司马迁、李后主、杜甫，无论是他们的作品，或是他们的生平，孟老师都讲得那么生动，有时真可说声泪俱下。"朝扣富儿门，暮随肥马尘，残杯与冷炙，到处潜悲辛。"孟老师讲到这里几乎哽咽起来，等顿了一会，才接续下去。"文穷而后工"，孟老师是很相信这句话的，他常说："后世欣赏的作家，也许今天正在挨穷受困，默默无闻。"对于李、杜，虽然他说："二人各有所长，李不能为杜之沉郁，杜不能为李之飘逸，前人早有定论，各有千秋，我不偏爱谁。"可是实际上，他强调说，前人早就说过李白诗内 80％是醇酒、妇人、神仙，格调不高。在具体的情感倾向上，谁都能看出孟老师是一个彻头彻尾的扬杜抑李派，相信后来，也决不会看神脸色，见风转舵，变成一个扬李抑杜派。

作为国文老师，孟老师很重视纠正同学的错读错写，他反复强调一些容易读错的正读，例如他讲"滑稽"应读成"骨基"，"土蕃"应读"土波"而不读"土翻"，其实，历史老师也读的"土翻"。对一些粗话脏字，其他老师大概知道也不会教的，孟老师却不回避（也许这是男女分班的好处）。例如，他讲清楚了风马牛不相及与争风吃醋中"风"字的意义。有次，他又在黑板上写了个"鸟"字说："这个字在《水浒》的好汉口语中，经常出现，如果你们不知道它的读法，李逵语言的粗野美怎么能欣赏？你们应该知道，但不应该说。"他并未读出来，下课后，我问一个四川同学，他不知道，另外问一个，才知道了，原来是老熟人，一天到晚听到说，却不知是这个字。以后 20 年，当小子我关牛棚时，劳动休息如果管教的革命群众不在场，大家不免苦中寻乐，本人曾用树枝在地上写出此字考考难友，20 余人，都是大学生，有新中国成立前的也有新中国成立后的，有学文的也有学理的，竟没有一人能正确读出，可见此字是那样寻常，又是那样深奥，要不是孟老师当时在黑板上这样一写，相信一辈子也读不准此字。

（1988 年）

绵绵师魂谁继？①
——追忆战时中学生活片断（节选）

张思之

六十二年前的一堂语文课

"寻寻觅觅，冷冷清清，凄凄惨惨戚戚。……这次第，怎一个愁字了得。"

吟诵既毕，先生缓缓说道：李易安一阕《声声慢》，绝唱千古，不细细研读，不能有收益。试予析辨——

良人远行矣。……但似有不信，依稀犹在，于是"寻寻"；寻之未见，疑果已离去，或匿诸室内（先生转身板书：诸＝之于），于是"觅觅"。觅者，寻之不得而细察也。屏后、榻下，遍觅终未得，是真的去了。此时、今后，闺中处处，能不"冷冷"？冷感既生，必觉"清清"。冷冷，肌肤之感，外也；清清，已入于心，内也。由外而内，冷清凝积，于是"凄凄"。凄情凝之于心而不堪承受，故继之以"惨惨"。凄凄惨惨，肝裂肠断，终至"戚戚"：伏枕而泣了。

先生于此稍顿，摁着讲台，环顾四周，继续阐释——

---

① 选自傅国涌编《过去的中学》，长江文艺出版社，2006.04，有删节。

　　生离死别，初疑后信。步步写来，先后有序，巧用叠字，又无堆砌之弊，这是何等层次，何等笔力；由外及内，由浅入深，感生情积，描尽思妇心态，又是何其细腻！此等文字，高歌"怒发冲冠"，慨叹"樯橹灰飞烟灭"的大男子都不能写出。或出女儿天赋，但不经锤炼不能绝唱千古，而读者不能精研也难以达诂。

　　这是六十二年前我的高中老师傅肖岩先生一节课的开篇。生动传神，诗意浓浓，阐发精微，听后豁然开朗，为之迷醉。先生指导初学者该用什么样的态度和方法精研佳作使我终生受益，真的是何其难得！

　　这位傅老师，就是东北大学（下称"东大"）教授傅庚生先生，战后以杜诗专家驰名。肖岩，大约是号，他应邀来十八中教"国文"时用此名。可惜只教了一个学期，我没来得及听他讲解老杜。时为1943年，风流儒雅，风度翩翩。1984年，先生因病辞世于西北大学。他的公子来信说，临终前一日收到我的去信，面露微笑，但已不能言语。举头西望，岂止于戚戚……

　　词作多情思，爱读始于初中。启蒙老师是名闻鲁西教育界的王资愚先生，现已不记得是否给我们讲过李清照，但他朗读"大江东去"，"醉里挑灯看剑"，声情并茂；讲到李煜的"故国不堪回首……"语含呜咽："国不可亡，决不能亡；否则，月明不再，山河也就变色了。"他说："李煜词绝佳，可读，但决不能当李后主！"他的诗词课，讲"情"，也讲"神"。还教我了解"冬东江支微，鱼虞齐佳灰……"更重背诵，我至今能大体背出《长恨歌》《琵琶行》这样的长篇。还要求博闻强记。我自学《左传》，也在那时，"肉食者鄙"，"小大之狱，必以情"，烂熟于心。他讲汉魏六朝文中的名篇直至清代袁枚"祭妹文"，都有声有色。我至今背诵《祭妹文》收尾的"朔风野大，阿兄归矣，犹屡屡回首望汝也。呜呼哀哉！"仍不禁悽悽。先生阐释"屡屡回首"时的音容，依稀可辨。讲解"犹"字，尤其着力。

一位又一位优秀教师

我上的初中名为国立六中三分校。高中名为国立十八中。两校能集中一批优秀教师，各有渊源。

六中三分校的前身是山东省立菏泽中学，战前颇负盛名。抗日军兴，韩复榘败失山东，省内各校师生"流亡"后方，组成"山东联合中学"。辗转跋涉，历经一年，定驻于四川绵阳，确立校址后更名"国立第六中学"，由山东教育名流葛兰笙先生任校长，下设4个分校为初中部。我就读的三分校选址绵阳城郊新店子的一座大庙里，距县城30华里。教师的骨干正是菏泽中学的班底，加上有了"联合"的优势，得补新鲜血液。其他几个分校也各有名师，著名作家陈翔鹤、方敬、李广田当时都在罗江四分校任教，距新店子三分校只有50华里。该分校以思想活跃，学生自治能力较强著称。名师的影响不难想见。那时六中各校都有社团，社团个个办刊——壁报。三分校最主要的两份一名"萌芽"，一称"野火"，观点有异，互相颉颃；期期各有美文登出。二年级的刘禹宪、刘禹轩两兄弟分为主笔，两个才子，水平相当。我偏爱禹轩文章，他的长篇连载——《流亡入蜀记》被我视为范文，每期必读。按年龄他只长我一岁。战后储安平《观察》上关于学运纪实的文字，大多出自他的手笔。现在想来，当时中学生能有那样高的水平，实源于一个坚实的基础，而这与名师的授业解惑，又显然不能分开。

十八中的前身是东北中学，建校于四川三台，与东大同在那个小山城里，相距数里，步行一小时足能往返。十八中的生源初始大半是"九一八"后就跟随家长"到处流浪"的东北子弟，与东大自有"乡土关系"。建校之初，执掌东大的臧启芳先生亲兼校长，十八中由是有了依靠，在师资来源上优势独具。我的高中英语老师，期期换人，可见一斑。他们各具专长，勤换弊少利多。高二上学期换的老师是英译《红楼梦》四家之一，他分译二十回，一再讲诗词之译是不易逾越的障碍。他笑着说：即使是薛蟠的几句歪诗，也难译得传神。跟着会感叹：译文"信达雅"，谈何容易，母语不好，过不了关！他读诗真有味道，低吟怀念初恋情人的诗作声调哀怨——

"I thought of her.

I loved so well.

……

Those early broken ties."

诗句出处，早已不复记忆。我够不上他们的好学生。

我的英语启蒙老师是初中教我的马观海先生。他出身北京大学西语系，教我三年，从 ABC 直至文法，严格得近乎苛刻：背单词有定数，期末必须达到；造句出错，重作三遍；练习"互译"与英语作文，有缺必补。这样，上高中时一般已能依赖字典阅读林语堂《开明英文文法》英文版，优等生则可以从原文看《范氏大代数》了。曾任台湾师范大学文学院院长兼西语系主任的张芳杰，与我同班受教，曾与梁实秋先生共同主编《英汉大词典》，闻名海岛；教授英语颇有建树，是马师的得意弟子。没有良师，何来高徒！

马老师青年时期因外战而多年颠簸，及壮又因"内斗"复遭坎坷，1958 年以后戴着"右派"帽子发配青海劳改二十余年。晚年始安居南京。五年前九十大寿，我电请居家南京的好友奉上百朵鲜花，代行了弟子礼。马师育我，宛如家人！

我的中学史地老师也很出色。

清史专家萧一山先生那时正主持东大历史系教务。他没时间到中学兼课，但能听到他的专题演说。关键是他从东大输送给十八中的历史老师教学得法，"点拨"学子往往恰到好处。讲日本怎样威逼清政府割让台湾，签《马关条约》，说旧恨直指新仇。讲《尼布楚条约》则着重阐释那是康熙时代国力强大的结果，从而使初学者茅塞顿开，憬然有悟。我当年有志于研读外交，发源于此。

初中地理老师林济权先生，出身武汉大学地理系。当年几乎是我们的"时事辅导员"。课堂上，他用图示讲解德、意军队攻占了何国何处，剖析日寇南侵的兵经路线和战略图谋，概念清晰。我那时会绘各省与各国地理图，得力于他。读报习惯也由他而养成。当时校舍紧张，校方却辟有图书馆，设在那座破庙的戏台上；阅览室半露天，中置长桌，几份报纸平放，长凳四围，夜燃汽灯，并无人监管，任知识之光由那个简陋的"戏台"上散布流淌。

　　……

（2005 年 8 月）

精彩课堂片段（中学篇）

唐老师还有一着绝招。每星期日上午，他在大礼堂招集部分学生讲授古代散文。听讲的学生是由老师自己挑选的，从专科部到中学部，每班两名。老师讲授的是韩愈《张中丞传后叙》，欧阳修《五代史职方考序》《泷冈阡表》《秋声赋》之类。老师的讲法很别致，他从来没有给我们解释字句，也从来没有说这篇文章好在哪里，为什么要读。他只是慷慨激昂地或是低徊宛转地读几遍。然后领着我们共同朗诵。他这才在教室里打转转，听着我们朗诵。有时他会搬过一张凳子，坐在你身边，说道："老弟，我们一道读啊。"虽然带着太仓腔，但是在抑扬顿挫之中，你会听到句号、分号、逗点、顿点，连带惊叹号、疑问号。后来我在英国，看到他们十七世纪的黑字本，也和我国旧时出版的书籍一样，没有标点，而在善于朗诵的读者口中，同样听到这些符号。这才明白符号只是一种指示，指导我们怎样去诵读，倘使我们不能诵读，那么这些符号的意义是会丧失的。

——朱东润著《朱东润传记作品全集（第四卷）》，东方出版中心，1999.01

他教国文的时候，正是"五四"将近。我们做惯了"太王留别父老书"、"黄花主人致无肠公子书"之类的文题之后，他突然叫我们做一篇"自述"。而且说："不准讲空话，要老实写。"有一位同学，写他父亲客死他乡，他"星夜匍伏奔丧"。夏先生苦笑着问他："你那天晚上真个是在地上爬去的？"引得大家发笑，那位同学脸孔绯红。又有一位同学发牢骚，赞隐遁，说要"乐琴书以消忧，抚孤松而盘桓"。夏先生厉声问他："你为甚么来考师范学校？"弄得那人无言可对。这样的教法，最初被顽固守旧的青年所反对。他们以为文章不用古典，不发牢骚，就不高雅。竟有人说："他自己不会做古文（其实做得很好），所以不许学生做。"但这样的人，毕竟是少数。多数学生，对夏先生这种从来未有的、大胆的革命主张，觉得惊奇与折服，好似长梦猛醒，恍悟今是昨非。这正是五四运动的初步。

————丰子恺《悼夏丏尊先生》（黄大卫选编《丰子恺散文》，北岳文艺出版社，2008.01）

我们的图画科改由向来教音乐而常常请假的李叔同先生教授了。李先生的教法在我觉得甚为新奇：我们本来依照商务印书馆出版的《铅笔画贴》及《水彩画贴》而临摹；李先生却教我们不必用书，上课时只要走一个空手的人来。教室中也没有四只脚的桌子，而只有三只脚的画架。画架前面供着石膏制的头像。我们空手坐在画架前面，先生便差级长把一种有纹路的纸分给每人一张，又每人一条细炭，四个图钉（我们的学用品都是学校发给的，不是自备的）。最后先生从讲桌下拿出一盆子馒头来，使我们大为惊异，心疑上图画课大家得吃馒头的。后来果然把馒头分给各人，但不教我们吃，乃教我们当作橡皮用的。于是先生推开黑板（我们的黑板是两块套合的，可以推上拉下。李先生总在授课之前先把一切应说的要点在黑板上写好，用其他一块黑板遮住。用时推开），教我们用木炭描写石膏模型的画法。我对于这种新奇的画图，觉得很有兴味。以前我闲时注视眼前的物件，例如天上的云，墙上的苔痕，桌上的器物，别人的脸孔等，我的心会跟了这种线条和浓淡之度而活动，感到一种说不出的情趣。我常觉得一切形状中，其线条与明暗都有很复杂的组织和条理。仔细注视而研究起来，颇有兴趣；不过这件事太微小而无关紧要，除了那种情趣以外，对于人们别无何种的效用。我想来世间一定没有专究这种事件的学问。但当时我用木炭描写石膏模型，听了先生的指导之后，恍然悟到这就是我平日间看眼前物件时所常作的玩意！先生指着模型说，"你看，眉毛和眼睛是连在一块的，并不分明；鼻头须当作削成三角形，这一面最明，这一面最暗，这一面适中：头与脸孔的轮廓不是圆形，是不规则的多角形，须用直线描写，不过其角不甚显著。"这都是我平日间看人面时所曾经注意到的事。原来世间也有研究这些事的学问！我私下的玩意，不期也有公开而经先生教导的一日！我觉得这是与英文数理滋味不同的一种兴味，我渐渐疏远其他的功课，而把头埋进木炭画中。我的画逐渐进步，环顾教室中的同学所描的，自觉他们都不及我。

——丰子恺《学画回忆》（苑兴华编《丰子恺自叙》，团结出版社，1996.04）

管老师给我们上课，永远是启发式的，他总让我们预先读一遍下一堂该学的课，每人记下自己不懂的问题来，一上课就提出大家讨论，再请老师讲解，然后再做试验。课后管老师总要我们整理好仪器，洗好试管，擦好桌椅，关好门窗，把一切弄得整整齐齐地，才离开教室。

理预科同学中从贝满女中升上来的似乎只有我一个，其他的同学都是从华北各地的教会女子中学来的。她们大概从高中毕业后都教过几年书。我在她们中间，显得特别的小（那年我还不满十八岁），也似乎比她们"淘气"，但我总是用心听讲，一字不漏地写笔记，回答问题也很少差错，做试验也从不拖泥带水，管老师对我的印象似乎不错。

我记得有一次做化学试验，有一位同学不知怎么把一个当中插着一根玻璃管的橡皮塞子，捅进了试管，捅得很深，玻璃管拔出来了，橡皮塞子却没有跟着拔出，于是大家都走过来帮着想法。有人主张用钩子去钩，但是又不能把钩子伸进这橡皮塞子的小圆孔里去。管老师也走过来看了半天……我想了一想，忽然跑了出去，从扫院子的大竹扫帚上拗了一段比试管口略短一些的竹枝，中间栓一段麻绳，然后把竹枝和麻绳都直着穿进橡皮塞子孔里，一拉麻绳，那根竹枝自然而然地就横在皮塞子下面。我同那位同学，一个人握住试管，一个人使劲拉那根麻绳，一下子就把橡皮塞子拉出来了。我十分高兴地叫："管老师——出来了！"这时同学们都愕然地望着管老师，又瞪着我，轻轻地说："你怎么能说管老师出来了！"我才醒悟过来，不好意思地回头看看站在我身后的管老师，他老人家依然是用慈祥的目光看着我，而且满脸是笑！我的失言，并没有受到斥责！

　　——冰心《我的老师——管叶羽先生》（冰心著《冰心散文》，人民文学出版社，2005.05）

　　艺术大师李叔同先生的高足——丰子恺先生，当时尚未成为漫画家。教我所在班的图画音乐课，全班同学都曾充当他作画的"模特儿"。虽已几十年过去了，往事依然历历在目。当时仰山楼只有四个大教室，先生占用一半，图画教室布置是把三面的窗蒙上黑布，只留一面采光，室内有画架及作为"模特儿"的石膏人头像等等。先生曾说过："你们必须首先掌握这些绘画的基本方法与知识……。"因为头像最复杂，我们难以掌握。上课时先生就边示范画边讲："先面一条轮廓线，各部比例要均匀，眼睛不要画在额角上，头发不是一丝一丝的，而是一块白一块黑的……"记得当听到这里，张闻天的弟弟张健尔站起来天真地问："若把少女的头发画成白的，不是变成老太婆了吗？"惹得全班同学大笑不止。

　　记得另一次上课时，他教导我们说："不论画什么都要抓住其特点，比如：你们想画一张我的头像，就抓住我的前额宽、下颚尖这个特点，像个狗头似的。"边说着随手就在黑板上画了一个倒置的三角形，添上几笔之后，黑板上就出现了一个丰子恺的素描。随即又把眼角嘴边修改几笔，然后对大家说："你们看这是因为你们画得好，丰子恺笑了。"说完重新改了几笔说："这是因为你们画得不好，丰子恺哭了！"

　　——徐伯璋《图画音乐启蒙老师——丰子恺先生》（浙江省上虞市政协文史资料委员会编《白马湖文集》，1993.10）

　　我对查理·兰姆的《莎士比亚故事集》特别感兴趣，老师还没有讲完，可是我自己却念完了，所以每次老师测验，我总名列前茅，因此受到老师的注意。我们的老师是美国教会派来的，姓埃德加，名字则现在已记不清。她那时已有三四十岁了，身材不高，而体型已经开始发胖了。她性格十分和善，即使对着我们这批毛孩子，她也是十分腼腆的。但是她教书很严格，每逢学生没有准备好功课，或是测验的成绩不好，她总涨红着脸，数说学生们不用功。她的口头禅："祷告上帝，饶恕这批孩子们。"

　　她是美国浸礼会派来教书的，兼带着传教的任务，所以每逢礼拜日下午，她组成了一个查经班（Bible Class），选了一批英语较为用功的学生去参加；因为她自己不会讲中国话，所以班里都要用英语对话。

　　我在查经班里曾经闹过一个笑话，这个笑话对于我以后学英语应注意的地方，是十分有用的。那天我们上班时，天忽然乌云四合，不久便下了瓢泼大雨。我当时正在学副词，只记了个副词可以形容动词。于是我说："It's raining hardly."这时埃德加小姐便说："It's raining hard"。可是第一次我还没有听明白，再说一句"It's raining hardly"。埃德加小姐严肃地看了我一眼，又说一句"It's raining hard"。我猛然感觉到自己一定把hardly这个字用错了，但还不知道错在哪里。当时我没有再说话，可是心里很不安。下课后埃德加温和地对我说，读书时要勤查字典，明白各个字的不同变化。她不是在班上直接指出我的错误，如果这样做，肯定我下不了台。但是她要我自己发现错误，并由自己改正。这个故事给我的教训颇为深刻，导致我以后勤查字典的习惯。事情已经过去半个多世纪，但这个教训还深深埋在我的记忆里。每逢我读书不求甚解时，便提醒自己快去查字典，不但对英语如此，就是对汉语也是如此。

　　——选自冯亦代《我的第一位美国老师》(冯亦代著《龙套泪眼》，青岛出版社，2013.02)

　　附中的老师对于学生的学习要求是很严格的。记得初三学习几何时，教师叫一位同学到黑板上证题。这位同学在解题中犯了逻辑错误。教师并不当即指出他的错误，而是让学生自己讲解他的证法，在出错的地方教师提出诘问，再经过教师启发，使学生自己发现错误所在，自己做出改正。这样就使学生对于怎样算是犯了逻辑错误这个问题，获得了很深刻的印象，以后很难再犯同类的错误。高中物理课每周有一次由学生自己动手做实验的物理实验课。实验结果总要经过教师审查，发现有不应产生的错误时，教师总要求学生重做，有时一下午两节的实验课需要延长到晚饭时间才能够做完交卷。

　　教师对学生的要求是严格的，但在讲课中却往往是谈笑风生。这方面最为学生熟知的是教英文课的赵乐溪先生。他给高中二年级讲选修的英文长篇小说。课本是《威克斐牧师传》，他第一堂课一上课先把小说第一章第一句按英文原文读了一遍，然后就说：这句话如用文言文翻译出来，就是："余之择妻，犹余妻之择嫁衣，不求表面之光华，惟求性质之耐久耳。"他这一句话还没有说完，学生就哄堂大笑起来。

　　——孙念台《负笈忆往》(北京师大附中编《北京师大附中》，人民教育出版社，2000.09)

　　初一、初二国文是高北溟先生教的。……他编过一些字形的歌诀，如："戍横、戌点、戊中空。"《国学常识》是编过一本讲义的，学生要背："三坟五典八索九丘"，"乾三连、坤六断、震仰盂、艮覆碗"……他讲书前都要朗读一遍。有时从高先生朗读的顿挫中学生就能体会到文义。"小子识之：苛政猛于虎也!"、"永州之野产异蛇，黑质而白章……"他讲书，话不多，简明扼要。如讲《训俭示康》："……'厅事前仅容旋马'，闭目一想，就知道房屋有多狭小了。"这使我受到很大启发，对写小说有好处。小说的描叙要使读者有具体的印象。如果记录厅事的尺寸，即无意义。高先生教书很严，学生背不出来，是要打手心的。

——汪曾祺《我的初中》(汪曾祺著《旧人旧事》，江苏文艺出版社，2010.06

南开每一位数学老师都给学生打下硬梆梆的根底。初中的老师是伉铁健先生，一口天津话，其凶无比。上课时要学生个个端正挺坐，双手放在膝盖大腿上，稍一坐歪就是一顿痛骂。问起问题来从不叫名字，只是叫座位的排数和序列："三排二!"、"四排六!"在他班上连气都不敢大声喘。可是教得真好，又由于必须全神贯注听讲，学到的东西真不少。

后来在大学时和内子相熟后，才知道伉老师教她们班的时候非常之客气，面带笑容(伉老师从来没有跟我们笑过)，有趣有趣!

——郑家骏《南开，在沙坪坝》(刘鹤守编《办中学的一面镜子》，中国文联出版社，2006.10)

在讲授上，吕先生也有其独特的风格。他当时已是五十八岁的老先生，但课堂里从不设座椅，老是站着先在黑板上写一段，然后从容不迫地边踱方步边讲说。他没有叫我们买教科书，也没有专门印发讲义，但把吕先生每次写在黑板上的抄下来就是一部好讲义。而且文字不长，要言不烦，抄起来也不吃力。他讲说也同样言词清晰，语气和平，而内容处处引人入胜，笔记起来也很省力。所以我感到听吕先生的课简直是一种学问上的享受。附带说一下，吕先生在黑板上写的是文言文，这种文言文既不象章太炎那么古奥艰深，又不象梁任公那么多水分，而是简雅洁净，这对有志文史之学的青年人学习文言文也是一个典范。

……

吕先生所讲授的文章不一定是他认为好的，不好的也讲，讲它不好在那里。我记得最清楚的，一篇是王禹偁的《黄冈竹楼记》，吕先生说它不好，不好在那里，在不纯，开头写古文，中间来几段骈文，最后又是古文，不纯就不美。再一篇是苏轼的《潮州韩文公庙碑》，这更是一篇万口传诵的大文章，可是吕先生认为也写得很不好，一上来说的"申吕自岳降，傅说为列星"和下面所讲的孟子"浩然之气"根本是两回事，不应硬扯到一起，最后的七言歌辞又不古，古文中不宜有此。

——黄永年《回忆我的老师吕诚之》（黄永年著《树新义室笔谈》，上海书店出版社，2000.09）

有一位教英文的老师，我也始终不忘。他非常重视发音。这一点，在第一堂课上，就给学生们留下了强烈的印象。

初中二年级第一学期，第一课英语的第一句话是："现在，我已是初二年级的学生了。"因此，头一个词是 Now。大家反复朗读这句话，他不但听，还要逐个地看学生们的嘴。在一位同学的面前，他止步了。他令大家停下来，只叫那一个读。不知是什么缘故，虽经他反复示范，那个同学总是舍不得把嘴张得大些，总读成 No。他着急了，顺手拿起那位同学课桌上的墨盒，当那位可怜的同学刚刚张嘴又要读出 No 来时，他竟能一下把小半个墨盒塞进那学生的嘴。这时候，所有的同学都不敢笑，只能瞪起眼看着事态的发展。果然很灵验，当先生把墨盒从那个学生口里取出时，那位可怜的同学居然正确地 Now 出来了。先生胜利了，又带着学生读起以下的课文来。学生们全都读得用心，不敢有半点含糊，谁知道自己的墨盒在什么时候会被塞进自己的嘴里来呢！

——于是之《幼学纪事》（傅杰选编《梨园忆旧：中国著名表演艺术家自述》，浙江大学出版社，2008.5）

经书大概他是读过一些的，但给我们讲的很少，他基本上按新编的语文课本讲，白话文多于文言文。我记得他讲到《论语·先进》这篇课文的时候，对于"莫春者，春服既成，冠者五六人，童子六七人，浴乎沂，风乎舞雩，咏而归"这一段，特别眉飞色舞，把带着学生去游水，唱着歌踏着夕阳归来的情景，简直讲成了一幅美好得很的图画，似乎把他当教师的乐趣，完全寄托于其中了，大有可以藐视公侯的气概。还有一回，大概上头提倡"读经"了，他选印了一篇四书里的"大学之道，在明明德"，并在讲义上标明"藤县韦碧海详注"，表示认真。但他讲的经书，似乎也就只有这么多。而且《大学》讲得并不成功，不象平时讲课那样，引得学生有时哈哈大笑，却是愈讲学生愈不懂，好些人都打瞌睡了。

他还有一个与众不同之处，在大热天，喜欢带着全班学生到树荫下面去上课。离学校半里以内的四、五棵荫可半亩的大榕树、龙眼树、荔枝树下，都成了我们上课的场所。一到了这场合，他就把长衫脱下，手里的鹅毛扇也放在一旁，那把椅子只供他放杂物，而神采奕奕地站在那儿，手里捧着课本，讲上大半个小时也毫无倦态。学生们则是围个圆圈坐在地上，秩序井然。当然没有黑板，但他除了很不得已时也向大家"书空"——向空中画字之外，几乎总是用生动形象的解释来代替板书。由于这样，每当他一声令下，大家莫不欣然景从，乐得跟他到外边去上课。而抬一把椅子的任务，一般总是值日生负担。

——秦似《我的第一个语文教师》〔秦似著《秦似文集：杂文·散文（二）》，广西教育出版社，1992.07〕

大学课堂

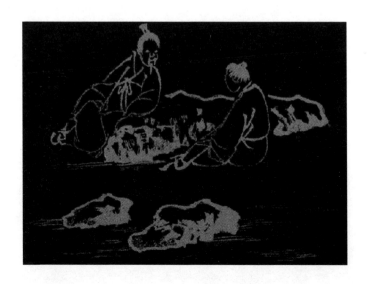

北京大学 ①

冯友兰

当时民国已经成立四年了，辜鸿铭还是带着辫子。开学了，他还是带着辫子来上课。我没有去旁听过他的课，只听到英文门的同学们说，他在堂上有的时候也乱发议论，拥护君主制度。有一次他说，现在社会大乱，主要的原因是没有君主。他说，比如说法律吧，你要说"法律"（说的时候小声），没有人害怕；你要说"王法"（大声，一拍桌子），大家就害怕了，少了那个"王"字就不行。总之，凡是封建的东西，他认为都是好的。
……

在我们中国哲学门里，有一位受同学们尊敬的教授，叫陈黼宸（介石），他给我们讲中国哲学史、诸子哲学，还在中国历史门讲中国通史。据说，他是继承浙江永嘉学派的人，讲历史为韩侂胄翻案。他说，到了南宋末年，一般人都忘记了君父之仇，只有韩侂胄还想到北伐，恢复失地。他讲的是温州那一带的土话，一般人都听不懂，连浙江人也听不懂。他就以笔代口，先把讲稿印出来，当时称为发讲义。他上课的时候，登上讲台，一言不发，就用粉笔在黑板上写，写得非常之快，学生们抄都来不及。下堂铃一响，他把粉笔一扔就走了。妙在他写的跟讲义上所写的，虽然大意相同，但是各成一套，不相重复，而且在下课铃响的时候，他恰好写到一个段落。最难得的，是他有一番诚恳之意，溢于颜色，学生感觉到，他虽不说话，却是诚心诚意地为学生讲课。真是像《庄子》所说的"目击

---

① 选自冯友兰著《三松堂自序》，人民出版社，1998.11，有删节。

而道存矣"的那种情况，说话倒成为多余的了。他的课我们上了一年，到1916年暑假后我再回到北大的时候，听说他已经病逝，同学们都很悲伤。

马叙伦（夷初）给我们开了一门课，叫"宋学"。上了一个学期，他因为反对袁世凯准备称帝，辞职回南方去了。临行时哲学门的学生开会送行，照了一张相片，他在相片上写了长篇题词。

文科学长夏锡祺不知在什么地方请了一位先生来接替马夷初。那时候，对于教师的考验，是看他能不能发讲义，以及讲义有什么内容。这位先生名不见经传，上课前又没发讲义，我们这班学生对他就有点怀疑了。过了好几天，才发出三页讲义。其中有一个命题是"水为万物之源"。我们这班同学一看，就说这不像一个现代的人所说的话。那时候我当班长，同班的叫我去找学长，说这位先生不行，请换人。学长说："你们说他不行，总得有个证据呀。"我说他的讲义就是证据。学长说："讲义怎样讲错了，也得有个理由。"我回到班里一说，同班们每个人都写出几条理由。他的讲义只有油印的三页，我们一下子就写了十几条理由，可以说把他的讲义批得体无完肤。我送给学长。学长一看，也无话可说，只问："这都是你们自己写的吗？"我说是我们自己写的。学长说："等我再看看，不过有一条：你们不许跟这位先生直接说什么话或有什么表示，事情由学校解决。"过了一两个星期，没有下文，只有当时的一个学监把我找去，对我说："某某先生讲义上的错误，你们可以当堂和他辩论。"我说："学长讲过，不许我们对他直接有所表示。"那位学监说："彼一时此一时也。"我了解他的意思，大概是学校讽令他辞职，他不肯，所以就让学生直接对付他。等他下一次来上课的时候，我们每一个人都带了几本《宋元学案》，在堂上质问，原来他连《宋元学案》都没有见过。同学们哈哈大笑，他狼狈而去。

……

那个时候的北大，用一个褒义的名词说，是一个"自由王国"；用一个贬义的名词说，是一个"资产阶级自由化的王国"。在蔡元培到北大以前，各学门的功课表都订得很死。既然有一个死的功课表，就得拉着教师讲没有准备的课，甚至他不愿意讲的课。后来，选修课加多了，功课表就活了。学生各人有各人的功课表。说是选修课也不很恰当，因为这些课并不是有一个预订的表，然后拉着教师们去讲，而是让教师们说出他们的研究题目，就把这个题目作为一门课。对于教师们说，功课表真是活了。他所教的课，就是他的研究题目，他可以随时把他研究的新成就充实到课程的内容里去，也可以用在讲课时所发现的问题发展他的研究。讲课就是发表他的研究的机会，研究就是充实他的教学的内容。这样，他讲起来就觉得心情舒畅，不以讲课为负担；学生听起来也觉得生动活泼，不以听课为负担。这样，就把研究和教学统一起来了。说"统一"，还是多了两个字，其实它们本来就是一回事。有一位讲公羊春秋的老先生，崔适，他写了一部书，叫《春秋复始》，并且已经刻成木板，印成书了。蔡元培把他请来，给我们这一班开课，他不能有系统地讲今文经学，也不能有系统地讲公羊春秋，只能照着他的书讲他的研究成果。好，你就讲你的《春秋复始》吧。他上课，就抱着他的书，一个字一个字地念。我们当时的水平，也提不出什么问题。他就是那么诚诚恳恳地念，我们也恭恭敬敬地听。开什么课，这是教师的自由，至于这个课怎么讲，那更是他的自由了。你可以说韩侂胄好，我可以说韩侂胄坏，完全可以唱对台戏。戏可以唱对台戏，为什么学术上不可以对堂讲呢。至于学生们，那就更自由了。他可以上本系的课，也可以上别系的课。你上什么课，不上什么课，没人管；你上课不上课也没人管。只到考试的时候你去参加考试就行。如果你不打算要毕业证书，就不去参加考试，也没人管。学校对于校外群众也是公开的。学校四门大开，上课铃一响，谁愿意来听课，都可以到教室门口要一份讲义，进去坐下就听。发讲义的人，也不管你是谁，只要向他要，他就发，发完为止。当时有一种说法，说北大有三种学生，一种是正式学生，是经过入学考试进来的；一种是旁听生，虽然没有经过入学考试，可是办了旁听手续，得到许可的；还有一种是偷听生，既没有经过入学考试，也不办旁听手续，不要许可，自由来校听讲的，有些人在北大附近租了房子，长期住下当偷听生。

老师和同学 ①

凌叔华

我们女师的所有学生都热情洋溢地参加了这场运动②，以能为国家分忧感到骄傲。我校大多数老师积极帮助学生制订游行计划。在北京学生联合总会下面，每个学校都有自己的学生会。我的中文是班里最好的，被选为学生会的四个秘书之一。当我们准备游行或到公众中演讲的时候，都是由我来写计划、标语和演讲词。

一年之后，两名罢工工人被日本厂主杀害，我校学生会向天津市长递交了请愿书，要求他转呈总统。我们走上街头，讲演宣传，努力说服商店抵制日货，关门一天，并要求政府向日本提出强烈抗议。

许多商店为声援学生运动，停业一天，并给总统寄去了请愿书。那时天津有许多日本商人把便宜货带进市场，卖好价钱。除了这，他们常常将走私品运到天津，谋取暴利。中国的商人对此非常气愤。

游行返校，教语文的张先生便要求我们就当天的事写篇作文。他选出最好的一篇送那时著名的《天津日报》发表。

第二天早上，张先生带来一张报纸。下课时，他当着全班朗读。当我听出那是我的作文时，脸红心跳，紧跟着眼泪也下来了。我谁也不敢看，感到同学们开始用一种以前从未有过的奇怪、羡慕的目光注视我。

---

① 本文为凌叔华用英文所写，傅光明译。选自凌叔华著《凌叔华自述自画》，中国青年出版社，2013.12，有删节。

② 1919 年的"五四"运动。

"留着这张报纸。"张先生把报纸递给我，"上面有你的名字，等你有一天成了作家，会更珍惜这篇东西。"

张先生是我们的班主任，是那种以言传身教影响学生的教师。他三十五岁左右，高高的个子，宽肩膀，典型北方人的肤色。他是当时我所认识的最爱国的人士之一，憎恨日本人，讨厌西洋货。他家住在满洲南部，1896年中日战争时，被日本人占领，父亲被捕，母亲出走，他流落街头。好在叔叔找到他，把他带到天津上学。中学毕业时，老师看他很有希望，就把他送到一所学院学习中国文学。他在这方面的学业非常出色，毕业后回到天津任教。

学生运动在天津持续了两年。张先生经常帮助学生会，为他的学生制订了参加许多活动的计划。他帮我们修改演讲稿和给政府的请愿书，还有送报纸发表的文章。他边读边改，认真细致，好像在做自己的工作。他赢得了我们的尊敬和爱戴，做什么事都事先同他商量。

"我认为，一场随随便便的革命不能拯救中国。"有一天张先生说。他是我认识的当时大胆探讨此事的第一人。"辛亥革命只把皇帝拉下马，对中国并无多少帮助，充其量不过是使人们认识到，没有皇帝如何生活。但革命后出现的封建军阀比昏君暴政更可怕。你们明白吗？"

他常向我们讲解军阀混战，剖析帝国主义如何插手，使国内连年烽火，战事四起。

"我今天算是看透了所谓的'文明之邦'。"张先生说，"在我看来，义和团运动后，他们突然发现中国是个不文明的国家。我们有些从西方回来的年轻人，常常盲目吹嘘西方，瞧不起中国的一切。在他们脑袋里，欧美的月亮都比我们的可爱。倘若他们仅仅是赞美西方科技领域的成功，我并不责怪什么，可我不明白，当他们炫耀西方的哲学和文学时是怎么想的。

我们有自己伟大的哲学家，孔子、孟子、老子、庄子、墨子，还有许多不太著名的哲学家。为什么视而不见呢？应该为我们自己的祖先感到骄傲，铭记他们所取得的成就，而不能把他们遗忘。"

我记得有一次，张先生对学生运动中提出的取消学校开设的古文课，表示了强烈不满。有一份较有名的杂志出了一期专号《打倒孔教》，这使张先生非常愤怒。一天，我们放学正要回家，他走进教堂，脸气得通红，眼睛里盈满了失望。

"我有话要说。"他的声音颤抖了，"你们有谁想回家，请便。我只对爱好中国古文的人讲。"

张先生在学生们中间很有威望，于是我们都留下来听他讲。

"我现在感到，学生运动越走越远。他们要废除文言，北大的学生甚至公开讲：'文言禁锢了中国人的思想，皇帝已被赶跑，儒家思想也该从中国人的头脑里肃清。'还有人提出，中国应该学习西方的思想方法。换言之，是要放弃我们旧有的一切。如果这样，我想我们也没必要学习中国历史了。真是荒谬绝伦。"

我同意张先生说的，并开始有点怀疑学生运动的某些举动，在学校，对中国古典文学，我比大多数同学有更深的理解。我特别喜欢形式别致、哲理明晰的《孟子》，它的基本理念是仁义，即人对他人负有一种责任感，像大禹治水。他说，如果看到有人溺水，就该感到濒临灭顶之灾的好像是自己。《孟子》中有许多劝诫为他人谋利益的训诫。

有一次，张先生说："《孟子》中有许多类似于现代民主国家的政策。孔子教我们尊老爱幼，而孟子提出社会应该赡养老人，施教青年。孟子也是凡人，他曾对国君讲，衣食足而后知礼节，国家的功德在于让老百姓过上好日子。这不是很现代的观念吗？"

以我当时的年龄，还不能完全弄懂孔子、孟子的学说，可我钦佩张先生的学问、见识，所以能牢记他所讲的。他常让我们在作文课上写信，说这种方式可以活跃我们的思想。因为女学生不太愿花工夫写长作文，可极爱写长信。他给我们出过不少古怪的题目，并鼓励尽可能往长写。

有一次，他让我们给总统写封长信。还有一次，让我们给月亮写信。我写给月亮的信得到表扬。我记得在两节课的时间内，写了三千字，把所有想到的都写了进去。张先生非常高兴，第二天送我一本《庄子》，问我是否读过。

"你肯定爱看，在我的学生中，你最有资格看《庄子》。"他说。

他在卷首题了一行字："这本书会使你的头脑保持清醒，睿智。"这更使我备加珍视。

"记着，哪儿读不懂，告诉我。我最爱读《庄子》。你肯定也会越读越着迷。"

我不知是被他的介绍还是书本身迷住，几个月里，我常常每天凌晨四点爬起来读《庄子》。

读完《庄子》，我开始能看清无形无色的美的事物了。我能看见我的白日梦。我常一坐就是几个小时，静思冥想一些以前从未理会过的意念。我很少跟妈和姐说话，只是有时想跟爸聊聊。我知道他会对我此时想的感兴趣，可惜他不在家。

《庄子·外物篇》有段文字最令我难忘："筌者所以在鱼，得鱼而忘筌；蹄者所以在兔，得兔而忘蹄；言者所以在意，得意而忘言。吾安得夫忘言之人而与之言哉！"

我急于找到启开无言思想的钥匙，故而几个小时静坐，观察不会说话、没有思想的猫、狗和树上的鸟。我想通过观察，或许能发现一些真谛。但屡屡不能成功。我常左思右想，很难凝神静气。没几分钟，就忘了开始想的什么。然后又重新开始，免得思绪像纵横驰骋的野马。我试图像"得鱼"的"筌"一样把握自己的思想，但把握的一瞬间，又不得不用"言"告诫自己。我一有所悟，就感到我们是多么愚蠢，头脑总是思想的奴隶，而思想是什么的奴隶呢？我开始感到困惑。每当此时，头脑就空白一片……没有理性，没有感情。

我脑子里想些什么，便记下来给张先生看。他给我写道："很高兴你这么喜欢《庄子》，可我担心你难以消化。我不该让你读《庄子》，你还太小，别让脑子太累。"

然后，张先生又让我读《庄子》里的《秋水》《马蹄》《逍遥游》《养生主》等。

"庄子是个大散文家。"他对我说，"他的书同文学作品一样，令你沉醉其中，并能拓开思路。西方有耶稣、苏格拉底和柏拉图，我们东方有孔、孟、老、庄，都是大教育家、大思想家，他们的学说对我们都有启发。全研究透了不可能，读出味道就成了。"

"你一定读了《庄子·盗跖篇》，该对孔子有认识。其实，此篇被认为是后人伪托庄子之名所写，但文章很妙。光为欣赏，也要读它。"

我照张先生所说刻苦学习，一有时间，就打开《庄子》诵读。

一天，有位老师没来上课，我们都跑到外面玩。我像平常一样，随身带着《庄子》。郭荣欣跟我走在一起，她在班里年龄较大，是学生会的一个秘书，思想有点左。她对班里岁数小的同学，像待妹妹一样亲切和蔼。

"我想跟你谈谈，走走吧。"她对我说。

我们坐在校园角落的一条长凳上。

"你知道，我和你一样钦佩张先生。但近来他开始怀疑学生运动。"

我问为什么。

"为什么？他让你读《庄子》，最近又大讲古文。学生运动正要打倒古文，包括《庄子》。可惜张先生根本不考虑这个。"

"可庄子是个哲学家，也是自由思想家。"我说，"他甚至在文中反讽孔子，读读《盗跖篇》你就明白了。"

郭荣欣读着《庄子》。我在注意她的表情，她的皮肤被太阳晒得很黑，脸上有些小粉刺。她先是皱眉，假装不愿读。渐渐地，她的表情起了变化，露出天真的笑靥。我很高兴，感到心上的石头落了地。我对她说：

"这下你知道张先生读什么了吧，喜欢吗？"

郭荣欣点点头，表示同意。

"庄子真是位大哲学家，我为他是中国人而感到自豪。用苏格拉底、柏拉图代替庄子太可耻了。我这就给学生会写信。"

郭荣欣非常爱国，是那时的"思想先驱"之一，随时准备为拯救中国牺牲自己。

我很高兴说服她读《庄子》。我挑出我用红铅笔画了线的段落给她看，里面充满了睿智的思想和哲理的辩证。她读出了兴趣。她毕竟年轻。

此后，她去给许多同学讲《庄子》，劝他们也来读。单纯、虚心使她的个性迷人，而且这也是当时许多领导者的品德。

一天，她告诉我，从北京的一位朋友那里听说，北京大学著名的胡适教授留学西洋时，翻译了《庄子》。

"《庄子》是那么奇妙，而我险些出了差错。"她说。

我见她眼里盈满了泪水。那泪光后面一定有些我们看不到的东西，一定非常美。

几年前，我听说郭荣欣被山东一个军阀杀害，因为她是共产主义者游行的领导人。张先生在第二次世界大战开始前一年，在南满被日本人杀害。

写到此，我仿佛听到张先生在用浑厚的声音诵读《庄子·秋水篇》："秋水时至，百川灌河，泾流之大……"

上海大学 ①

丁 玲

　　上海大学这时设在中国地界极为偏僻的青云路上。一幢幢旧的、不结实的弄堂房子，究竟有多大，我在那里住了半年也弄不清楚，并不是由于它的广大，而是由于它不值得你去注意。我和王剑虹住在一幢一楼一底的一间小亭子间里，楼上楼下住着一些这个系那个系的花枝招展的上海女学生。她们看不惯我们，我们也看不惯她们，碰面时偶尔点点头，根本没有来往。只有一个极为漂亮的被称为校花的女生吸引我找她谈过一次话，可惜我们一点共同的语言也没有。她问我有没有爱人，抱不抱独身主义。我说我从来没有想过这个问题，现在也不打算去想。她以为我是傻子，就不同我再谈下去了。

　　我们文学系似乎比较正规，教员不大缺课，同学们也一本正经地上课。我喜欢沈雁冰先生（茅盾）讲的《奥德赛》《伊利阿特》这些远古的、异族的极为离奇又极为美丽的故事。我从这些故事里产生过许多幻想，我去翻欧洲的历史、欧洲的地理，把它们拿来和我们自己民族的远古的故事来比较。我还读过沈先生在《小说月报》上翻译的欧洲小说。他那时给我的印象是一个会讲故事的人，但是不会接近学生。他从来不讲课外的闲话，也不询问学生的功课。所以我以为不打扰他最好。早先在平民女校教我们陀思妥耶夫斯基的《穷人》的英译本时，他也是这样。我同他较

---

① 选自张炯主编《丁玲全集》第6集，河北人民出版社，2001.12，有删节。

熟，后来我主编《北斗》时，常就教于他，向他要稿子。所以，他描写我过去是一个比较沉默的学生，那是对的。就是现在，当我感到我是在一个比我高大、不能平等谈话的人的面前，即便是我佩服的人时，我也常是沉默的。

王剑虹则欣赏俞平伯讲的宋词。俞平伯先生每次上课，全神贯注于他的讲解，他摇头晃脑，手舞足蹈，口沫四溅，在深度的近视眼镜里，极有情致地左右环顾。他的确沉醉在那些"独倚望江楼，过尽千帆皆不是……"既深情又蕴蓄的词句之中，他的神情并不使人生厌，而是感染人的。剑虹原来就喜欢旧诗旧词，常常低徊婉转地吟诵，所以她乐意听他的课，尽管她对俞先生的白话诗毫无兴趣。

田汉是讲西洋诗的，讲惠特曼、渥兹华斯，他可能是一个戏剧家，但讲课却不太内行。

其他的教员，陈望道讲古文，邵力子讲《易经》。因为语言的关系，我们不十分懂，就不说他了。

可是，最好的教员却是瞿秋白。他几乎每天下课后都来我们这里。于是，我们的小亭子间热闹了。他谈话的面很宽，他讲希腊、罗马，讲文艺复兴，也讲唐宋元明。他不但讲死人，而且也讲活人。他不是对小孩讲故事，对学生讲书，而是把我们当作同游者，一同游历上下古今，东南西北。我常怀疑他为什么不在文学系教书而在社会科学系教书，他在那里讲哲学。哲学是什么呢？是很深奥的吧？他一定精通哲学！但他不同我们讲哲学，只讲文学，讲社会生活，讲社会生活中的形形色色。后来，他为了帮助我们能很快懂得普希金的语言的美丽，他教我们读俄文的普希金的诗。他的教法很特别，稍学字母拼音后，就直接读原文的诗，在诗句中讲文法，讲变格，讲俄文用语的特点，讲普希金用词的美丽。为了读一首诗，我们得读二百多个生字，得记熟许多文法。但这二百多个生字、文法，由于诗，就好像完全吃进去了。当我们读了三四首诗后，我们自己简直以为已经掌握俄文了。

爱上物理学 ①

王淦昌

　　1924 年，我高中毕业。在高中我最喜欢数学和英语课。毕业后，我进过一所私人办的英文专修学校，只读了一学期，学校因为经费困难停办了。上哪儿去呢？我从报纸上看到汽车学校招生，学制半年，就去报名了。其实我并不喜欢开汽车，这只是权宜之计，不管怎么说，开车也是一门技术，不至于没有事情做嘛！

　　在这个学校里学习很苦。我个子瘦小，干起活来感到吃力。管我的人很凶，学生们稍不小心就会挨打、受骂。尽管我处处小心，还是常常被他骂，总算没有挨打。

　　就在 1925 年，上海发生了震惊全国的"五卅"惨案，各界群众纷纷起来反对帝国主义的暴行。我们汽车学校的全体学生，也参加了这一反帝爱国运动。

　　一天，我们上街游行，我抱着一捆传单，一路走，一路散发，被一个巡捕抓住了。那个印度人力气很大，用一只大手死死地钳住我的两只手，我连挣扎的力气都使不出来，只得由他押着走。后来，我用英语向他宣传："我是为祖国的命运而斗争，你却为侵略者效劳，如果这事发生在你的祖国，你能抓自己的同胞吗？"他没有再说什么，或许是我们的行动感动了他，走到一个偏僻的地方，他的大手松开了，他挥手叫我快走，他自己就掉头走了。

① 选自王淦昌著《无尽的追问》，湖南少年儿童出版社，1997.12。

就在这一年夏天，我报考了清华。

清华原来是留美预备学校，从 1925 年开始，设立大学部，招收一年级学生，向完全大学过渡。我去投考后，被录取为大学部的第一级生，后来改称为清华大学第一届学生。

那时候，我们国家对科学实验不重视，一般学校实验条件都很差。而清华重视科学实验，做实验的仪器设备也比较多，尤其是化学系的实验条件，在当时的清华可以说是最好的。我一进清华，就迷上了化学。

我在中学时期几乎没有接触过化学实验。一走进化学实验室，我马上就兴奋起来。石蕊试纸的颜色变化使我惊奇，更引起我做化学实验的兴趣；对于元素和化合物性质的各种实验，我都认真去做；化学元素周期表，我背得滚瓜烂熟。我觉得化学真是有意思。现在我也常常这样想，化学是很有意思的，如果有机会，我还想和别人合作做点化学方面的研究。

可是，物理系也很吸引人。物理系主任叶企孙是我国著名的实验物理学家，他 1918 年到美国留学，1921 年攻读博士学位时期，和他的老师合作，测定了普朗克常数，这个数值，被国际物理学界一直沿用了十几年。1925 年，清华开办四年制本科，就把叶先生请来了。不久，他就接替梅贻琦先生担任物理系主任。为了把物理系建设成国内教学与科学研究的一个重要基地，他请来了国内一批学术水平高的教师；同时积极筹备实验室、金工厂和有专门书刊的图书室，为开展科学研究创造条件。

物理学是一门基础学科，为了使学生打好基础，物理系对普通物理这一课很重视，教普通物理的教师，都是物理学大师。开始是叶先生亲自上普通物理课，后来是吴有训教授、萨本栋教授。

叶先生讲课从来不照本宣科，常常是结合课程内容，介绍一些国外的最新研究成果。他把一些基本概念讲得很清楚，重要的地方总是不厌其烦地重复讲解，直到大家都听懂。我们都爱听他讲课，他对我们的学习情况也很关心。有一次，他专门找我谈话，了解我的学习情况，还问我对物理课有什么意见，他告诉我，如果有问题随时可以去找他，这对我是很大的关怀和鼓励。由于叶先生对我亲自传授和指引，使我对实验物理产生了浓厚的兴趣，所以在一年后分科的时候，我没有进化学系，而是选择了物理系。

后来，吴有训先生到清华大学物理系当教授。不久，叶先生升任理学院院长，吴先生就担任物理系主任。吴有训先生也是一位著名的实验物理学家，他于1921年到美国芝加哥大学，跟康普顿教授从事物理研究。1923年，他参加了康普顿效应的实验研究，后来又独立地写了两篇论文，用准确的实验结果，验证了康普顿效应，因此，国内外有的物理教科书上，把康普顿效应称作康普顿—吴有训效应。吴先生知道后，总是谦虚地谢绝这种称法。

吴有训先生给我们讲授的近代物理学，内容很新颖，大部分是近代重要的物理实验和结果，例如：密立根的油滴实验，汤姆逊的抛物线离子谱，汤生的气体放电研究，卢瑟福的 γ 粒子散射实验，等等。听他讲课不仅增长知识，还常常觉得是一种享受。他讲课嗓门大，备课充分，选择的材料都很精炼。他还善于引导学生自学或者个人推导，去掌握一些近代物理的理论基础。

我清楚地记得吴老师开始授课刚刚一个月，就举行一次小考。他出了一道题："假定光是由称为'光子'的微粒组成，那么，当一个'光子'入射到一个静止的电子上而被散射到另一个方向时，它们的能量将如何变化？"那个时候，学生都是第一次听到'光子'这个陌生的名词，但是，根据老师的启发诱导，大部分同学都推导出了正确的答案，吴先生很满意。在下一节上课的时候，吴先生告诉大家，这个光子被电子散射的问题，就是"康普顿效应"，因为这个问题是康普顿教授发现的。

吴有训先生在美国芝加哥大学留学的时候，就掌握了超群的实验技能。有时同学的 X 射线管坏了，就来求吴有训先生帮助修复。他在清华大学，总是亲手制作实验仪器。他也常常教导我们要锻炼动手的本领，他说："实验物理的学习，要从使用螺丝刀开始。"他开了"实验技术"的选修课，手把手地教大家如何掌握烧玻璃的火候和吹玻璃的技术；还要求物理系的学生选修一些工学院的课，如制图、车工、钳工工艺、电工学、化学热力学等。

我国著名核物理学家钱三强先生曾就读于清华大学。他于1937年到法国巴黎大学居里实验室，跟约里奥·居里夫妇做原子核物理研究。有一天，约里奥先生问钱三强："你会不会金工？"钱三强毫不犹豫地回答道："会一点。"由于他在清华大学物理系学习期间，选修过"金工实习"课，学过吹玻璃的技术，这一下正好用上了。他对简单的实验设备和放射化学用的玻璃仪器，一般都能自己动手做。钱三强说，由于受到吴有训先生的教育，敢于动手，这对他一生都有重要意义。

在大学的最后一学期，吴有训先生让我独立完成一项实验工作，以实验报告为毕业论文。这个实验的题目是"测量清华园周围氡气的强度及每天的变化"。为了选择简便的实验方法，吴先生带领我查阅了大量的参考资料，建立了实验装置。

当时最困难的是要有一台现成的、不花钱的高压电源。根据一位实验员建议，我们把一台放在那儿不用的静电发生器改造成了高压电源。就这样修旧利废，不到一个月的时间，一切都安排就绪，开始了数据记录工作。这项工作繁琐，比较艰苦，也需要敏捷、熟练的技巧。我不管刮风下雨，每天都认真地进行测量、记录，一直坚持了四个多月，成功地完成了这项实验工作，写出了毕业论文，吴先生很满意。毕业后，吴有训先生把我留下来当助教。

叶企孙教授和吴有训教授是中国近代物理学的先驱，是我的物理学启蒙老师。在他们的言传身教和指引下，我走上了物理学研究的道路。我能在工作中取得成绩，也是和他们的教导、在大学时打下的坚实基础分不开的。

我深深地爱上了物理学，后来我成了大学物理教师、物理系主任，也像尊敬的老师那样爱护学生，培养提高他们进行实验研究的本领，培养他们对物理学的热爱。我对新入学的学生们总是这样说："物理学是一门很美的科学，大至宇宙，小至基本粒子，都是她研究的对象。她寻求其中的规律，这是十分有趣味的，你们选择了一个很好的专业。"现在，我也这样对你们——亲爱的小读者们说：物理学是一门很美的科学，有趣极了。

怀念姜立夫先生 ①

吴大任

我有幸得到姜立夫先生的直接教导和培育，受益很大，就记忆所及，记个人所见所闻，以寄托对他的深切怀念。

南开大学创立于 1919 年，次年初，姜先生就到校任教，随后来的有邱宗岳、饶毓泰、杨石先等先生，姜先生和他们一起，构成南开大学理学院的奠基人。那是北洋军阀统治时代，南开大学是私立学校，但教学秩序却较好，经费有限，教职工少，而效率很高。这几位先生正在年富力强之际，所领的薪金比别的学校微薄，却全心全意地办学。数学系只有一位教授，有时有两位，个别时有三位，助教只有一位，姜先生是唯一的台柱，他逐年根据学生情况轮流开设各门主要课程。1926 年我进南开大学时，姜先生正在厦门大学讲学，从 1927 年到 1930 年三年期间，我就选修了他八门课：高等微积分，立体解析几何，投影几何（即射影几何），复变函数论，高等代数，N 维空间几何，微分几何，非欧几何。1932—1933 年，我在南开大学任助教时，他正在开设高等几何。这说明，他掌握的数学知识是很广博的，而这也正是当时南开大学数学系能保证较高教学质量的一个根本条件。陈省身说过，那时南开大学数学系是"一人系（One man department）"，实际就是这样。

接触过姜先生的人都知道他不是一个喜欢发表长篇议论的人，但他讲课总是声音宏亮，字句清楚，快慢适中，要言不繁，滔滔不绝。他不

---

① 选自天津教育出版社编《寸草春晖》，天津教育出版社，1985.06，有删节。

写讲稿，有些课不用课本，往往只带着一页日历，上面写着提纲，讲起来却层次分明，论证谨严，分析周密，说理透彻。对讲授内容的充分信心和浓厚兴趣以及他严格的逻辑推理，都深深感染着学生。讲课中他时常提出一些问题，启发学生思考，但并不因此而占用了课堂时间。他就象熟悉地理的向导，引导着学生寻幽探胜，使你有时似在峰回路转之中，有时又感到豁然开朗，柳暗花明，不感到攀登的疲劳。听姜先生讲课是一种少有的享受。我认为只有站在相当的高度，又吃透了课程内容，才能做到。

举一个例来说明姜先生剖析入微的讲课方法。他讲高等微积分时，主要是要求学生掌握那个数学工具，虽然也讲到了 $\varepsilon - \delta$ 这种表达极限概念的方法，却并不要求学生必须掌握和运用它。在讲复变函数论时就必须要求学生掌握并能熟练运用 $\varepsilon - \delta$ 方法。于是在开讲后不久的一次课上，姜先生就提出了极限的定义问题问我。我那时也未能真正理解极限的实质。但碰巧不久前我的中学老师刘乙阁先生曾经让我替他抄写美国杂志上一篇关于几何中的极限问题的论文，我就原原本本地背出了极限的定义，不过那个定义是用普通文字表达的，没有用 ε 和 δ。姜先生就以那个文字定义为基础，引出 $\varepsilon - \delta$ 这种表达方式，并且对那个文字定义中每一个字的意义，都逐个详细加以解释。这样就使我们能够把感性认识和理性认识结合起来，把普通语言和数学符号统一起来，掌握极限的实质。后来在讲到一致收敛的概念时，他又让我们阅读 G·H·Hardy 著的《纯粹数学教程》（*A Course Offure Mathematics*）的有关部分，做适当的练习，把这个概念利用几何形象表现出来。这种把分析和几何相结合的讲课方法，对我们理解分析概念帮助是很大的，顺便提一下，姜先生讲高等代数时，用的教材是 M. Bocher 著的《高等代数引论》（*Introduction to Higher Algebra*）那是把代数和几何密切结合的一本好书。D·Hilbert 强烈反对把数和形相割裂的作法，当年姜先生对这个问题的态度是和 Hilbert 一致的。

在授课细节上，姜先生也有很多值得学习的特点，而这些细节都有助于提高教学效果，培养学生一丝不苟的科学态度，因而是他讲课质量很高的重要因素。例如他采用的数学符号，系统性很强，便于"顾名思义"显然是经过全面而周详的考虑的。他写黑板，计划性也很强，除了公式和绘图外，一般只写少数几个数学名词，节约黑板面积，就可以在它上面保留尽可能多的公式和图，以备后面讲解时参考，他善于使用颜色粉笔绘图，如用什么颜色代表什么，也有系统性。他在黑板上书写时，总是边写边念，绘图时也是边画边讲，从不哑场，光线是从课室左侧窗户射入的，姜先生总是站在课室左前方讲解，这样既面对学生，又便于学生看黑板，讲的人注意力高度集中，听的人注意力也高度集中，使听的人的思路紧紧跟着讲的人的思路。

对于课外作业，姜先生要求也十分严格。学生的练习一律用方格纸书写，画图和做数值计算（把数字填在格内）都较方便。每次布置的习题，下次上课前都要交在讲桌上，再下一次上课时发还。每课程的学生坐位早已排定，学生在练习上自己名字前注上第几排第几坐，发还时，练习按次序排好，学生依次传递，第一排末一人转给第二排末一人，第二排第一人转给第三排第一人，如此下去，顷刻发完，秩序井然。练习批改后用五级记分。一个助教不可能把各课程的练习都包下来，有些练习他就亲自批改或由高年级同学批改。从记分的笔迹看，即使是别人批改的练习，遇到有创见的答案时，姜先生也亲自审阅评分。

姜先生讲授方法不拘一格。例如他讲授非欧几何时，就组织学生阅读有关文献，在他指导下，轮流报告，这有助于培养学生的阅读能力和组织表达数学内容的能力，又如讲授微分几何时，每讲完一章，他就让学生把笔记加以整理，定期交来，由他亲自审阅，这有助于培养学生写作能力。他考核成绩的方式也多样化，高等代数的学期考试就用写短文代替，由他分别指定题目和参考文献；非欧几何的学期考试则用写心得代替，内容和题目自选。他注意因材施教，在指定参阅文献时，他总是根据不同学生的条件和特点，区别对待，可以看出姜先生在授课中，曾经用了多少时间，费了多少心血！

红楼点滴 ①

张中行

一

一般人谈起北京大学就想到蔡元培校长，谈起蔡元培校长就想到他开创的风气——兼容并包和学术自由。这风气表现在各个方面，或者说无孔不入，这孔自然不能不包括课堂。课堂，由宗周的国子学到清末的三味书屋，规矩都是严格的。北京大学的课堂却不然，虽然规定并不这样说，事实上总是可以随随便便。这说得鲜明一些是：不应该来上课的却可以每课必到，应该来上课的却可以经常不到。

先说不应该上课而上课的情况。这出于几方面的因缘和合。北京大学不乏名教授，所讲虽然未必都是发前人之所未发，却是名声在外。这是一方面。有些年轻人在沙滩一带流浪，没有上学而同样愿意求学，还有些人，上了学而学校是不入流的，也愿意买硬席票而坐软席车，于是都踊跃地来旁听。这也是一个方面。还有一个方面是北京大学课堂的惯例：来者不拒，去者不追。且说我刚入学的时候，首先感到奇怪的是同学间的隔膜。同坐一堂，摩肩碰肘，却很少交谈，甚至相视而笑的情况也很少。这由心理方面说恐怕是，都自以为有一套，因而目中无人。但这就给旁听者创造了大方便，因为都漠不相关，所以非本班的人进来入座，就不会有人看，更不会有人盘查，常有这样的情况，一个学期，上课常常在一起，比

---

① 选自张中行著《负暄琐话》，黑龙江人民出版社，1986.09. 有删节。

如说十几个人，其中哪些是选课的，哪些是旁听的，不知道；哪些是本校的，哪些不是，也不知道。这模模糊糊，有时必须水落石出，就会近于笑谈。比如刘半农先生开"古声律学"的课，每次上课有十几个人，到期考才知道选课的只有我一个人。还有一次，听说是法文课，上课的每次有五六个人，到期考却没有一个人参加。教师当然很恼火，问管注册的，原来是只一个人选。后来退了，管注册的人忘记注销，所以便宜了旁听的。

再说应该上课而不上课的情况。据我所知，上课时间不上课，去逛大街或看电影的，象是很少。不上有种种原因或种种想法。比如有的课不值得听，如"党义"；有的课，上课所讲与讲义所写无大差别，可以不重复；有的课，内容不深，自己所知已经不少；等等。这类不上课的人，上课时间多半在图书馆，目的是过屠门而大嚼。因为这样，所以常常不上课的人，也许是成绩比较好的；在教授一面，也就会有反常的反应，对于常上课的是亲近，对于不常上课的是敬畏。不常上课，有旷课的处罚问题，学校规定，旷课一半以上不能参加期考，不考不能得学分，学分不够不能毕业。怎么办？办法是求管点名（进课堂看坐位号，空位画一次缺课）的盛先生擦去几次。学生不上课，钻图书馆，这情况是大家都知道的，所以盛先生总是慨然应允。

这种课堂的随随便便，在校外曾引来不很客气的评论，比如，北京大学是把后门的门槛锯下来，加在前门的门槛上，就是一种。这评论的意思是，进门很难；但只要能进去，混混就可以毕业，因为后门没有门槛阻挡了。其实，至少就我亲身所体验，是进门以后，并没有很多混混过去的自由，因为有无形又不成文的大法管辖着，这就是学术空气。说是空气，无声无臭，却很厉害。比如说，许多学问有大成就的人都是蓝布长衫，学生，即使很有钱，也不敢西服革履，因为一对照，更惭愧。其他学问大事就更不用说了。

时间不很长，我离开这个随随便便的环境。又不久，国土被侵占，学校迁往西南，同清华、南开合伙过日子去了。一晃过了十年光景，学校返回旧居，一切支离破碎。我有时想到红楼的昔日，旧的风气还会有一些吗？记得是一九四七年或一九四八年，老友曹君来串门，说梁思成在北大讲中国建筑史，每次放映幻灯片，很有意思，他听了几次。下次是最后一次，讲杂建筑，应该去听听。到时候，我们去了。讲的是花园、桥、塔等等，记得幻灯片里有苏州木渎镇的某花园，小巧曲折，很美。两小时，讲完了，梁先生说："课讲完了，为了应酬公事，还得考一考吧？诸位说说怎么考好？"听课的有近二十人，没有一个答话。梁先生又说："反正是应酬公事，怎么样都可以，说说吧。"还是没有人答话。梁先生像是恍然大悟，于是说："那就先看看有几位是选课的吧，请选课的举手。"没有一个人举手。梁先生笑了，说："原来诸位都是旁听的，谢谢诸位捧场。"说着，向讲台下作一个大揖。听讲的人报之以微笑，而散。我走出来，想到北京大学未改旧家风。心里觉得安慰。

二

点滴一谈的是红楼散漫的一面。还有严正的一面，也应该谈谈。不记得是哪位先生了，上课鼓励学生要有求真精神，引古希腊亚里士多德改变业师柏拉图学说的故事，有人责问他不该这样做，他说："吾爱吾师，吾更爱真理。"红楼里就是提倡这种精神，也就真充满这种空气。这类故事很不少，说几件还记得的。

……

一次是青年教师俞平伯讲古诗，蔡邕所作《饮马长城窟行》，其中有"枯桑知天风，海水知天寒"两句，俞说："知就是不知。"一个同学站起来说："俞先生，你这样讲有根据吗？"俞说："古书这种反训不少。"接着拿起粉笔，在黑板上写出六七种。提问的同学说："对。"坐下。另一次是胡适之讲课，提到某一种小说，他说："可惜向来没有人说过作者是谁。"一个同学张君，后来成为史学家的，站起来说，有人说过，见什么丛书里的什么书。胡很惊讶，也很高兴，以后上课，逢人便说："北大真不愧为大。"

这种站起来提问或反驳的举动，有时还会有不礼貌的。如有那么一次，是关于佛学某问题的讨论会，胡适发言比较长，正在讲得津津有味的时候，一个姓韩的同学气冲冲地站起来说："胡先生，你不要讲了，你说的都是外行话。"胡说："我这方面确是很不行。不过，叫我讲完了可以吗？"在场的人都说，当然要讲完。因为这是红楼的传统，坚持己见，也容许别人坚持己见。根究起来，韩君的主张是外道，所以被否决。

三

点滴一谈散漫，二谈严正；还可以再加一种，谈容忍。我是在中等学校念了六年走入北京大学的，深知充任中学教师之不易。没有相当的学识不成；有，口才差，讲不好也不成；还要有差不多的仪表，因为学生不只听，还要看。学生好比是剧场的看客，既有不买票的自由，又有喊倒好的权利。戴着这种旧眼镜走入红楼，真是面目一新，这里是只要学有专长，其他一切都可以凑合。自然，学生还有不买票的自由，不过只要买了票，进场入座，不管演者有什么奇怪的唱念做，学生都不会喊倒好，因为红楼的风气是我干我的，你干你的，各不相扰。举几件还记得的小事为证。

一件，是英文组，我常去旁听。一个外国胖太太，总不少于五十多岁吧，课讲得不坏，发音清朗而语言流利。她讲一会总要让学生温习一下，这一段空闲，她坐下，由小皮包里拿出小镜子、粉和胭脂，对着镜子细细涂抹。这是很不合中国习惯的，因为是"老"师，而且在课堂。我第一次看见，简直有点愕然；及至看看别人，都若无其事，也就恢复平静了。

另一件，是顾颉刚先生，那时候他是燕京大学教授，在北京大学兼课，讲《禹贡》之类。顾先生专攻历史，学问渊博，是疑古队伍中的健将；善于写文章，下笔万言，凡是翻过《古史辨》的人都知道。可是天道忌盈，与其角者缺其齿，口才偏偏很差。讲课，他总是意多而言语跟不上，吃吃一会，就急得拿起粉笔在黑板上疾书。写得速度快而字清楚，可是无论如何，较之口若悬河总是很差了。我有时想，要是在中学，也许有被驱逐的危险吧？而在红楼，大家就处之泰然。

又一件，是明清史专家孟心史（森）先生。我知道他，起初是因为他是一桩公案的判决者。这是有关《红楼梦》本事的。很多人都知道，研究《红楼梦》，早期有"索隐"派，如王梦阮，说《红楼梦》是影射清世祖顺治和董鄂妃的，而董鄂妃就是秦淮名妓嫁给冒辟疆的董小宛。这样一比附，贾宝玉就成为顺治的替身，林黛玉就成为董小宛的替身，真是说来活灵活现，象煞有介事。孟先生不声不响，写了《董小宛考》，证明董小宛生于明朝天启四年，比顺治大十四岁，董小宛死时年二十八，顺治还是十四岁的孩子。结果判决：不可能。我是怀着看看这位精干厉害人物的心情才去听他的课的。及至上课，才知道，从外貌看他是既不精干，又不厉害。身材不高，永远穿一件旧棉布长衫，面部沉闷，毫无表情。专说他的讲课，也是出奇的沉闷。有讲义，学生人手一编。上课钟响后，他走上讲台，手里拿着一本讲义，拇指插在讲义中间。从来不向讲台下看，也许因为看也看不见。应该从哪里念起，是早已准备好，有拇指作记号的，于是翻开就照本慢读。我曾检验过，耳听目视，果然一字不差。下课钟响了，把讲义合上，拇指仍然插在中间，转身走出，还是不向讲台下看。下一课仍旧如此，真够得上是坚定不移了。

又一件，是讲目录学的伦哲如（明）先生。他知识丰富，不但历代经籍艺文情况熟，而且，据说见闻广，许多善本书他都见过。可是有些事却胡里胡涂。譬如上下课有钟声，他向来不清楚，或者听而不闻，要有人提醒才能照办。关于课程内容的数量，讲授时间的长短，他也不清楚，学生有时问到，他照例答："不知道。"

又一件，是林公铎（损，原写攠澞）先生。他年岁很轻就到北京大学中国语言文学系任教授，我推想就是因此而骄傲，常常借酒力说怪话。据说他长于记诵，许多古籍能背；诗写得很好，可惜没见过。至于学识究竟如何，我所知甚少，不敢妄言。只知道他著过一种书，名《政理古微》，薄薄一本，我见过，印象不深，以"人云亦云"为标准衡之，恐怕不很高明，因为很少人提到。但他自视很高，喜欢立异，有时异到等于胡说。譬如有一次，有人问他："林先生这学期开什么课？"他答："唐诗。"又问："准备讲哪些人？"他答："陶渊明。"他上课，常常是发牢骚，说题外话。譬如讲诗，一学期不见得能讲几首；就是几首，有时也喜欢随口乱说，以表示与众不同。同学田君告诉我，他听林公铎讲杜甫《赠卫八处士》，结尾云，卫八处士不够朋友，用黄米饭炒韭菜招待杜甫，杜公当然不满，所以诗中说，"明日隔山岳，世事两茫茫"，意思是此后你走你的路，我走我的路。也许就是因为常常讲得太怪，所以到胡适兼任系主任，动手整顿的时候，林公铎解聘了。他不服，写了责问的公开信，其中用了杨修"鸡肋"的典故，说"教授鸡肋"。我当时觉得，这个典故用得并不妥，因为鸡肋的一面是弃之可惜，林先生本意是想表示被解聘无所谓的。

张资平教地理 ①

（马来西亚）温梓川

在暨南读书的那几年，我个人对于生活方面的享受是不满足的。人家有钱去看海京伯的马戏团，看郎德山技术团表演，一张二块钱的票子还要说便宜的，在我则只有听同学们谈谈观感的份儿。同学们可以花一块钱门票去四川路青年会听什么博士的学术演讲，而我却只有第二天看看报上发表演词的福气。我在暨大的那几年的生活，是那么刻苦，可是对于求知欲，不是自己吹牛，我是觉得还相当满足的。当同学们花钱去青年会听学术演讲的时候，我却常常到课室去旁听那些人家觉得是冷门或是不发生兴趣的功课。老实说，我当时实在觉得旁听自己没有选修的功课，是无异听了一场不花钱的学术演讲。那些主讲的教授，何况又多是些学有专长的通儒。我那时对于旁听那些冷门的功课，实在感到有说不出的兴趣。因为自己选修的课程，往往要花费精神去应付，仿佛是为了学分，为了考绩而进修的，至于旁听的功课，是用不着担心考试，也无所谓学分，听了也就算了，有没有心得，也只有自己才晓得分寸。在我旁听的功课当中，有一门"地理"，使我直到今天还念念不忘。

那位讲授地理的，正是地理学者周传儒先生。我虽然没有选修地理功课，但是我却足足旁听了一年。我相信他是一定会觉得我这个学生，最会给他打麻烦，而我所向他提出的问题也最多。一直到这一门功课结束了，

① 选自（马来西亚）钦鸿编，温梓川著《文人的另一面》，广西师范大学出版社，2004.01。

他才发现我原来是旁听生而感到惋惜。我相信他对我的印象一定相当深刻，只是他对我的惋惜的表情，一直到今天，我还依稀在眼前。

他讲授地理实在是别开生面的，他每次上课，没有发讲义，也没有带课本，甚至连挂图也不带。他人既生得矮矮胖胖的，一头乱发，那副面容也跟橘子皮那么粗糙。他穿的虽然终年是一样的西装，那条黑领带老是歪歪斜斜地结在颈上，拖在胸前，那个领带结却似乎永远总是不整齐。像这样不修边幅的一位道貌并不惊人的教授，却是满腹天文地理。一开口，就像天花乱坠，一面口讲一面在那块又长又大的黑板上画地图，那条长江分出些什么支流，这些支流可有多少长度，哪里是平原，哪里有沼泽，哪里有山，他都一一注明尺码，仿佛是他曾经在那些地方下过测量的功夫似的。有一次有一个同学对他说，何必那么辛苦，要费那么大气力，自己绘地图？找一张地图，一面讲一面指示不就省事么？

"你以为我连挂图都不知道用么？"他笑笑地说，"那些挂图大略看看倒是无所谓，如果要靠着来讲书，却一点用处也没有。"

接着，他便告诉我们，说我们天天在这里上课，可是暨大和真茹的地理知识，一定会有许多人搅不清楚的，他希望我们在星期日就勘测一下真茹和暨大的地形，绘一张略图。我们都依话办了，我们都以为这还不容易么，连勘测的功夫也省略了，自己自以为是地随便绘了一张略图。结果才发现我们自己所绘的天天都在那里生活的地方，却连方向也搅错了。他一一给我们指出，才知道什么事不亲自经历一番，是不会彻底了解的。他说念地理如此，搞什么学问也应当如此，是要用功夫的，不应该自以为是地随意指鹿为马。

有一次，是快近暑假的时候，也快要举行考试了，而他的"地理"却快要讲到什么云冈石窟上去了。他就老实不客气地对我们说，他需要请一个短时期的假去旅行，到下学期他才来上课，考试也不举行了，将我们平日的作业的积分拨作成绩就行了，待下学期结束才一并举行考试。他同时还告诉我们，对于云冈石窟，他并不彻底了解，他希望找一位对于地质学有研究的教授代他讲授。同时他还告诉我们，他到过云冈石窟二次，这次还要去作最后一次的考察，他就是这么一位笃实的地理学者。

后来来代课的教授也是一个矮矮的胖子，没有蓄发，穿西装倒比周传儒先生来得整齐，领带结也打得还像样，只是看来看去，一点不像教授。说得刻薄一点，倒有点像买办，像商人。他讲书的时候，口沫横飞，那满口带了客音的国语，在江浙同学听来，总以为他是四川人或是湖北人。而我是客家人，自然一听，就知道他是地道的客籍人了。

这位教授，我们起初并不知道他什么名字。他初来上课，教务处既没有派人带着来作介绍，他自己也没有作过自我介绍，干脆得很，他一来，就滔滔不绝地在讲述云冈石窟的地层是如何如何，并且说出许许多多的与地质学有关的名词，什么冲积期化石咯，什么冰河时代咯，我们初次听来，倒觉得耳目为之一新。他在黑板上的绘图，也绘得很熟练，看样子，一点也不比周传儒先生绘的逊色，只是他那口国语，听来有点不中听，这算是美中不足的地方。他说："西北方气候很干燥，雨量又少，河道又少，只是在大同附近有一条水，也可说是河沥，叫做武川河的，在地图上看起来，有时还找不到，在军用地图上看来，倒像 × 毛那么粗！"听到这里，班上的十多个客籍同学，都不约而同地哄然大笑，他自己也不禁失笑起来。只是那些江浙同学，却有点诧异。他所说的 × 毛原是用客话说的，如用国语说就会成了阴毛；江浙同学，自然听不懂，不但不会失笑，反而会诧异我们无缘无故的哄笑了。课后经我们一说穿，那些江浙同学才知道我们之所以哄然大笑，原来是事出有因的。

这位买办型的教授一直教到开始放暑假，他才不再来，而我们并不知道他到底是谁。甚至我们跑到教务处去查询，教务处负责人还误会我们要挑剔教授的什么毛病，也不愿告诉我们。他们理直气壮地说，反正是代课的教授，你们也不必理会是张三李四了。这就是他们唯一的答复。

第二学期开学后不久，周传儒先生又回到暨南来教地理，他自然又是继续讲云冈石窟。有一天，班上的一位客籍同学愤愤然地说："《申报·自由谈》上张资平的小说被腰斩了，实在可惜！"

"反正我不看，又有什么大不了的。"一个同学插嘴说。

"不看张资平小说的，简直是道学先生！"那个同学气愤愤地说。

"那也不见的，"我说，"我就是看过张资平的小说而不喜欢再看张资平小说的人！"我有点不平地说。

"你这话是怎样说？"他不服气地说。

"我读过他的短篇小说《梅岭之春》，觉得还不错。接着便买到他的长篇小说《苔莉》，读后印象还好。可是当我读完了他那部《最后的幸福》以后，也就没有再读他的小说的兴趣了。"我说。

"你为什么不看他的《上帝的女儿们》？你为什么不看他的《天孙之女》？"那个同学还是一本正经地说。

"后来我听说他写的小说，多是由日本小说脱胎出来的，所以也就不再看下去了。"我说。

"那是人家造他的谣，"他说，"我相信黎烈文也是上了谣言的当才腰斩了他那篇连载小说《时代与爱的歧路》的。"

"张资平是你的亲戚么？"我说。

"不，他倒是我们的教授！"他说。

"我可没有上过他的课！"我说。

他失声笑了起来，说："我们上学期的地理代课教授可不就是他！"

"啊，原来他就是张资平！"我惊讶地说。

可是不说犹可，一说反而觉得他写小说实在是一种浪费。他应该好好地教他的地质学的，何必一定要写什么三角四角的恋爱小说呢？而且还在文坛上留下了一个什么恋爱小说商的声名呢。

北大与北大人 ①

朱海涛

胡适先生

就在蒋校长那次召集的学生大会上，我们见到适之先生的气度和他那种民主精神。当时他继孟邻先生之后上台训话，一开口，台下就起了哄。反对他的（多半是"左"倾学生），踏脚，嘶叫，用喧闹来盖他的演讲。拥护他的（多半是"右派"），用更高的声音来维持秩序，来压制反对者的喧哗。顿时会场上紧张起来，形成了对垒的两派，他的声浪也就在两派的叫嚣中起伏着，断断续续送入我们的耳鼓。这是篇苦口婆心的劝导，但反对他的那些年轻人却红着脸，直着脖子，几乎是跳起来的迎面大声喊道："汉奸！"他也大声，正直而仍不失其苦口婆心的答道："这屋子里没有汉奸！"终其演讲，这些年轻人一直在给他当面难堪，而他始终保持着热心诚恳，恺悌慈祥的声音态度。这天给我的印象极深，我看到了一个教育家的气度应当是多么大；我也看到了适之先生的"能容"。——他的"能容"，是我早已听说过的。

他有着宽阔的前额，这表现着宽阔的心胸。一副阔边眼镜，一副常笑的面容，使我们感到常是很愉快的。他似乎没有悲观或消极这两种情绪存在，即使在最可虑的时候。（民国）二十四年十一月二十号前后的某一晚上，我从他家搭他的汽车回校，他用严肃的语调告诉我："也许明天，五色旗

---

① 选自钟叔河、朱纯编《过去的大学》，同心出版社，2011.12，有删节。

就要挂出来，'华北国'就要宣布了！"这话闪电似地打击着我，我呆了，千万道的忧思袭上心来，感到："大祸终于来了！"车中的沉默更增加了我心上的压力。到了北池子北头，车停了，我下车来，他笑着说："不要着急！——你怎么没穿外套呢？在北平得穿一件外套，不然，很容易伤风的。"果然，车外寒风吹得我一噤，可是那语调的轻快，却将我心中的寒冷减少了。

……

适之先生在校中开的课是中国文学史和传记研究，传记研究是研究院课程，而且要缴几万字的论文，选修的较少。文学史则是一门极叫座的课。他讲《诗经》，讲诸子，讲《楚辞》，讲汉晋古诗，都用现代的话来说明，逸趣横生，常常弄到哄堂大笑。他对于老子的年代问题和钱宾四（穆）先生的意见不相合，有一次他愤然地说道："老子又不是我的老子，我哪会有什么成见呢？"不过他的态度仍是很客观的，当某一位同学告诉他钱先生的说法和他不同，究竟那一个对时，他答道："在大学里，各位教授将各种学说介绍给大家，同学应当自己去选择，看哪一个合乎真理。"

在课堂上也常谈论时局问题，但都是言之有物的。将该说的说了，就马上开讲正课，决不像有些教员借谈时局而躲懒敷衍钟点。在那种动荡的时间和地方，加以他的地位，绝对不谈政治是不对的，所以他恳切地谈。在他堂上有日本派来的留学生听课，所以他的措词当然是不失体的。

钱穆先生

宾四先生，也是北大最叫座教授之一。这并不需要什么事先的宣传，你只要去听一堂课就明白了，二院大礼堂，足有普通女课室的三倍，当他开讲中国通史时，向例是坐得满满的。课室的大，听众的多，和那一排高似一排的座位，衬得下面讲台上的宾四先生似乎更矮小些。但这小个儿，却支配着全堂的神志。他并不瘦，两颊颇丰满，而且带着红润。一副金属细边眼镜，和那种自然而然的和蔼，使人想到"温文"两个字，再配以那件常穿的灰布长衫，这风度无限的雍容潇洒。向例他上课总带着几本有关的书；走到讲桌旁，将书打开，身子半倚半伏在桌上，俯着头，对那满堂的学生一眼也不看，自顾自的用一只手翻书。翻，翻，翻，足翻到一分钟以上，这时全堂的学生都坐定了，聚精会神地等着他，他不翻书了，抬起头来滔滔不绝地开始讲下去。越讲越有趣味，听的人也越听越有趣味。对于一个问题每每反复申论，引经据典，使大家惊异于其渊博，更惊异于其记忆力之强，显而易见开讲时的翻书不过是他启触自己的一种习惯，而不是在上面寻什么材料。这种充实而光辉的讲授自然而然长期吸引了人。奇怪的是他那口无锡官话不论从东西南北来的人都听得懂。

他常慨然于中国没有一部好通史。二十五史当然只是史料，而近年出版的几本通史他也不满意。他认为通史应当是作者读了无数书之后，融会贯通，钩玄抉要，用自己的文字写出来的。因此他对于某老先生的某书认为只是史抄而谈不到通史。他自己很有意思写一部理想的，但他也常说这并不容易。大概现在他一切的努力都是在作这大著作的准备吧？

他写过厚厚的《先秦诸子系年》，这表示他对于先秦的史哲下过深刻功夫。他写过有名的《刘向歆父子年谱》，也教过两汉史，这表示他对于中古史很有成就。他又写过《近三百年学术思想史》，这表示他对于近代史极为注意。在许多教授中，他年纪不算大，头发还全是黑的，而成就已经这样多而广，将来将整个中国史融会贯通，写一部为史学界放一异彩的新通史出来，是极有望的，那时对于中国和世界文化贡献之大将不可计量。

据说他早先当过小学教员，由自己的用功和努力而成为中学教师，又进而为大学讲师，而副教授，而教授，而名教授。这传说如果是真的，则给我们青年人的启示太大了。

就我个人说，我受过宾四先生一次教诲，而这教诲将终身不忘。当二十五年冬，我发现《汉书》记恒山王有五点错误，非常高兴，仔仔细细写了篇论文，很得意地呈给他看。过了两天，他拿来还我，问我看过王先谦《前汉书补注》没有？我文中所述前两点是这书所曾指出过的。说实话，这书我看过，但我之发现这两点也确实在看这书之前。当时少年好胜心重，就不肯注一笔说前人已有发明，以为人家不一定知道王先谦说过这事。一种掠美、侥幸、欺人自欺的心理充分表现，谁知一送到行家手里，马上指出来了，反倒连其他几点前人所确没有说过的也减了色。这次教训，和另一次在陈援庵先生处碰的钉子，使我刻骨铭心，誓不再存半分掠美的卑鄙心理，其实这是治学者的基本道德。我不能不感谢宾四、援庵两先生给我的启示。

抗战后在南岳附近公路上曾和宾四先生打了一个照面，后来知道他转任齐鲁大学国学研究所主任了，但因为他住在乡间，我五次去成都不曾遇到，真是遗憾。不过常在杂志和报章上见到他的文章，我知道他施教的范围更广大了。

陈垣先生

离济南前，西山师告诉我到北平后最好去拜见援庵先生："不过他架子大，不容易见到。"

我却没有去请见，可是我对他的钦仰更加深了。我见到了他著作书目的一部分，一部部全是结结实实的惹不起。我只挑着买了两本小书，一本《史讳举例》，一本校勘《元典章》后归纳写成的校书错误举例（原名忘了）。同时将他所有在北大开的课全旁听了。

这是位不长不矮，胖胖的典型身材，方方大大的脸，高高阔阔的前额，一副黑边老花眼镜，平常是不大戴的，每次讲课时，总是临时从怀里掏出来戴上，而最引人注意的是那两撇浓浓的八字胡，这八字胡带来了无限威棱。经常的穿着件黑马褂，长袍。

他在课上将二十五史从头地一一介绍，把所有有关的事件告诉我们，而尤其注意前人的错误。在他眼里，前人的错误不知怎么这么多，就像他是一架显微镜，没有一点纤尘逃得过他的眼睛。不，他竟是一架特制的显微镜，专挑错误的，他归纳了一个时常提到的结论："著书要提笔三行不出错才行。"而在他的讲授中，我们发现三行不出错的著作竟然很少！

他的嘴相当厉害，对于有错误的学者批评得一点也不留情。可是他实在已经是十分克制自己了。常对大家说："还是不说吧，免得又得罪了人。"他对于他的同乡，梁任公先生，就是不大满意的。任公晚年颇以治史自期，但他雄才大略则有余，写出来的东西，每每是自恃才气，凭着记忆写下去，粗疏是不免的，这在援庵先生看来，不免有点不合适。他也常讲批评人是求止于至善，不一定批评者就比被批评者强。他举《东塾读书记》的骂崔东壁，说："休因东塾讥东壁，便谓南强胜北强！"

援庵先生同时也非常幽默。当时学生运动闹得正凶，民族解放先锋队（共产党外围组织）极见长的一种本事是油印一种小型传单，字迹小得几乎像蝇头，散得到处都是。这天上他的课，讲桌上，椅子上，散了不少。他如常地踏着方步进来，如常地安详坐下，然后如常地慢腾腾地戴上那副老花眼镜，从从容容、郑郑重重像披阅一件公事似的将那纸片捡起来，看了一眼，看不清，放下那纸，慢慢地说道："这一定是年轻人干的！"全课堂的学生本就聚精会神在注意他的动作和期待他读传单的反应，听了这话，哄堂大笑。

又有一次，在研讨赵翼的《廿二史札记》时，讲到第二篇序的作者宝山李保泰（第一篇序是嘉定钱大昕作的）。他说这应该是当时一位有地位的学者，但他多少年来注意考查这位李先生事迹，却除了这篇序外得不到半点材料。有一次，琉璃厂的书商，拿了张拓片到他那里请教他（他是北平著名的权威学者，当然不断地托书商搜罗典籍。而书商得到了一些不经见的图书，无从估定其价值，也不能不去他那里请求评定，可是如果经他一品评为珍品，那价钱可就要辣了）。他一眼就看到篇末仿佛凸出来似的有着"李保泰"三字，心中大喜，可是脸上却不动声色，淡淡地翻了翻，缓缓地说道："不值什么！"那书商大失所望，拿回去又没用，求着他用贱价收了。他绘声绘影地说完这故事大笑，得意得很。

他论到清代三部史学名著：钱大昕的《廿二史考异》、王鸣盛的《十七史商榷》和赵翼的《廿二史札记》，认为钱著最精，王著次之，而赵著最差。所以就将赵著作为研究的对象，专开一门课，逐字逐句地审查，寻找里面的错误。这一课虽以一书为中心，但牵涉的方面极多，尤其廿四史，翻了又翻，互相对证，有时发现不但赵瓯北错了，甚至连原书都错了，所以趣味浓厚得很。但他只注意客观的史实考订，而将所有主观的史论部分略了过去。也许是他本身在政治上受过刺激吧，每当讲到史书中"再受禅依样画葫芦"之类的地方，常常感慨系之的说："所以政治没有意思啊！今天是这样说法，明天又是正相反的那样说法！"

不过这并不是他不注意国家兴废。当二十四年十一月二十日左右，北平的空气恶劣得很，"华北国"在酝酿之中，大家都烦闷而不安，朝阳门外日本兵打靶的枪声"突突突突"地直送入大红楼课室中来，我们要求他对时局作一个指示。他沉沉地说道："一个国家是从多方面发展起来的；一个国家的地位，是从各方面的成就累积的。北平市商会主席到日本去观光，人家特别派了几位商业上的领袖人物来招待，倾谈之下，我们的商人什么都不明白，连谈话的资格都不够，像这样凭什么去和人竞争？凭什么能使人尊重？我们必须从各方面就着各人所干的，努力和人家比。我们的军人要比人家的军人好，我们的商人要比人家的商人好，我们的学生要比人家的学生好。我们是干史学的，就当处心积虑，在史学上压倒人家。"在这上面，他的的确确做到了报国的地步了，在他所干的部门内，不但压倒了日本人，而且赢得日本学者的衷怀钦服。

北平陷后，我曾去看他，他说："迟早还是得走！"一转眼已是五年半了，他为着职务（辅仁校长）的关系，始终留在北平维持这最后一所大学。我今夜诚心地遥祝他健康，永远保持着那超然的健斗！

（本文刊于一九四三年八月至一九四四年十二月《东方杂志》）

最后一堂课和最后一首诗 ①

程千帆

　　1935 年 10 月 4 日下午，天气很阴沉，我在金陵大学北大楼朝北的一间教室里，在听季刚（即黄侃）老师讲《诗经》。老师晚年讲课，常常没有一定的教学方案，兴之所至，随意发挥，初学的人，往往苦于摸不着头脑。但我当时已是四年级的学生，倒觉得所讲胜义纷陈，深受教益。可是老师讲书，也并非完全从学术角度着眼，而每用以借古讽今，批评时政，针砭时弊。这一天，他正讲《小雅·苕之华》，当他念完末章"牂羊坟首，三星在罶。人可以食，鲜可以饱"之后，又接着把《毛传》"牂羊坟首，言无是道也。三星在罶，言不可久也"，用非常低沉，几乎是哀伤的声音念了出来。既没有对汉宋诸儒训说此诗的异同加以讨论，也没有对经文和传文作进一步的解说，但我们这些青年人的心弦却深深地被触动了。当时的情景，现在还牢牢地铭记在跟我一同听讲的孙望先生和我的脑海中。四十七年之后的今天，我们作为一个强大的社会主义国家的公民，回想往事，也就更能够亲切地体会：一个曾经为中华民国的缔造这一伟大事业献身的革命学者，眼看着祖国在日本帝国主义的侵略和蒋介石法西斯统治之下满目疮痍而无力挽救，其内心的痛苦是如何巨大了。

　　老师的谈锋不知怎么地一转，又议论起中西文化和生活方式的比较来。他由木版书便于批点，便于执持，便于躺着阅读等等方便，而讥讽精

① 选自程千帆、唐文编《量守庐学记》，生活·读书·新知三联书店，2006.11。

装西书为"皮靴硬领"；又谈起中装之文明和舒适远胜西装，他当即并不用手而把自己穿的布鞋脱下，然后又穿上，并且对一位坐在前排的同学说："看，你穿皮鞋，就没有这么方便。"很显然，季刚老师并不是什么国粹主义者、顽固分子，他是一位爱国主义者，一位资产阶级民主革命家。他对于当时买办阶级全盘西化论者"外国的月亮也比中国圆"的论调，是非常鄙视的。这种开玩笑的中西文化比较论，只是他爱国忧民愤世嫉俗的一种表现而已。

下课铃一响，老师抱起他那个黑布书包，走出教室。我们再没有想到，这就是他给我们上的最后一堂课。

10月4日是星期五，6日就是农历的重九节。季刚老师是一个有山水胜情的人，（这一点下面还要谈到，）南京又是一个"千古风流佳丽地"，所以这一天仍旧带着子女甥婿到鸡鸣寺豁蒙楼小坐，但因身体不适，不久就回了家。回来之后，独自坐在九华村量守庐的书房里，郁郁寡欢。他想起了李后主的《却登高文》，有所感发，作了一首七言律诗：

秋气侵怀正郁陶，兹辰倍欲却登高。应将丛菊霑双泪，漫藉清樽慰二毛。青冢霜寒驱旅雁，蓬山风急扑灵鳌。神方不救群生厄，独佩茰囊未足豪。

刚刚写好，林尹先生（字景伊，著名学者林损的侄子，钱玄同的学生，当时在金陵女子文理学院教书，现在台湾）来看他，他就将这首量守庐学记诗给林先生写了个条幅。就在当天，老师因饮酒过多，胃血管破裂，抢救无效，两天后，即10月8日，就不幸逝世了。同样，谁也没有想到，这就是他最后的一首诗，最后的一幅字。

儒家哲学认为：兼善天下是人生最终目的，季刚老师也是这么想的。这一篇诗以雁象征流离的人民，以鳌比喻猖狂的日帝，对于自己虽能安居治学却缺少救国的"神方"感到内疚。思想境界是多么崇高！求之古人，只有宋王令《暑旱苦热》中所写"昆仑之高有积雪，蓬莱之远常遗寒。不能手提天下往，何忍身去游其间"，其胸襟可以相提并论。汪旭初先生在其季刚老师周年祭悼词中说，"季刚伤时纵酒，遂以身殉"。这是事实。老师只活了五十岁，是我国学术上无可估量的损失。

我对吴有训、叶企孙、萨本栋先生的点滴回忆 ①

钱三强

中国物理学会成立已 50 年了。回想起物理学会成立时，我正是北京大学理预科的学生。那时马神庙北大理学院里学术气氛比较自由，有什么学术报告都可以去听；本科的课，预科的学生也可以坐在后面旁听，我当时也是时常去听本科的课的。当时，我本来想学电机工程，但听了物理系本科的课程以后，我的兴趣渐渐转向了物理。

物理系课程除了本校教师教以外，在清华大学任教授的吴有训先生和萨本栋先生也到北大兼授近代物理和电磁学。他们讲课口齿清楚（虽然吴先生的江西口音刚听起来不太习惯），不照本宣读，手上有时仅带一两张纸页。他们每次讲课，都事先预备好作表演的仪器，边讲边表演，使初学者有感性知识。同时对于基本概念，不止一次地重复讲解，使初学者逐渐加深对基本概念的理解；还经常在第二堂课开始时，又重点重复上堂课讲过的概念。这样，有些较难懂的概念，就一点点熟悉了，记得比较牢靠、清晰。有一次吴先生还作了一次公开的课外讲演，讲的是"振动与共振"。他在讲演的大讲堂横拉一根很长的绳子，在等距离地位垂下一根短线，短线上系着一个用过的大号干电池（作为重物体用），一共挂了 8 节电池（短线一般长）。他讲了一段时间后，就作表演，首先在横线垂直方向推动第 1 节干电池，于是第 1 节干电池开始作单摆运动；不一会儿摆动逐渐减弱

① 原载《物理》杂志 1982 年第 11 卷第 8 期。选自钱三强著《钱三强文选》，浙江科学技术出版社，1994.12。

了，而第 2 个干电池则开始自动的摆动起来，以后第 3、第 4……个电池又逐渐地先后摆动起来。这些用最普通的试验器材作的形象表演，非常生动地显示了简谐运动和共振现象。在刚学力学时，简谐运动与共振现象都是比较难懂的概念，但经吴先生讲解与表演后，道理就比较容易懂了。

相比之下，北大本校教授的教课效果就比较差，因此我后来报考了清华大学物理系。

到了清华，首先普通物理课是用萨本栋先生自己编的中文教本，这在当时还是比较少有的。他讲电磁学那一章时，基本概念也是讲得十分清楚。他有时一上课先用十分钟要学生作一道小考题，看看上一堂讲的那些概念，学生们懂了没有。这种办法对促进学习，加强理解确是有作用的。

我至今还记忆比较清楚的是叶企孙先生在 1933 年讲热力学时的情景。热力学是一门比较不好懂的课程，加之叶先生讲话又是上海口音，而且有点口吃，但这些并没有妨碍他把热力学这门课讲好，他把基本概念讲得非常清楚。在那些重要而关键的地方，他不厌其烦地重复讲解，直到学生完全记住弄懂为止，他的讲课特点使我过了四五十年之后，今天回忆起来，还记忆犹新，并且非常钦佩。他上课时有参考用书，但从来不按着书上内容宣读。他在两三年内，给不同班次讲热力学，每年所举的例子几乎从不重复，因此有时叫我们看看上一班同学的笔记，后来我才知道，他备课是很用心的，几乎都是用热力学最新发展方面的例子来作讲课内容的。虽然叶先生回国后发表的研究报告不多，但他教课的过程，就是他吸收国外最近研究成果的过程。至今我们这些老学生们谈起来，仍觉得叶先生教课给我们留下的印象是很深刻的。

日本侵占我东北后，我国有不少爱国的知识分子到国外去学习能实用的技术。吴有训先生在 1934 年曾到美国去了一段时间，想为国家制造真空管作些工作。他从国外带回一些吹玻璃的设备、玻璃真空泵与各种口径的玻璃管等。1935 年他就开了一堂"实验技术"的选修课，我们班中有五六人都参加了，我也是其中之一。他手把手地教我们，让我们掌握烧玻璃的火候和吹玻璃技术的关键所在，并随时指出我们的缺点，我感到得益不少。后来作毕业论文时，他叫我跟他作，内容是作一个真空系统，试验金属钠对改善真空程度的影响，我当时很高兴。但当一个真空系统刚吹成时，一抽真空，因玻璃结构机械应力不均匀，突然整个玻璃设备炸碎了，水银也流了一地，我当时吓了一跳。我赶快跑去告诉吴先生，他叫我赶快把窗户打开，立刻跑出来，以防水银蒸气中毒，隔了两天，他把我叫了去，鼓励我再干，一点批评责备都没有。结果毕业论文的实验完成了。1937年我到法国作原子核物理研究，由于在清华大学时学过吹玻璃技术和选修过"金工实习"课，所以对简单的实验设备和放射化学用的玻璃仪器一般的都能自己动手作，比什么都求人方便得多。1948年回国后，我也同样鼓励青年同志要敢于动手自己作仪器设备，这对他们后来成长大有好处。回忆这段事实，说明我在清华大学时受到的教育，特别是吴先生鼓励我们敢于动手的教育是非常重要的，对我一生是有意义的。

　　现在吴有训、叶企孙、萨本栋三位先生都已去世了，我仍然牢记他们对我的教诲。他们都是1932年中国物理学会成立时的重要成员，并且对中国物理学会的建立和成长，都作出过贡献。我作为他们的学生，现在又是物理学会的成员，在追忆他们对中国物理学事业作出的重要贡献时，仅将我个人的一点回忆写在这里，对他们对于我的教育和影响，表示崇高的敬意和亲切的怀念。

离乱弦歌忆旧游 ①

赵瑞蕻

我在南岳上学时，除外文系的课程（如叶先生 的"大二英文"，燕卜苏先生的"莎士比亚"）外，我选修或旁听了几位教授的课（有时为了好奇，去看看某位名教授讲些什么，怎么讲的，只听那么两三次）。我去听过冯友兰先生讲"中国哲学史"。他个子较高，一把短胡子，穿件大褂，慢慢儿讲课，有时一句话要讲几分钟，因为他有点儿口吃。可真讲得有意思，妙语连珠喷射，教室里静悄悄的，使人进入哲理境界。我还去听罗庸先生的"杜诗"。罗先生是《论语》《孟子》和杜诗专家，有精湛的研究。他声音洪亮，常讲得引人入胜，又富于风趣。那天，我去听课，他正好讲杜甫《同诸公登慈恩寺塔》一诗。教室里坐满了人，多数是中文系同学，我与外文系几个同学坐在最后边。罗先生一开始就读原诗："高标跨苍穹，烈风无止休。自非旷士怀，登兹翻百忧。方知象教力，足可追冥搜。仰穿龙蛇窟，始出枝撑幽。七星在北户，河汉声四流。羲和鞭白日，少昊行清秋。泰山忽破碎，泾渭不可求。俯视但一气，焉能辨皇州？回首叫虞舜，苍梧云正愁。惜哉瑶池饮，日宴昆仑丘。"先生来回走着放声念，好听得很。念完了就说："懂了吧？不必解释了，这样的好诗，感慨万千！……"其实他自问自答，他从首句讲起，正好两节课，讲完了这首有名的五言古诗。

① 选自赵瑞蕻著《离乱弦歌忆旧游——从西南联大到金色的晚秋》，文汇出版社，2000.01。

　　我眼前出现这么一个场景：罗先生自己仿佛就是杜甫，把诗人在长安慈恩寺塔上所见所闻所感深沉地一一传达出来；用声音，用眼神，用手势，把在高塔向东南西北四方外望所见的远近景物仔细重新描绘出来。他先站在讲台上讲，忽然走下来靠近木格子的窗口，用右手遮着眉毛作外眺状，凝神，一会儿说："你们看，那远处就是长安，就是终南山……"好像一千三百多年前的大唐帝国京城就在窗外下边，同学们都被吸引住了。罗先生也把杜甫这首诗跟岑参的《与高适薛据登慈恩寺浮图》作了比较，认为前者精彩多了，因为杜甫思想境界高，忧国忧民之心炽热，看得远，想得深。罗先生接着问，诗的广度和深度从何而来？又说到诗人的使命等。他说从杜甫这首诗里已清楚看到唐王朝所谓"开元盛世"中埋伏着的种种危机，大树梢头已感到强劲的风声。此诗作于七五二年，再过三年，七五五年（唐天宝十四载）安禄山叛乱，唐帝国就支离破碎了，杜甫《春望》一诗是最好的见证。罗先生立即吟诵"国破山河在，城春草木深。感时花溅泪，恨别鸟惊心。烽火连三月，家书抵万金。白头搔更短，浑欲不胜簪"。吟完了，罗先生说现在我们处在何种境地呢？敌骑深入，平津沦陷，我们大家都流亡到南岳山中……先生低声叹息，课堂鸦雀无声，窗外刮着阵阵秋风……

　　在外文系里，吴达元先生是我一生最难忘而受到深刻影响的教授之一。从南岳而蒙自而昆明，我在吴先生教导下，学习法文整整三年，从二年级到四年级。吴先生在全校是以极认真的教学方式出名的，他是一个严格要求学生的典范。我到现在还深深地记住他上课时的样子和神情，仿佛还听得见他叫我"赵瑞蕻，你解释下面几句！"的声音，一听我就紧张了，先生的面容立刻浮在眼前。上课时学生回答错了，他便不高兴蹙着眉头说："回去好好准备！"答对了，他就笑眯眯地连声说："très bien! très bien!"（很好！很好！）我们从《法语文法大全》（*Fraser and Square: A New Complete Frenth Grammar*），中经邵可侣（J.Reclus）选注的《近代法国文选》（*Lectures Francaise Modernes*，此书有蔡元培序，一九三二年中华书局出版），直到四年级时跟吴先生读"三年法文"——采用莫里哀两个剧本 Tartuff（达丢夫，即《伪君子》）和 Amphitryon（安菲特利翁，古希腊神话中一个人物，西布斯城邦的王子），我所受的法语和法国文学的教育是较踏实的，较完善的。吴先生是我的恩师之一，我永远怀念他，感激他！那时四年级有一个上海来的漂亮温柔的陈福英女同学，与我一起上吴先生的课，总喜欢坐在我的旁边，要我多帮助她。每次吴先生叫她念，翻译一段时，她就轻轻地发抖了。我悄悄地对她说："别怕！没关系，慢慢读下去……"她老叫我 "Young Poet"（年轻的诗人），几次说 "Young poet，你一定要好好帮我闯过法文这一关啊！"当然，靠她自己用功，最后她的"三年法文"还是及格了。其实，吴先生虽然严厉，但他十分直爽，平易近人，极关心学生的学业进步。一九四四年我在重庆翻译的《红与黑》初版本出版后，寄赠一本给吴先生（那时他在昆明），他很快就写信鼓励我说："你做了一件很不容易的事！在这炮火连天中，这本名著翻译过来会给人带来一股清醒、振作起来的力量。"（这是国内《红与黑》中译本最早的几句评论。你看，当时吴先生的眼光多锐利！他的见解比起新中国成立后许多大大小小文章集中火力批判《红与黑》，说它是一株大毒草，不知高明多少倍了！）一九四九年七月，我和杨苡带了两个孩子到天津我岳母家，几天后我独自到北京拜访沈从文先生，也到清华园看望吴先生，畅谈别后情况，他一定要留我吃中饭，说可以多聊聊。临走时，他送我一本他翻译的博马舍《费嘉乐的结婚》作为纪念。此书我珍藏至今，后来我在南京大学教外国文学史时，曾对照法文原著精读了两遍，惊叹先生译笔忠实而流利，又能保持原作风味。我在课堂上以吴先生的译文朗诵了该剧第五幕第三场费嘉乐有名的独白。一九七三年秋，杨宪益夫妇出狱后不久，我和杨苡到北京探望时，我也到北大燕东园拜访吴先生，那时他已患咽喉癌开刀，声音嘶哑，但仍高兴和我谈谈，我十分难过。三年后，先生辞世了，才七十一岁。

在蒙自时，我还怀着极大的兴趣去听钱穆先生的《中国通史》课，那时他四十三岁，正是盛年，精力充沛，高声讲课，史实既熟悉又任意评论，有独特的见解；说到有趣的事，时不时地朗朗发笑。我记得他说《论语》"有朋自远方来，不亦乐乎！"一句里的"朋"不是一般所说的朋友，而是指孔门七十二弟子。一个人的学问有弟子来切磋，那多好。学问本来是集体的，是共同事业。所以古人说"独学而无友，则孤陋而寡闻"，孔子就是看待学生如朋友一样。古代称学生为弟子很有道理。还有，老师去世了，孔子、宋代的朱熹、明代的王阳明死了，主持丧事的人，都是学生，家里人倒反跟在后头。这都是咱们中国文化的优良传统。《校史》上说钱先生"对中国民族文化有精辟的认识和深厚的感情，因而主张民族文化决定历史的进程"。钱先生在他的《回忆西南联大蒙自分校》一文中，提到陈梦家和赵萝蕤夫妇，时常来往谈谈；还特别指出陈梦家热忱地劝他撰写《国史大纲》。他说："余之有意写《国史大纲》一书，实梦家两夕话促成之。"这点也很可以说明当时同事之间，长者与晚辈之间的美好关系，一种可贵的情谊。

沈从文先生在西南联大 ①

汪曾祺

　　沈先生在联大开过三门课：各体文习作、创作实习和中国小说史。三门课我都选了——各体文习作是中文系二年级必修课，其余两门是选修。西南联大的课程分必修与选修两种。中文系的语言学概论、文字学概论、文学史（分段）……是必修课，其余大都是任凭学生自选。诗经、楚辞、庄子、昭明文选、唐诗、宋诗、词选、散曲、杂剧与传奇……选什么，选哪位教授的课都成。但要凑够一定的学分（这叫"学分制"）。一学期我只选两门课，那不行。自由，也不能自由到这种地步。

　　创作能不能教？这是一个世界性的争论问题。很多人认为创作不能教。我们当时的系主任罗常培先生就说过：大学是不培养作家的，作家是社会培养的。这话有道理。沈先生自己就没有上过什么大学。他教的学生后来成为作家的，也极少。但是也不是绝对不能教。沈先生的学生现在能算是作家的，也还有那么几个。问题是由什么样的人来教，用什么方法教。现在的大学里很少开创作课的，原因是找不到合适的人来教。偶尔有大学开这门课的，收效甚微，原因是教得不甚得法。

　　教创作靠"讲"不成。如果在课堂上讲鲁迅先生所讥笑的"小说作法"之类，讲如何作人物肖像，如何描写环境，如何结构，结构有几种——攒珠式的、橘瓣式的……那是要误人子弟的，教创作主要是让学生自己"写"。沈先生把他的课叫做"习作"、"实习"，很能说明问题。如果要讲，

----

① 选自汪曾祺著《汪曾祺谈师友》，山东画报出版社，2007.08，有删节。

那"讲"要在"写"之后。就学生的作业，讲他的得失。教授先讲一套，让学生照猫画虎，那是行不通的。

沈先生是不赞成命题作文的，学生想写什么就写什么。但有时在课堂上也出两个题目。沈先生出的题目都非常具体。我记得他曾给我的上一班同学出过一个题目："我们的小庭院有什么"，有几个同学就这个题目写了相当不错的散文，都发表了。他给比我低一班的同学曾出过一个题目："记一间屋子里的空气！"我的那一班出过些什么题目，我倒不记得了。沈先生为什么出这样的题目？他认为：先得学会车零件，然后才能学组装。我觉得先做一些这样的片段的习作，是有好处的，这可以锻炼基本功。现在有些青年文学爱好者，往往一上来就写大作品，篇幅很长，而功力不够，原因就在零件车得少了。

沈先生的讲课，可以说是毫无系统。前已说过，他大都是看了学生的作业，就这些作业讲一些问题。他是经过一番思考的，但并不去翻阅很多参考书。沈先生读很多书，但从不引经据典，他总是凭自己的直觉说话，从来不说亚里士多德怎么说、福楼拜怎么说、托尔斯泰怎么说、高尔基怎么说。他的湘西口音很重，声音又低，有些学生听了一堂课，往往觉得不知道听了一些什么。沈先生的讲课是非常谦抑，非常自制的。他不用手势，没有任何舞台道白式的腔调，没有一点哗众取宠的江湖气。他讲得很诚恳，甚至很天真。但是你要是真正听"懂"了他的话——听"懂"了他的话里并未发挥罄尽的余意，你是会受益匪浅，而且会终生受用的。听沈先生的课，要像孔子的学生听孔子讲话一样："举一隅而三隅反。"

沈先生讲课时所说的话我几乎全都忘了（我这人从来不记笔记）！我们有一个同学把闻一多先生讲唐诗课的笔记记得极详细，现已整理出版，书名就叫《闻一多论唐诗》，很有学术价值，就是不知道他把闻先生讲唐诗时的"神气"记下来了没有。我如果把沈先生讲课时的精辟见解记下来，也可以成为一本《沈从文论创作》。可惜我不是这样的有心人。

沈先生关于我的习作讲过的话我只记得一点了，是关于人物对话的。我写了一篇小说（内容早已忘记干净），有许多对话。我竭力把对话写得美一点，有诗意，有哲理。沈先生说："你这不是对话，是两个聪明脑壳打架！"从此我知道对话就是人物所说的普普通通的话，要尽量写得朴素。不要哲理，不要诗意。这样才真实。

沈先生经常说的一句话是："要贴到人物来写。"很多同学不懂他的这句话是什么意思。我以为这是小说学的精髓。据我的理解，沈先生这句极其简略的话包含这样几层意思：小说里，人物是主要的，主导的；其余部分都是派生的，次要的。环境描写、作者的主观抒情、议论，都只能附着于人物，不能和人物游离，作者要和人物同呼吸、共哀乐。作者的心要随时紧贴着人物。什么时候作者的心"贴"不住人物，笔下就会浮、泛、飘、滑，花里胡哨，故弄玄虚，失去了诚意。而且，作者的叙述语言要和人物相协调。写农民，叙述语言要接近农民；写市民，叙述语言要近似市民。小说要避免"学生腔"。

我以为沈先生这些话是浸透了淳朴的现实主义精神的。

沈先生教写作，写的比说的多，他常常在学生的作业后面写很长的读后感，有时会比原作还长。这些读后感有时评析本文得失，也有时从这篇习作说开去，谈及有关创作的问题，见解精到，文笔讲究。——一个作家应该不论写什么都写得讲究。这些读后感也都没有保存下来，否则是会比《废邮存底》还有看头的。可惜！

沈先生教创作还有一种方法，我以为是行之有效的，学生写了一个作品，他除了写很长的读后感之外，还会介绍你看一些与你这个作品写法相近似的中外名家的作品。记得我写过一篇不成熟的小说《灯下》，记一个店铺里上灯以后各色人的活动，无主要人物、主要情节，散散漫漫。沈先生就介绍我看了几篇这样的作品，包括他自己写的《腐烂》。学生看看别人是怎样写的，自己是怎样写的，对比借鉴，是会有长进的。这些书都是沈先生找来，带给学生的。因此他每次上课，走进教室里时总要夹着一大摞书。

沈先生就是这样教创作的。我不知道还有没有别的更好的方法教创作。我希望现在的大学里教创作的老师能用沈先生的方法试一试。

学生习作写得较好的，沈先生就作主寄到相熟的报刊上发表。这对学生是很大的鼓励。多年以来，沈先生就干着给别人的作品找地方发表这种事。经他的手介绍出去的稿子，可以说是不计其数了。我在一九四六年前写的作品，几乎全都是沈先生寄出去的。他这辈子为别人寄稿子用去的邮费也是一个相当可观的数目了。为了防止超重太多，节省邮费，他大都把原稿的纸边裁去，只剩下纸芯。这当然不大好看。但是抗战时期，百物昂贵，不能不打这点小算盘。

沈先生教书，但愿学生省点事，不怕自己麻烦。他讲《中国小说史》，有些资料不易找到，他就自己抄，用夺金标毛笔，筷子头大的小行书抄在云南竹纸上。这种竹纸高一尺，长四尺，并不裁断，抄得了，卷成一卷。上课时分发给学生。他上创作课夹了一摞书，上小说史时就夹了好些纸卷。沈先生做事，都是这样，一切自己动手，细心耐烦。他自己说他这种方式是"手工业方式"。他写了那么多作品，后来又写了很多大部头关于文物的著作，都是用这种手工业方式搞出来的。

金岳霖先生 ①

汪曾祺

　　西南联大有许多很有趣的教授，金岳霖先生是其中的一位。金先生是我的老师沈从文先生的好朋友。沈先生当面和背后都称他为"老金"。大概时常来往的熟朋友都这样称呼他。关于金先生的事，有一些是沈先生告诉我的。我在《沈从文先生在西南联大》一文中提到过金先生。有些事情在那篇文章里没有写进，觉得还应该写一写。

　　金先生的样子有点怪。他常年戴着一顶呢帽，进教室也不脱下。每一学年开始，给新的一班学生上课，他的第一句话总是："我的眼睛有毛病，不能摘帽子，并不是对你们不尊重，请原谅。"他的眼睛有什么病，我不知道，只知道怕阳光。因此他的呢帽的前檐压得比较低，脑袋总是微微地仰着。他后来配了一副眼镜，这副眼镜一只的镜片是白的，一只是黑的。这就更怪了。后来在美国讲学期间把眼睛治好了——好一些，眼镜也换了，但那微微仰着脑袋的姿态一直还没有改变。他身材相当高大，经常穿一件烟草黄色的麂皮夹克，天冷了就在里面围一条很长的驼色的羊绒围巾。联大的教授穿衣服是各色各样的。闻一多先生有一阵穿一件式样过时的灰色旧夹袍，是一个亲戚送给他的，领子很高，袖口极窄。联大有一次在龙云的长子，蒋介石的干儿子龙绳武家里开校友会——龙云的长媳是清华校友，闻先生在会上大骂"蒋介石，王八蛋！混蛋！"那天穿的就是这件高领窄袖的旧夹袍。朱自清先生有一阵披着一件云南赶马人穿的蓝色毡

------

① 选自汪曾祺著《汪曾祺谈师友》，山东画报出版社，2007.08。

子的一口钟。除了体育教员，教授里穿夹克的，好像只有金先生一个人。他的眼神即使是到美国治了后也还是不大好，走起路来有点深一脚浅一脚。他就这样穿着黄夹克，微仰着脑袋，深一脚浅一脚地在联大新校舍的一条土路上走着。

金先生教逻辑。逻辑是西南联大规定文学院一年级学生的必修课，班上学生很多，上课在大教室，坐得满满的。在中学里没有听说有逻辑这门学问，大一的学生对这课很有兴趣。金先生上课有时要提问，那么多的学生，他不能都叫得上名字来——联大是没有点名册的，他有时一上课就宣布："今天，穿红毛衣的女同学回答问题。"于是所有穿红衣的女同学就都有点紧张，又有点兴奋。那时联大女生在蓝阴丹士林旗袍外面套一件红毛衣成了一种风气。——穿蓝毛衣、黄毛衣的极少。问题回答得流利清楚，也是件出风头的事。金先生很注意地听着，完了，说："Yes！请坐！"

学生也可以提出问题，请金先生解答。学生提的问题深浅不一，金先生有问必答，很耐心。有一个华侨同学叫林国达，操广东普通话，最爱提问题，问题大都奇奇怪怪。他大概觉得逻辑这门学问是挺"玄"的，应该提点怪问题。有一次他又站起来提了一个怪问题，金先生想了一想，说："林国达同学，我问你一个问题：Mr. Lin Guoda is perpenticular to the blackboard（林国达君垂直于黑板），这什么意思？"林国达傻了。林国达当然无法垂直于黑板，但这句话在逻辑上没有错误。

林国达游泳淹死了。金先生上课，说："林国达死了，很不幸。"这一堂课，金先生一直没有笑容。

有一个同学，大概是陈蕴珍，即萧珊，曾问过金先生："您为什么要搞逻辑？"逻辑课的前一半讲三段论，大前提、小前提、结论、周延、不周延、归纳、演绎……还比较有意思。后半部全是符号，简直像高等数学。她的意思是：这种学问多么枯燥！金先生的回答是："我觉得它很好玩。"

除了文学院大一学生必修逻辑，金先生还开了一门"符号逻辑"，是选修课。这门学问对我来说简直是天书。选这门课的人很少，教室里只有几个人。学生里最突出的是王浩。金先生讲着讲着，有时会停下来，问："王浩，你以为如何？"这堂课就成了他们师生二人的对话。王浩现在在美国。前些年写了一篇关于金先生的较长的文章，大概是论金先生之学的，我没有见到。

王浩和我是相当熟的。他有个要好的朋友王景鹤，和我同在昆明黄土坡一个中学教书，王浩常来玩。来了，常打篮球。大都是吃了午饭就打。王浩管吃了饭就打球叫"练盲肠"。王浩的相貌颇"土"，脑袋很大，剪了一个光头——联大同学剪光头的很少，说话带山东口音。他现在成了洋人——美籍华人，国际知名的学者，我实在想象不出他现在是什么样子。前年他回国讲学，托一个同学要我给他画一张画。我给他画了几个青头菌、牛肝菌，一根大葱，两头蒜，还有一块很大的宣威火腿。——火腿是很少入画的。我在画上题了几句话，有一句是"以慰王浩异国乡情"。王浩的学问，原来是师承金先生的。一个人一生哪怕只教出一个好学生，也值得了。当然，金先生的好学生不止一个人。

金先生是研究哲学的，但是他看了很多小说。从普鲁斯特到福尔摩斯，都看。听说他很爱看平江不肖生的《江湖奇侠传》。有几个联大同学住在金鸡巷，陈蕴珍、王树藏、刘北汜、施载宣（萧荻）。楼上有一间小客厅。沈先生有时拉一个熟人去给少数爱好文学、写写东西的同学讲一点什么。金先生有一次也被拉了去。他讲的题目是《小说和哲学》。题目是沈先生给他出的。大家以为金先生一定会讲出一番道理。不料金先生讲了半天，结论却是：小说和哲学没有关系。有人问：那么《红楼梦》呢？金先生说："红楼梦里的哲学不是哲学。"他讲着讲着，忽然停下来："对不起，我这里有个小动物。"他把右手伸进后脖颈，捉出了一个跳蚤，捏在手指里看看，甚为得意。

金先生是个单身汉（联大教授里不少光棍，扬振声先生曾写过一篇游戏文章《释鳏》，在教授间传阅），无儿无女，但是过得自得其乐。他养了一只很大的斗鸡（云南出斗鸡）。这只斗鸡能把脖子伸上来，和金先生一个桌子吃饭。他到处搜罗大梨、大石榴，拿去和别的教授的孩子比赛。比输了，就把梨和石榴送给他的小朋友，他再去买。

金先生朋友很多，除了哲学家的教授外，时常来往的，据我所知，有梁思成、林徽因夫妇，沈从文，张奚若……君子之交淡如水，坐定之后，清茶一杯，闲话片刻而已。金先生对林徽因的谈吐才华，十分欣赏。现在的年轻人多不知道林徽因。她是学建筑的，但是对文学的趣味极高，精于鉴赏，所写的诗和小说如《窗子以外》《九十九度中》风格清新，一时无二。林徽因死后，有一年，金先生在北京饭店请了一次客，老朋友收到通知，都纳闷：老金为什么请客？到了之后，金先生才宣布："今天是徽因的生日。"

金先生晚年深居简出。毛主席曾经对他说："你要接触接触社会。"金先生已经八十岁了，怎么接触社会呢？他就和一个蹬平板三轮车的约好，每天蹬着他到王府井一带转一大圈。我想象金先生坐在平板三轮上东张西望，那情景一定非常有趣。王府井人挤人，熙熙攘攘，谁也不会知道这位东张西望的老人是一位一肚子学问、为人天真、热爱生活的大哲学家。

金先生治学精深，而著作不多。除了一本大学丛书里的《逻辑》，我所知道的，还有一本《论道》。其余还有什么，我不清楚，须问王浩。

我对金先生所知甚少。希望熟知金先生的人把金先生好好写一写。

联大的许多教授都应该有人好好地写一写。

一九八七年二月二十三日

（载一九八七年第五期《读书》）

当年师长素描 ①

周明道

民廿九年秋天，我考进了联大。到今年，屈指算来已四十余年。在这不算短的时光中，白云苍狗，变化太大了。回首当年，值神圣的抗战期间，即使听不到炮响，也会听到炸弹开花声，生活的艰苦，何止千百倍于今日。要说当时的人和事没什么可记的话其孰能信？而我联大同学，类多孔圣信徒，坚守"述而不作"的信条，尽管神聊时唾沫横飞，但少见属之于文。寄语同窗，与那一段黄金时代相去日已远，记忆日以衰，趁此时机，不妨多留下点，日后看了，也可有个线索，从深深埋藏的记忆中，勾勒出一幅幅美丽的景象。

这里我想把往日老师们的言行传闻，作点滴的记述，因为我是经济系的，所以有义务先介绍业师，以示亲疏有别也。

陈总先生　字岱孙，是经济系主任。经济是最大的系，所以他的门生也最多。当初我们填好选课单，要恭恭敬敬地排队请他签证——授业；教过我们财政学——传道。有次老师向某同学对某一问题连讲二遍尚不懂，评为"那么笨"。只因他太严肃，谁也不敢随便要求解惑。口中老衔着一支烟斗，嘴角有些向右下歪，据说是因为抽烟斗久了所致，但好些人怀疑这二者间的相互因果关系。有次，一位同学选课单上填了门"国济贸易"，陈老师用铅笔一指"济"字，说"改一改"。那位同学马上改为"暨"字。陈老师便把这门功课用红笔一划，替他填上了一门三学分的"大一国文"。

---

① 选自冯友兰、吴大猷、杨振宁等著《联大教授》，新星出版社，2010.11。

　　赵迺搏先生　是北大的经济系主任，教我们经济思想史。因为迺搏二字少见，有人竟写成"赵西博先生"，所以第一天上课，关照我们别把他名字写错了。好做诗，可惜那时没把它记下来。住在冈头村，每每一大早步行十二里来校上第一堂课，下课再走回去。他是制度经济学派 Mitchell 的学生，写经济思想史的 Haney 是他同学。有次上课时宣布，本学期打算点名三次，第一次不到，假定你去了重庆；二次不到，假定你去了桂林；三次不到便假定你在跑滇缅路。

　　萧蘧先生　字叔玉，教我们的国际贸易。心肠仁慈，有次点名，发现好些人未到，便慨然道："今天我教你们，可是我却没钱给我自己的子女念书，你们还不好好念？"大家不禁大为感动。萧老师上课，首先必以半小时复习上次的课，因之便有人偷这个机，或晚来半小时，或早溜半小时，都可以把笔记接上。大概在一年后，就任江西太和的中正大学校长。

　　秦瓒先生　他教我们高级财政学，说话全本京白。对我国的井田制度讲得非常详细。据说秦老师封翁曾任云南知府，并投资个旧锡矿。抗战时个旧锡大量外销，因之秦老师是老师中经济情况最好的二位之一（另一位好像是法律系的芮先生，兼任律师），有自备洋车。同学们有同一看法，他的课最易记笔记，只要照老师所讲的记下来，可不用再加整理。

　　周作仁先生　教我们货币银行学。头戴呢帽，鼻架金丝眼镜，经常蓝衫一袭，衫上蒙了一层白粉。到后来，衫上的蓝色越来越浅，白粉也好像更多了。那时他所指定的参考书中有一本赵兰坪先生的货币银行，在现在台湾好些大学中依然是一本"教本"。

　　周炳琳先生　他教我们高级经济理论，教材便是 A.Marshall 的 *Principles of Economics*。逐字逐句为我们讲解，以便明了这部新古典派巨著的精髓，可惜他在国民参政会中职务繁重，所以不能经常指导我们。

　　滕茂桐先生　教过我们的经济学。他是伦敦经济学院毕业的，是英国学派，教的材料以 Marshall，Pigou，Mrs. Joan Robinson 的理论为主。那时最流行的是耶鲁大学 Fairchild 所著经济学，其中没有 Indifference Curve 的理论，而滕公却有，不过他管它叫"无所谓曲线"。在所有老师中，他的年龄属于比较轻的一批。胜利后，曾在东北行辕任职。

贺治仁先生　自丁佶先生游泳发生意外后，便由贺先生教我们大二的初级会计。因为班大人多，上课相当吃力。临到大考时，大家都感到 Balance Sheet 难以平衡，便发生"勒令平衡"情事，当时他们以为很聪明，因为平了，奈何其所得数字依然不对何。

鲍觉民先生　他教我们经济地理，所有老师中，以他的口才最好，从上课到下课绝不冷场，也从不间断，似连珠炮，也似机关枪，上他的课有一好处是很少点名，也不 Quiz。

伍启元先生　教经济政策，上伍老师的课，大家一致感到为难的是笔记难记，难记的原因在于他的广东官话。譬如，有次他连说了好几次"作死"，谁也没听懂，直待他把"匠师"二字写在黑板上才明白。

杨西孟先生　教我们的统计学，那时 R.A.Fisher，Pearson 的理论是统计中的新东西。杨老师的数学根底很好，因此错认我们也有若干数学修养，所以化解公式时便一跳好几步，即使念过微积分的人也要想半天才明白过来。有次发还习题，说："习题可以少做，不能不做，虽然不做也是少做，只是少做中的一个 special case，但还是要做。"等大四上他的高级统计学时，全都是符号和公式，对我来说简直是天书。

徐毓楠先生　到校较晚，好像当我大四时，刚由剑桥归来。教经济理论，他的记忆力特强，每讲完一节，便说，这可以看马歇尔，或某人的什么书第几页到第几页。你去一翻，准没错。

张德昌先生　教我们欧洲经济史，指定参考书是 Ogg 的 *Economic History of Europe*。

李树青先生　担任土地经济，那时他才由威斯康辛回国。

戴世光先生　与杨先生同任统计学。

下面略述他系的老师，因为是别系的，所以所记的有的是听来的，只是姑妄记之，是否真实，尚待证实，但决无亵渎之意。

刘文典先生　是联大的"国宝"，因为他曾宣称普天之下，真正懂得庄子的人只一个半，他是一个，另半个在日本。据说他有抽福寿膏的嗜好。上课时香烟一支接一支，从不间断，一堂课上完，地下全是烟蒂。上课方式也特别，因为声音小，所以由学生团团围绕他坐在那里听课，如同小孩子环绕老姥姥听讲故事一样。有一次，有人请他批评当前的文艺作家，譬如巴金怎样？他追问一下是谁？问的人再说一遍，他思考了一下说："巴——金，巴——金，没听说过，没听说过。"又有一次跑警报，他看见另一位老师，从旁跑过，他便把某老师叫住说："你也跑警报吗？我跑警报是保存国粹，他们（指同学）跑警报是后生可畏，你有什么价值跑的？"把某老师气个半死。

沈有鼎先生　在昆明定居下来时，别人买床，他却买了三只肥皂木箱，上铺被褥。有人问他干嘛不买张床，他说"这是三段论"。

曾昭抡先生　是湖南曾家后人，化学系中权威教授。一身破蓝布长衫，皮鞋后跟总是踩扁的，变成拖鞋样子，袜子也永远是空前绝后型的。据说结婚后，新婚夫人问他为何老是这副穿戴？结婚那天的西装呢？他的答复是"借来的"。

潘光旦先生　这位社会学家是最后一任的教务长，口中总挂着一支福尔摩斯式的烟斗。跟着大家一起跑警报，有时还向学生说："看，我跑警报不比你们慢罢。"

皮名举先生　他教过我半年西洋通史，身材虽瘦，嗓门却大。联大同学当可记得，新校舍的大门和右边的第一号教室，距离至少在八十公尺以上，可是同学在大门口即可稍稍听到皮老师在那里上课。他也爱批评别人，他说他看考卷，决不马虎，不像有的人，先在地上画根线，然后手持全部考卷，闭眼，只称皇天在上，把考卷往前丢去，过线的给八十分，不过的，按距离远近予以给分。后来他去湖南大学任教了。

蔡维藩先生　接教我们西洋通史，穿大褂，讲课时两手喜欢往大腿上拍。他另一特点是不欢迎大家记他的笔记，有次他看见前排有位同学运笔如飞作记，并且把未听清楚的向他请教，他说："怎么，你想把笔记出版吗？"

雷海宗先生　是中国通史的权威，每次学术讲演都有很大的号召力量。有次贴出布告，雷先生讲西汉帝王的生活，大家以为他会讲那些三宫六院的香艳故事和旖旎风光，把间可容纳二三百人的教室挤得水泄不通，雷先生费了好大气力才挤上讲台，结果讲的是汉代帝王的宫廷分布，和一般的衣食情形，大家大失所望。

贺麟先生　担任哲学概论，有一次大考，大概他发现有人作弊，便即时很郑重地宣布："大家不要作弊，否则给我看到的话，哼！决不客气。"稍停，又说"多则零分，少则扣分"，情绪马上松了下来。

李继侗先生　主持我们这一班大一时的训导工作和生物学，以精明闻。对抓作弊有独到的办法。那年大考，我们碰上了一次特殊的待遇，凡考卷上都有暗号，即使同一门功课而不同的老师，即有不同的记号，盖所以防狸猫换太子也。考生物时，站在椅子上，居高临下，看得一清二楚，谁也别想动一动。他的长公子低我二三班，却在译训班中与我是同期。

袁复礼先生　他教我们这一班的大一地质学，学富五车，见多识广，跑的地方也多，因之上课时常常谈在蒙古发掘时的情形和在新疆青海考察地质的情形和发现，可是我们的笔记便无从下手了。

噶邦福先生　是联大中四位外籍教授之一（另三位是地质系的米许，外文系的 Winter 和 Page）。他担任俄国史，选他课的人，每年只有二三位。人虽少，可有一特点，是师生从不缺课，而且平均分数总在八十分以上。

毛鸿教官　他的大名可惜已忘了，是联大的上校主任教官，据说他出任过上校团长，在江西剿过匪，结果只剩下他一人，因之只好转任训练工作。后来升任少将教官，有同学送他一副少将领章，却从未见他戴过，问他，他说："我家雇不起人，要抱孩子，又要提着篮子上菜场买菜，挂副少将领章，像什么样子？"身上的华达呢军服已磨得闪闪发光，脚上只登双布鞋。但人缘奇佳，联大同学有事，别人不大好处理的，他一到场，三言两语，便可解决。

查良钊先生　查老师担任联大训导长，喜欢早起，因之当时有这样传说，谁的贷金发生问题，便须起个大早等在查老师房门外，等查老师一开门，迎头一鞠躬，说声查老师早，再诉诉苦，一次不成继之而再，再而三，待老师认为孺子可教，贷金便有望了。

梅校长　据说联大初期有位同学写信称云南人为"老滇票"，被云南邮检人员查获，认为侮辱，即移文校长要求查处，梅校长却在这位同学的原信上，很简单地批上几字，要这位同学以后应加注意，往布告板一贴，了此公案。

暨南四教授 ①

原予鲁 ②

国立暨南大学在八一三以后，由真如迁至租界内，在康脑脱路上课。直至三十年十二月初旬末，方才宣告停办。但在福建建阳的暨南分校，到现在还设立着。说实话，暨南一校，学生虽程度参差不齐，教授却个个都是真正的学者。因此自己常常暗暗地想：要是暨南不停办，也该毕业了。文科毕了业，虽不一定能大作大为，但能受这批教授多年熏陶，至少终不至于像现在那样除了一事无成之外，又复胸无点墨，给人贻笑。

想到这里，便不免对当年各教授所给自己的印象，多少有了一些向往。于是兴之所至，却不觉写成了如此的四段文字：

王统照

提起王统照先生，真是"无人不知"的文坛前辈。但是说实话，自己最初对他并无好感。记得第一天上他的课，他就一句闲话也不说，先分讲义；分完之后，就开讲。讲的是陆机的《文赋》。

然而，真可以叫人嚷"天"，他的国语我一句也听不懂。下课之后，我问同学王先生说的是北京话还是本地音，他笑着回答说是"山东话"。当时我有些不相信，以为或许这个同学是幽默大师的高足。然而王统照先

---

① 选自柯灵编《作家笔会》，海豚出版社，2013.06。
② 据马国平先生、陈子善先生考证，原予鲁即著名作家徐开垒——编者注。

生的话很难懂，是真的。

但是习惯真是一个奇怪的人物，接近它，我们就熟识它了。王先生说的话，日子一久，就句句听得懂，而且句句有些味道。他说话的中间，很多"这个"。但你不要小看了这两字，凡是王先生"这个"、"这个"连绵了三十秒钟或其以上的时间时，接着便有一句最中肯，最精彩，对书本的了解最有帮助的解释话给提了出来。所以我倒是喜听到他的"这个"。

王先生大约有四十几岁，头发稍稍有些秃，戴着玳瑁边眼镜，常年穿着长衫，脚上一双黑皮鞋。看见他，我常常想他在年青的时候，一定潇洒而且漂亮。《万象》长篇小说《双清》里有一个于先生，我觉得外表上很像他。

在王先生的课里，每二星期作一次文。他批分数的记号是用 ABCDE 等英文字母，外加"+"、"-"两种。我不曾拿过他的 A，这倒并不是王先生很不慷慨，实在是自己文章不好。——在像他那样的教授面前，我认输。因为他能指出我的不好"在哪里"。

原是我很自负的。在中小学大批国文教师的作文批语下，我取惯了"清练如洗"、"文笔流利"以及到现在想起来不免有些肉麻的"文学天才"的那些头衔。而且我那时还偶然在外面写写稿，一向自以为了不得。因此遇见了王先生，以为作文的批语少不得也是一些奖语。然而，第一次作文批卷发到了，在题目的右下角上，写着几个很浓的墨笔字："细想，多少冗字本不必用！"

就这样，他在我的头上浇了一盆冷水。每一次的文卷，没有不是给改得黑乌一片。我感谢他。而因此也知道天多高，学问有多深。自己所写的，简直一无是处。

教师替学生批改文卷，批改得像王先生那样精细，不要说是眼前，即使从前，也是少有的。一般教师常常爱替学生戴高帽子，尤喜在他们的句子上加双圈，这其实都是贪懒行为，误人子弟的。最能够指出学生的缺点，才是最好的教师。

可惜的是像王统照先生那样的好教师，我们就在三十年那个冬天以后，不能再上他的课了。我记得那一天上午，也就是暨南的最后一天课，在我们教室讲台上讲书的，正是王先生。他从来不说题外话，然而这一次却例外。他讲了好一些他个人的经验。

郑振铎

现在我要说郑振铎先生了；这一位高个子，长头发，常年穿着西装的教授。

除了教室，我们在任何地方，任何时间内看见他，他总是抽着烟，好像他的右指永远少不了有那一支卷烟替他装点似的。尤其在图书馆（他是主任），忙着翻书，又忙着狠命抽烟的样子，叫人看了真有些代他忍受不了。

在教室里，他是更其使人觉得有些怪的。我上过他的文学史的课。他教的方法很特别。一般文学史的教授，讲授的程序，总是从《诗经》开讲，然后再依次由周秦两汉的文学，而逐渐讲到明清以后的东西。而郑先生却不然，他是先从眼前的文坛说起，然后推溯而上。

他所讲的资料，也有普通文学史读本所没有的；那些新鲜而且独到的史料和史观，很可惜他不存心自编一部文学史。要不然，市上那些东抄西袭，千篇一律的文学史书本的作者，大可以羞煞。

八年的文坛，却确是具有热切期望的。他盛誉写《新水浒》的作者谷斯范。

有一次，他讲到元曲。他对现在昆曲的没落，表示"知音者稀"的可惜。同时他又提起京剧，他说角儿所唱的，如果没有先读过脚本，简直不知所云。倒不如晚间开无线电收音机时，绍兴戏唱词咬字明确，很少破句为可听。

这当然不是郑先生在表示对绍兴戏特别赏识，也不是瞧不起京剧。但无论如何，今日的京剧之需要改良，以及越剧之可以上进，已经由他暗示着了。

《万象》新年号，有一位自称校对的"贾兆明"先生，写信给高先生谈作家书法，他说到我们这位文学史教授，就说："郑振铎的笔子极粗，字形极大，无论你格子怎样大，他的字老是藏不进格子里，有一半要铺出在格子外。再加以添注涂改得极厉害，'满纸涂鸦'，正好作他的稿子的考语。我们籀读他的文章，可真费力，不要说排字人见了头痛，就是我们校对人见了何尝不头痛啊！"其实，这位贾先生有些"少见"多怪，他虽然看到过那么多的大作家墨水字，却不曾看到过郑先生黑板上所写的字，我们却是看惯了的。那些不但又粗又大，而且歪歪斜斜，使人见了立刻会想到开明版《木偶奇遇记》封面上的那五个怪字。要是这五个字，正是出于那本书的翻译者徐调孚先生之手，那么这位徐先生，正和我们的郑先生是一对。在学问上有那么深的造诣，而写出来的字却那么孩子气，想起来真有趣。

然则郑先生顾不到这些，他还很爱写黑板上的字呢。每次下课，黑板上总是给他涂满了他那又粗又大的歪斜字。

王勤堉

王勤堉先生是中国著名的地质学家，他的著作相当丰富，在开明书店也出版过有关于地质学的书籍。

他在暨南大学教的学科也是"地质学"，学校把它与物理化学生物三门功课同列为文学院基本选修科，任学生在其间选择一种攻读。学生方面，因为在中学时都读过物理化学生物，独有此地质学没有读过，所以大都挑选了这门比较陌生的科目。

因此大家全认识了地质学教授王勤堉先生。

王先生经常穿的是一件丝长衫，人相当瘦，头发也不怎样光亮，蜡黄的面孔配上一副深的眼镜，很显得出一个下过苦工的专门学者。但也许正是因为学者气味太浓厚罢？他不很会说话，教起书来有头没尾的，尽向黑板画各种各样地质变迁图，叫人摸不着头脑，尤其是坏学生像笔者那样的人，偶一思想外涉（坐在教室中听书的时候，忽然想到家里的鸟，今天忘记给它灌水喂食了），待再集中注意力到黑板上时，则已经牛头不对马嘴。所以对王先生这门功课，我相当畏惧，平日听讲摘记，是只有借重一个姓陶与一个姓姚的同学簿子来照抄的。这给王先生知道了，怕要给他骂？

但说真话，王先生教书是热心的，你缠不清时，他会不惮烦厌的，一遍再一遍的说给你听，没有一般教授的架子。所以大家对他全很好感。太平洋战事发生后，学校停办，我们就不再看见他。

现在是（民国）三十三年年底，和他相别已经三年了。在这三年中，在上海平日遇见的，十个人中倒有九个是鬼，像王先生那样有专门学问而没有专家架子的人，尤少遇见。现代中国学术界人缺少的正是这种专家。王勤埔先生现在不知在何处？有人说他到内地去了，要是真的，那么我愿代表受过他的教导的学生，祝他幸福，同时更希望有一天我们再能看见他在黑板上画各种各样的古怪图儿！

周予同

自己在学校里总共读上了十多年书，遇见过不少的好教师；但是像周予同先生那样有实学而又有口才的，委实不多见。他能将最枯燥的东西，变成活的讲材，而使每一个学生感兴趣，同时获得有用的知识。

周先生是新史学家，他说六经不过是一种史料。因此他反对唯经典是信的儒教史观派。但是新史学各家的优劣，他也是洞鉴秋毫的，他常常这样下结论："史学发展的几兆，大概不出于撷取疑古、考古、释古三派的优点，加以批判的综合，而渗透以高度的争取民族解放的信念。"

基于周氏在学问上的见解，我们就不难明了他平日做人的态度：他对于什么事，都是以最冷静的头脑去应付的；实在他是一个最理智的人物。然而也因此，他始终是一个教书匠。

他是对生活极端乐观的。记得有一次在课堂上，他偶然谈起他自己，他说他常常将自己关在房间内，对着镜子忖量，像自己那样的人除了教书还有更好的事情可以做吗？——结果没有。因此他一直教了廿多年书。

同时他又劝告同学，不要常常恨自己不中用。他以为世界上决无没有用的人，即使一切事都不会做，那么——他说——养儿子，也是一件有利于国家民族的事。

大约正因为周先生如此乐天，所以他的身子很胖。不认识他的人准会当他是一个暴发户。然而要是我们能再对他细看一下，那么决不会有这种错觉。原来他那一团和气的样子，不但和生着一脸横肉的商人不同，就是跟专喜挑学生缺点的其他学校教务长，也大异其趣。（周先生是暨南的教务长。）

廿多年前，他在商务印书馆编《教育杂志》的时候，他的名气便很响。后来在《中学生》上，又常常读到他的论文，《过去了的五四》这一篇给人印象尤深。战后似乎很少见到他的著作，但是开明书店《学林》第四辑，曾有他的《五十年来的新史学》，那是对中国史学有极大贡献的一稿。

周先生教"中国通史"课程，所用的书籍，是暨南史地系主任周谷城所著的那本《中国通史》（开明版）。但那只是一本课外读物。因为在上课时他所教的，全然与它不同。考试的时候，他所出的题目极大，因此学生选读他的课，一临考试前夕，不必背札记，开夜车。然而平日要是不用心听他的讲，或是不依照他的话去阅读他所提出的课外参考书，那么在考试时对着他那个大题目，会有"不知从何说起"之虞。

还有一点，周先生给我的印象也深。就是他对学生的期望，是很热切的。他痛骂士大夫，因为读了书的士大夫，只想做官发财；同时他又对"知识分子"四字作过一层较深的解释。凡是他的学生——我相信——都还记着他的话。

实在，对于周先生那样的教授，谁忘得了他？纵然他的门墙桃李盈天下，他已经不再记得起每个学生的名字，但每一个上过他的课的人，对于这个和蔼可亲，始终热心于教书的先生，是决不会忘记的。

暨南还有一个名教授陈高佣，也是一个胖子，然而学生对他的崇敬，终不及周先生，也不知道是什么缘故。

紫色的雾 ①
——忆念朱自清先生

闻 山

是紫丁香盛开的时候，柳条儿绿油油。春天早晨的清华园，清新得象从露水里捞起来似的。阳光斜照着大礼堂的圆顶，鸟儿刚睡醒，正快乐地练习每天的歌喉。三院前面草地上，浮起一层紫雾。那紫色，纯净、雅洁、秀丽。微风吹过来一阵丁香的甜味，让人们忘记了这是艰苦的岁月，中国正处在黎明前最黑暗的时刻。

朱自清先生的"现代中国文学讨论及习作"是第一堂课。他经常是第一个走进课室——就是三院西北角那个小课堂。他头上戴着那顶清华园里独一无二的帽子，和济公活佛头上那顶差不多。身上穿着多年前在英国留学时穿的西装，也不知是当年时兴，还是朱先生个子长了，那衣服的袖子、裤腿都显得短缩。但穿的人却泰然自若，手里提着"士的"，安安静静地从后门走进三院的走廊里来。他明净的目光，透过那副正圆形黑框近视眼镜，亲切地望着我。

我说："朱先生早！"

"你也来得早呀！"

我说："早晨看这紫丁香特别美！"

朱先生望着那片紫色的雾，半晌才说："是的，真美！"

我们都不再说话。不知怎的，朱先生这时的神态，宁静而深思的目

① 选自童宗盛编《中国百位名人学者忆名师》，延边大学出版社，1990.01，有删节。

光，便永远刻在我心里，象一座雕像。它浮现在一片紫色的丁香花之中，这是一个对自己所尊敬的人留下的难得的记忆。这记忆是永恒的。

同学们陆续来了。我们才从紫色的幻想中回来。朱先生踏上讲台，说："今天，我给大家念一篇短文，大家来批评。"（这是朱先生开这门课的特殊练习法，除他讲课、同学自选题作文之外，他还选读一些作品或同学们的习作，让大家当场写意见，批评。）他发给每个人半页纸，然后打开一本刊物，读了一篇千把字的文章。这是一篇抒情短文，作者幻想自己向高高的天空飞翔，描写自己飞得如何之自由自在，等等。我以前好几次写意见，议论作品的优缺点，都比较注意，尽可能说得全面一些。这回可写得很不客气。因为当时的时局那么叫人不能安心，国民党进攻解放区，占领了张家口，听到这种轻飘飘的往天上飞的调调儿，心里就厌烦。我批它脱离现实、空想……

第二次上课，朱先生按例先发卷子，我拿到手上一看，是乙十。这可不是容易得的分数！平常能得个乙就算不错了。朱先生打分数和他讲话一样严谨。这次我交卷后都有点后悔，不该全说人家的缺点嘛，那篇散文的文字还是美的，而且有想象力。没想到，这种偏激的意见却得到了朱先生的乙十！

朱先生发完卷，看大家安静下来，注意力集中了，他谦逊地一笑，说："这次你们批评的这篇小文章是我写的。请你们帮我分析分析。有的同学批评得很对，就是和现实生活不相干的东西。"说时，朱先生看了我两眼。哎哟！这可真是开了个大玩笑！我这个学生竟批起朱先生来了。我脸上觉得发热。低下头再看那个乙十，这个符号就变成了不是给我的分数，而是对我的批评，相对的却是标志着朱先生的谦虚、他的为人、他的美的品德。

我现在还保存着朱先生批评过的习作。那毛笔写的端端正正的蝇头小楷，那细致、精确的意见，商量的口气，都记录了朱自清的风格。有时候，他用双圈密点，表示他的赞同与鼓励，使我看见那清澈宁静的目光，正望着我微笑。朱先生是极其讲究语言文字的。他是江南人，讲课时却一个字一个字地咬着讲北京的普通话，把那个 "儿"字也叫你听得清清楚楚。

在我记忆中，朱先生从来不曾大笑过，顶多是莞尔而笑，笑不露齿。讲课时，一句是一句，不紧不慢，就像他在写《背影》似的。他的思想象那明澈的琴溪。（哦，那时候清华园里这条小小的溪水是多么洁净，美丽呵，可惜现在变成了臭水沟了！）即使是在动感情时，朱先生也不曾让人觉得他愤怒；至于暴躁，那更与他无缘，他连激动都不使你感觉到。我曾想过，他那名字就跟人一样，真是表里一致，名实相符。

精彩课堂片段（大学篇）

在圣约翰的汉文课堂中是我的极乐世界，其间我可以偷看些书籍。我们的汉文教员是老学究，也许是学问深邃的，可是就我看来，均是十分怪诞可笑。他们都是旧式的温静文雅的君子，可是不会教授功课。加以他们不懂世界地理，有一位居然告诉我们可以用汽车由中国到美国去。我们饶有地理知识，忍不住的哄堂。记得有一位金老夫子，身材约四尺四寸高，费了整个学期的时间，只教了我们四十页大字印刷的中国民法。我十分愤怒。每一点钟，他只讲解其实不必讲解的十行，即使他最善虚耗光阴也不出十分钟工夫便可讲完的。其他的时间他却作为佛家坐禅入定之用，眼睛不望着学生，不望着书卷，也不望着墙壁上。这真是偷看书籍最好不过的形势了。

——林语堂《在学校的生活》（刘志学主编《林语堂自传》，河北人民出版社，1996.09）

今日下午，上两小时课，诗词各一时。昨夜曾略加预备，顺口说来，尚不致散乱无统系，唯两月来不曾长篇大论地说过话，故每有顾后失前之处。然留神察看听讲诸人神色，除一二精神颓靡者外，多数尚能团结。且有半数聚精会神地作笔记。初上课有此成绩，殊属不恶。明日是"骚赋"，自家实在无拿手，不知能骗得过人否。……昨日下午"诗词"，上班后，愈讲愈穷词，听讲学生有入睡者七八人，真从来未有之现象。今晨讲《离骚》，自觉无甚把握，不意徐徐引起，如蚕吐丝，绵绵不尽；学生亦觉娓娓动听。真出人意料之外。

　　——顾随《燕园初进》（顾随著《诗书生活：顾随随笔》，北京大学出版社，2008.7）

　　陈寅恪先生上课真了不起，有些地方虽然我还听不大懂（因为我外语基础差、佛学经典知识亦少），但我硬是坚持听下去，能记尽量记，课后再与同学对笔记，得到许多治学方法，所以我对寅恪先生极其佩服。例如寅恪先生讲《金刚经》，他用十几种语言，用比较法来讲、来看中国翻译的《金刚经》中的话对不对，譬如《金刚经》这个名称，到底应该怎么讲法，那种语言是怎么说的，这种语言是怎么讲的，另一种又是怎样，一说就说了近十种。最后他说我们这个翻译某些地方是正确的，某些地方还有出入，某些地方简直是错误的。因此寅恪先生的课我最多听懂三分之一（而且包括课后再找有关书来看弄懂的），除此以外，我就不懂了。

　　——姜亮夫《清华园的教与学》（姜亮夫著《姜亮夫文录》，云南人民出版社，1999.11）

　　鲁迅每周一次的讲课，与其他枯燥沉闷的课堂形成对照，这里沸腾着青春的热情和蓬勃的朝气。这本是国文系的课程，而坐在课堂里听讲的，不只是国文系的学生，别系的学生、校外的青年也不少，甚至还有从外地特地来的。那门课名义上是"中国小说史"，实际讲的是对历史的观察，对社会的批判，对文艺理论的探索。有人听了一年课以后，第二年仍继续去听，一点也不觉得重复。一九二四年暑假后，我第二次听这门课时，鲁迅一开始就向听众交代："《中国小说史略》已印制成书，你们可去看那本书，用不着我在这里讲了。"这时，鲁迅正在翻译厨川白村的《苦闷的象征》，他边译边印，把印成的清样发给我们，作为辅助的教材。但是鲁迅讲的，也并不按照《苦闷的象征》的内容，谈论涉及的范围比讲"中国小说史"时更为广泛。我们听他的讲，和读他的文章一样，在引人入胜、娓娓动听的语言中蕴蓄着精辟的见解，闪烁着智慧的光芒。

——冯至《笑谈虎尾记犹新》（冯至著《冯至选集（第二卷）》，四川文艺出版社，1985.08）

黄先生的课，我听过两年，先是讲顾亭林诗，后是讲《诗经》。他虽然比较年高，却总是站得笔直地讲。讲顾亭林诗是刚刚"九一八"之后，他常常是讲完字面意思之后，用一些话阐明顾亭林的感愤和用心，也就是亡国之痛和忧民之心。清楚记得的是讲《海上》四首七律的第二首，其中第二联"名王白马江东去，故国降幡海上来"，他一面念一面慨叹，仿佛要陪着顾亭林也痛哭流涕。我们自然都领会，他口中是说明朝，心中是想现在，所以都为他的悲愤而深深感动。这中间还出现一次小误会，是有一次，上课不久，黄先生正说得很感慨的时候，有个同学站起来，走出去了。黄先生立刻停住，不说话了。同学们都望着他，他面色沉郁。象是想什么。沉默了一会，他说，同学会这样，使他很痛心。接着问同学："你们知道我为什么讲顾亭林诗吗？"没人答话。他接着说，是看到国家危在旦夕，借讲顾亭林，激发同学们的忧国忧民之心，"不想竟有人不理解！"他大概还想往下说，一个同学站起来说："黄先生，您误会了。那个同学是患痢疾，本来应该休息，因为不愿意耽误您的课，挣扎着来了。"说到这里，黄先生象是很感伤，我亲眼看见他眼有些湿润，点点头，又讲下去。

——选自张中行《黄晦闻》（张中行著《负暄琐话》，黑龙江人民出版社，1986.09）

先生对所教课程内容极其熟悉，上课有他个人的讲授特点：（一）一上讲台即开始讲授课程内容，从不说一句闲话。（二）讲话非常快，如果不专心倾听，那么笔记就记不上。（三）从不念讲稿，而且根本不带讲稿。他只带一本一般学生练习英语的笔记簿，封皮上写着："讲到哪里了"并在后边画了个大"？"号，里边记着他上次课讲到了什么地方，便于下次接着前边的讲。（四）先生对所引用的典籍，记得非常熟。引征时，背诵原文，脱口而出，充分说明先生功力深，记忆力强。

——任访秋《钱玄同印象》（童宗盛编《中国百位名人学者忆名师》，延边大学出版社，1990.01）

我记得，有一次金先生讲课，是关于论理的知识，书的名字，我记不大清楚。金先生教课是这样一个方法，他是一章一章的念。上课以后就问大家都有书没有（英文本），请打开第一章第一页，叫大家看。然后他在上面就问，你们看了这页，你们认为有什么问题没有？当时课堂上五十几个人，课堂上没有几个能回答，鸦雀无声，相当长的时间。然后金先生说，大家是不是认为这一页讲的话都是对的呢？大家也不讲话。金先生说：是就是，不是就不是，怎么不讲话。金先生就说，这本书的第一章开头的地方，用词这么多，大体的意思是说那是很明显的，人类的知识是从感性来的。金先生说，他说是"很明显的"，你们说是明显的吗？你们想一想是不是？人类的知识是不是从感性来的呢？比如说 $2+2=4$ 这是从感性来的吗？他没有往下讲，他说我希望同学们注意，以后在看书的时候，特别是当作者说那是很明显的什么、什么等等，你要动脑筋想一想，是不是很明显，问题往往错在这里。

金先生这些话，对于我是很大的震动，所以在以后的年代里，我经常想起这件事。

　　——乔冠华《金岳霖先生教我怎样去思考》（金岳霖学术基金会刘培育主编《金岳霖的回忆与回忆金岳霖》，四川教育出版社，1995.07）

　　印象最深的是两位数学老师，傅种孙先生和程春台先生，后来他们都是师大教授。两位先生是中学直接使用国外课本的倡导者，他们组织了国外课本的影印工作，影响很广，范氏大代数几乎全国使用多年，大大提高了数学水平。附中毕业生的水平一般都达到国外大学一年级的程度。傅先生特别注意学生的学习情况，他发现有些同学在学平面几何时，作图偷巧，发出了一个悬赏课题：有些同学只用一个铜元和两支铅笔画几何图，要求用这两个工具解以下各题：求圆心、等分一个角等等十个题，解出的有奖，解不出的受罚，要求以后不准再用铜元和铅笔作图，要用圆规和直尺作图。这引起同学们极大兴趣。

　　——马大猷《附中六年》[北京师大附中编《在附中的日子（上册）》，京华出版社，2001.09]

　　叶企孙先生是一位在学术上造诣极深的先生。他思维敏捷，教学方法灵活独到，讲课从不照本宣科。他虽有很重的上海口音而且又口吃，但这丝毫也不影响他把那些基本概念讲得清晰易懂。叶先生极善于把握关键。他负责讲授的热力学是最难懂的课程之一。每当讲到关键之处，叶先生总是不厌其烦地反复强调、重复讲解，直到学生真正透彻理解了为止。

　　叶先生讲课最突出的特点还在于他十分注重跟踪国外最新研究成果，注重开拓学生的眼界。他讲同一个课题，每年所举的例子都不相同，甚至不同班次的都不相同。因为他总是要在自己的讲义中随时补充进最新的例子和最近的发展成果。这种授课方式很接近国外那些高水平的教授。很多年以后，我们这些清华的老校友们提起叶先生授课的这一特点时，还总是津津乐道，赞不绝口。

叶先生的考试也与众不同，他常根据学生的不同情况给学生出不同的题目。有一次考统计物理学时，叶先生给我单出了一道题。他先给了我一本德文版的统计物理学专著，让我先把这本专著看完后，再根据专著中的论点写出一篇有自己见解的文章。

　　——王大珩《最崇敬的老师》（王大珩著《七彩的分光》，湖南少年儿童出版社，2000.10）

熊先生冬天室内不生炉火。北京的冬天差不多有四个多月，听课的学生全副冬装，坐着听讲。熊先生开的课是两个学分，也就是两节课。但熊先生讲起来如长江大河，一泻千里，每次讲课不下三四小时，而且中间不休息。他站在屋子中间，从不坐着讲。喜欢在听讲者面前指指划划，讲到高兴时，或者认为重要的地方，随手在听讲者的头上或肩上拍一巴掌，然后哈哈大笑，声振堂宇。有一次和张东荪谈哲学，张在熊先生面前，也成了学生，一巴掌拍在张的肩上，张东荪不得不眨眨眼，逡巡后退，以避其锋芒。抗战时，听郑昕先生说他在天津南开中学求学时，听熊先生讲课，他怕熊先生的棒喝，每次早一点到场，找一个离老师远一点的位子坐下。我才知道熊先生这种讲课方式由来已久。

听熊先生讲课，深感到他是教书又教人，讲新唯识论、佛家名相通释时往往大骂蒋介石让东北失陷，不抵抗，卖国投降。熊先生不只传授知识，他那种不媚俗、嫉恶如仇的品格，感染了听讲的人。

　　——选自《熊十力先生的为人与治学》（任继愈著《念旧企新·任继愈自述》，人民日报出版社，2011.01）

金先生讲课，不带书本，不带讲稿，走进课堂只带一支粉笔，这支粉笔并不使用，经常一堂课讲下来一个字也不写。……

金先生讲授"知识论"课程，有的学校称为"认识论"。金先生说，这门课只能叫"知识论"，不应叫"认识论"。人们对某事物可以有一定的知识，却不一定认识它。因为认识一个事物要受众多条件的影响和制约，有主观方面的，也有客观方面的。

比如说，事物之间的比例（Proportion）就是影响认识的一个因素。假使世界上所有的东西一夜之间都按比例缩小了一半（房子、门窗、桌、椅、人……）这个变化不能说不大，可是人们对已发生变化的这个世界并未察觉，认为和平常一样，认为没有变化。

金先生又说，"我平时好大，却不喜功"，常摆几个大的苹果在桌上。刚摆出时，它们大小差不多，几天后，有的苹果缩小了，苹果A、苹果B、苹果C……之间差别逐渐显出来，因为它们之间的比例拉大了。如果这些苹果同时同步缩小，我会认为它没有缩小。可见"比例"在人类认识中的作用不能不考虑，比例不过是众多关系中的一种。

……

金先生又说，人们嗅到某种花香的气味，有人觉得沁人心脾，有人为之头晕脑胀，感受因人而异。形成气味的还是那个化学分子结构，香和不香的感受因人而异，认识不尽相同。

金先生又说，对于桌、椅、木、石等死的东西，哲学家可以通过分析，论证其不真实，认为不过是众多感觉的复合体，好像言之成理。如果认识的对象不是呆板的死物（桌、椅、木、石等）而是一个大活人，哲学家做出上述的分析和判断就会遇到麻烦。讲到这里，金先生指着坐在他对面听课的同学陈龙章，并代替陈龙章回答："你不承认我的存在，我就坐在你的面前，你把我怎么办？"讲到"你把我怎么办？"这句话时，金先生把头一摆，胸一挺，脖子一梗，做出不服气的样子，听课同学们会心地笑了。

——任继愈《忆金先生一堂教学和两则轶事》（金岳霖学术基金会刘培育主编
《金岳霖的回忆与回忆金岳霖》，四川教育出版社，1995.07）

　　我进之江大学，完全是遵从先父之命，要我追随这位他一生心仪的青
年学者与词人。我上他（夏承焘）《文心雕龙》第一堂课时，却只是满心
的好奇。他一袭青衫，潇潇洒洒地走进课堂，笑容满面地说："今天我们
上第一节课，先聊聊天。你们喜欢之江大学吗？"那时同学们彼此之间都
还不熟悉，女孩子更胆怯，只低声说"喜欢"。他说："要大声地说喜欢。
我就非常喜欢之江大学。这儿人情款切，学风淳厚，风景幽美。之江是最
好的读书环境。一面是秦望山，一面是西湖、钱塘江。据之江风景占世
界所有大学第四位。希望你们用功读书，将来使之江的学术地位也能升到
世界第四位甚至更高。"

　　他一口字正腔圆的永嘉官话，同学听来也许有点特别，我却非常熟
悉。因为父亲说的正是同样的"官话"。尤其是他把"江"与"山"念
成同一个韵，给我印象十分深刻。接着他讲解作者刘彦和写《文心雕
龙》的宗旨，并特别强调四六骈文音调之美，组合之严密，便于吟诵，
易于记忆。然后用铿锵的乡音，朗吟了一段《神思篇》问我们好听吗？
我觉得那么多典故的深奥句子，经他抑扬顿挫地一朗吟，似乎比自己
苦啃时容易得多了。下课以后，与一位最要好的同学一路走向图书馆，
一路学着老师的调子唱"形在江海之上，心存魏阙之下"，又学着他的
口音念"前面有钱塘江，后面有秦望山"。却没想到老师正走在我们后
面。他笑嘻嘻地说："多好呀？在厥（这）样的好湖山里，你们要用功
读书哟！"

——琦君《三十年点滴念师恩》（琦君著《琦君散文》，浙江文艺出版社，1994.09）

老师给咱们同门学长们留下印象最深的，我想不能不讲到顾先生登堂讲授这一方面。你不会忘记他那是怎样一种讲授。我不说顾先生是教育家，那太一般了，教育家、办学，不一定会登堂说法。顾先生怎样讲课？他讲课不是照本宣科。顾先生上堂之后，全副精神，全部感情，那不是说我有一点知识告诉你们，这张三，那李四，这张长，那李短，这个苏轼，字子瞻，号东坡，眉山人……他不给你讲这个，这有很多书可查的，干嘛要我来啊？顾先生一上台，那是怎样一番气氛，怎样一个境界？那真是一个大艺术家，大师，他一到讲堂上，全副精神投入，就像一个好角儿登台，就是一个大艺术家，具有那样的魅力。这一方面如果不讲求，我们的教育事业要承受极大的损失。因为你首先要使学生爱听，一切精神智力都调动起来，他敞开心扉，准备接受。

——周汝昌《怀念先师顾随先生》（止庵主编，顾随著《顾随说禅》，广西人民出版社，2005.07）

石先师讲课非常认真，第一次上课就给学生约法三章。规定女生坐第一二排，男生坐在后排；把学生座椅按行列编号，每人座位固定，不许更动。这样，谁不到课，座位就空着，他从讲台上一眼望去就可知道谁缺课。每次上课他很快便点完了名，学生迟到超过十分钟，就不准进入课堂，记为旷课。这些微细的地方都显示出杨先生对学生的严格要求和追求课堂效率。

石先师讲课采用英文教本，用流利的英语加上汉语注解讲课。每讲新内容时，他都先用英文在黑板上写下标题，然后口述讲课要点，口齿流利，语言简练，问题讲得极为清楚。他善于运用启发式教学，又在讲课时辅以课堂演示实验，生动地吸引着听课者倾心听讲。

石先师平时表情严肃，不苟言笑，所以学生在尊敬之余，都有些心怀畏惧，不敢轻易接近他。记得有一次，一年级上普通化学实验课，孙毓驷同学正在用移液管吸取稀盐酸标准溶液，恰好杨老师巡视实验，走近孙毓驷身旁。孙毓驷一紧张，一下子吸空，把盐酸吸入口呛入喉咙。这是违反操作规程的，孙毓驷一时手足失措。杨先生看到这种尴尬局面，却莞尔一笑，说："吃一点稀盐酸到胃里没有什么害处，倒是可以帮助消化呢！"我们大家都笑了，局面转为活跃。实际上，石先师是平易近人，愿意和学生们接谈的，只是他的严肃表情起了障碍作用。老同学大都怕他，我们到老年时仍然如此。我们把石先师看作是一位敬畏的严师，对他，我们是永怀尊敬与热爱的。

——申泮文《怀念严师杨石先教授》（冯友兰，吴大猷，杨振宁等著《联大教授》，新星出版社，2010.11）

联大教授讲课从来无人干涉，想讲什么就讲什么，想怎么讲就怎么讲。刘文典先生讲了一年庄子，我只记住开头一句："《庄子》嘿，我是不懂的喽，也没有人懂。"他讲课是东拉西扯，有时扯到和庄子毫不相干的事。倒是有些骂人的话，留给我的印象颇深。他说有些搞校勘的人，只会说甲本作某，乙本作某——"到底应该作什么？"骂有些注释家，只会说甲如何说，乙如何说——"你怎么说？"他还批评有些教授，自己拿了一个有注解的本子，发给学生的是白文，"你把注解发给学生！要不，你也拿一本白文！"他的这些意见，我以为是对的。他讲了一学期《文选》，只讲了半篇木玄虚的《海赋》。好几堂课大讲"拟声法"。他在黑板上写了一个挺长的法国字，举了好些外国例子。曾见过几篇老同学的回忆文章，说闻一多先生讲楚辞，一开头总是"痛饮酒，熟读《离骚》，方称名士"。有人问我，"是不是这样？"是这样。他上课，抽烟。上他的课的学生，也抽。他讲唐诗，不蹈袭前人一语。讲晚唐诗和后期印象派的画一起讲，特别讲到"点画派"。中国用比较文学的方法讲唐诗的，闻先生当为第一人。他讲"古代神话与传说"非常"叫座"。上课时连工学院的同学都穿过昆明城，从拓东路赶来听。那真是"满坑满谷"，昆中北院大教室里里外外都是人。闻先生把自己在整张毛边纸上手绘的伏羲女娲图钉在黑板上，把相当繁琐的考证，讲得有声有色，非常吸引人。还有一堂"叫座"的课是罗庸（膺中）先生讲杜诗。罗先生上课，不带片纸。不但杜诗能背写在黑板上，连仇注都背出来。唐兰（立庵）先生讲课是另一种风格。他是教古文字学的，有一年忽然开了一门"词选"，不知道是没有人教，还是他自己感兴趣。他讲"词选"主要讲《花间集》（他自己一度也填词，极艳）。他讲词的方法是：不讲。有时只是用无锡腔调念（实是吟唱）一遍："'双鬓隔香红，玉钗头上风'——好！真好！"这首词就 pass 了。

　　——汪曾祺《西南联大中文系》（汪曾祺著《汪曾祺谈师友》，山东画报出版社，2007.08）

　　我怀念着朱先生，想着他开的这两门课，当时的情景如在目前，特别是朱先生能朗诵诗和文，朗诵时的音节、情韵都是随着不同的作品内容而有所不同的，朗诵时他的声音并不大，但却满室洋溢着诗人的情韵。他在朗诵《项羽本纪》时，不疾不徐，犹如侃侃而谈，但到激烈紧张处，则节奏随之变换，使你的情绪也随之起伏，尤其是他在朗诵杜诗时，更显得动听，至今我还十分清楚地记得他朗诵前后《出塞》《三吏》，《三别》《同谷七歌》等诗的情景，有时如叙述，有时如哀叹，有时如呼号，有时也有点象啜泣。他朗诵《哀江头》《哀王孙》的时候，则又是一种声调和节奏，与朗诵前后《出塞》迥然不同。特别是他朗诵七律《秋兴》八首和《诸将》五首等，真是感慨苍凉，一唱三叹，令人为之低徊不已。还有他朗诵五律《别房太尉墓》也是令人难忘的，尽管他的嗓音不高，然而却满室可以听到，使大家感受更深的是一种诗人的情韵，是一种俯仰古今的感慨，是一种人生的咏叹！可惜现在已经再也听不到朱先生的声音了。

　　——冯其庸《怀念朱东润老师》[冯其庸著《冯其庸文集（第5卷）》，青岛出版社，2012.01]

名家课堂自述

一个活的林间学校产生了

陈鹤琴

期望很殷的一个小娃娃——南昌实小新池分校——今天（一九四〇年五月十五日）居然在泰和新池村产生了。这是多么可喜的一桩事。

七点钟就有一个母亲左手提了一只小凳，右手携了一个不满六岁的白白胖胖的小孩儿，高高兴兴地走到学校里来了。我一看见他们跨进门槛，就笑嘻嘻地迎上前去对他们说："这个小朋友是来上学的吗？"

她说："是的。"

我说："你来得很早！请到里面坐一下，等一刻，有许多小朋友也会来的。"她就带了小朋友进来坐在礼堂里等着。

不多一刻，小朋友三三两两陆续来了，有自己走来的，有姐姐送来的，有母亲陪来的，也有父亲带来的。到了八点钟，小朋友共来了三十余个，个个都是带小椅子或小凳子来的。

八点半钟，我们就举行开学式了。幼稚生坐在前排，低年级生坐在中间，中年级生坐在后排。幼稚园彭老师、低年级曹老师和两位母亲抱着娃娃站在后面。中年级王老师司仪，我做主席。济济一堂，举行开学典礼了。

小朋友除了本村的小孩子外都是教育厅同事的子弟，他们原来都在泰和实小读书的。所以普通歌儿都会唱的。大家唱了国歌，行了敬礼，我就报告。

我的报告与普通开学时的报告有些不同。我说："诸位小朋友，今天你们到这里来，不是来读死书的，我们来创造一个新世界。这所学校不象一个普通的学校，除了墙上的几张照相之外，我们就没有什么东西。在这里墙壁上挂着的锄头铲子，倒是我们创造世界的好工具。你们的课桌椅子还没有做好。两面墙上，一无所有，一个普通学校的环境断不致如此简单的。"

"诸位小朋友，你们不要灰心。学校的设备虽然如此简陋，我们的创造机会倒正多呢！这个道理，你们不容易明白，让我用一个故事来说明。"

"你们都听过鲁滨逊开辟荒岛的故事吗？"这个最著名最有趣的冒险故事，外国小朋友都知道的，哪晓得我们三十余个小朋友中除了两个之外都没有听见的。

我说："我来讲一点给你们听吧！"

"从前在英国有一个冒险家，名字叫做鲁滨逊。有一天他和十一位同伴乘了一只海船飘洋过海去探险。不料到了半路，狂风大作，把这只海船吹到了海滩上。船冲破了，人淹死了。鲁滨逊很会游泳，就游到沙滩上面，躺着睡熟了。

"第二天鲁滨逊醒来，惊奇万分。没有同伴，没有海船，没有房屋住，没有东西吃，四面一望，一个荒岛而已。

"鲁滨逊就在这个荒岛上建立起一个世界来。他游到破船上，带了一只猎狗，搬来了一枝猎枪、一把斧头、一箱火药、一袋麦子、几箱食物；他把树林里的大树砍下来建筑房子，把岛上的山羊捉了来充饥，把山羊的皮剥下来做衣服，把麦子种在地里，把猛兽毒蛇打死；不到几年，一个荒岛竟变成一个快乐世界了。

"小朋友，这个故事不是有很大的教训吗？你们要做鲁滨逊吗？我们大家都来学他。他会用双手，他会用头脑，他会用眼睛，他会用耳朵，双手会动，头脑会想，眼睛会看，耳朵会听，才可以战胜我们的敌人，保卫我们的国家，创造我们的世界。诸位小朋友，我们现在都来做个鲁滨逊，在文江建筑起一个灿烂的世界来。"

我讲了之后，就介绍三位老师说："小朋友，你们看见老师要向老师行一个礼，喊一声：老师好！若是早晨第一次看见老师就喊：老师早！"

说了，我就指着王老师说："小朋友，这位是王老师。"小朋友就行了一个礼，喊了一声"王老师好！"王老师也行了一个礼，喊声"小朋友好！"彭老师曹老师也照样介绍了一下。

介绍之后，唱校歌散会，那时已九点半钟了。我们就分班上课。

教室是临时布置的。幼稚生到客厅里去上课，低年级生在严祠正厅，中年级生在严祠前厅。这三处临时教室是我们的临时工作场所。我们决定了一个原则：若是天气好，我们总是要在户外工作的，不是在后面的树林里，就是在前面的草地上。

今天中年级生的第一课是"披荆斩棘"，十二个男女小朋友，好象十二个鲁滨逊背了锄头铲子冲进树林，就大显身手，你铲我锄，我掘你砍，一刹那间，一条小路开辟成了。我们再往前进，走了几十步就有一块平地，但是荆棘野草，不堪下足。我们在那里又显出身手来，什么荆棘，什么野草，我们都毫不留情地把它们斩个干干净净。

唱歌可以助兴的，我就提议说："小朋友，我们来唱歌吧！你们会唱锄头舞歌吗？会唱的举起手来！"一个也没有响应的。我就叫州儿领唱。州儿听我一怂恿就开口唱了。她唱了一句，我们大家和一句，一唱一和，唱得非常高兴。唱完了锄头舞歌，我们又唱了义勇军进行曲。

这种开辟世界的工作，确是很难看到的。我就给小朋友摄了一张相以作永久的纪念。相照了之后，又开荒地辟草坪。到了十一点钟，我们唱了一个歌放学回家了。

下午二时半，我们又上课了。正要上课，紧急警报来了，小朋友赶快回家。

三点钟一到，警报解除了。我们就在林间新辟的草场上上课。小朋友各自带了一条凳子，王老师力气很大，居然背了一块大黑板，个个好象都能"自食其力"呢！"双手万能"今天实现了，活的教育今天开始了。

此间的树林是参天的松柏，四位老师带了三十来个天真男女儿童，在这个大自然中上起课来了。

彭老师先领导全体师生唱义勇军进行曲。大家快快乐乐的唱了一遍。我建议说："小朋友应当自己会领唱。谁会指挥的就上前来。"说了两遍，响应的又是一个也没有。我就请彭老师再任指挥，我们大家一齐跟着做。这样一来，指挥果然个个学会了，唱歌也就格外有兴趣了。我们又大唱"锄头舞歌"、"大刀进行曲"两首歌儿。

我们唱歌的兴致似乎很高。若是不去学习旁的功课，我们倒可以在此唱到放学呢！

唱了半点钟，低中年级学生分班上课了。曹老师今晨做一个"动物乘火车"的游戏。每个小朋友都做了一个小动物，小动物的名字都由自己写在一个小纸条上的。曹老师另外又写了一套，可惜字儿写得太小，幸而小朋友不多，字儿小些也能看得出来。

我就拿这些字片做为闪烁片给儿童练习。不久字片上所写的字儿，小朋友都已认识了。

中年级小朋友大家坐在自己备的小凳上。用一块八寸阔十寸长三分厚的樟木板放在大腿上当着桌子写文章。写什么文章呢？就是今天早晨所听到的鲁滨逊开荒故事和所做的"披荆斩棘"工作。

各人写了之后，王老师就选出一篇抄在黑板上请全体小朋友共同订正。下面就是他们所改正的一段：

"今天我到学校里（来），看见有许多的同学和老师在（学校）〈那里〉。到了八点钟的时候，我们（还开）〈举行〉了一个开学（会）〈礼〉，王老师司仪，陈老师做主席，我们大家唱（了一只）国歌，（后来）陈老师就讲（了）鲁滨逊的故事。开学礼完毕（后来）就分班，（分完了班）我们排队到野外去锄草，（我们）正在除草的时候，陈老师（想起了要）（根）〈给〉我们照了一个像。"①

小朋友都可以发言，这段文章虽短，但是费了半点钟工夫才改正呢！改正的时候，大家注意力很集中，凡有不妥的地方，都可以提出来改正。

---

① 括弧内的原文是应改掉的，〈 〉内的字是应加添的。

有的主张这样改，有的主张那样改。在那个当儿，老师就实行指导了。什么地方是错的，错的原因在哪里；什么地方应该改的，为什么要这样改的；种种理由都说得明明白白。这样一来，文字的运用，小朋友就能了解了。

课后李秀珍小朋友对我说："这里读一学期，等于读两学期呢！"州儿说："从前我们在学校里做了文章就交给老师，老师改好了，到下次再作文的时候交给我们。一本作文簿总是这样交来交去，里面到底为什么要这样改的，那完全是莫名其妙。现在我们在此地实用的共同订正法，确是学习文字的一种好方法。"

这是小朋友在林间上的第一课国语，也是小朋友在大自然中上的第一课活教育，一个可爱的活的林间学校呱呱坠地了。

（原载《小学教师》1941 年第二卷第六期）

——选自北京市教育科学研究所编《陈鹤琴教育文集》（下卷），北京出版社，1985.12。

在言子庙
叶圣陶

一号　晴。到校至早。第一时算术，出题练习，向隅者止四五人，似稍有进步矣。为教师者已觉大增兴趣。则学生与教师之精神固互相提携互相竞进者也，其一方面失精神，双方斯俱失之矣。第二时为梦冈代上一课。

五号　阴。到校弥早。第一课练习算术，出题较难，误者已大半。盖儿童之智力有限，举一反三之能力尚未之具，诚不足深责，然已足令为教师者减其趣矣。

七号　阴而间有雨，盖梅子黄时矣。晨到校亦至早。近来诸生于既入课堂而余未入之时，多嚣乱不堪。夫见教师而安分者，决非好学生，其安分盖恐教师之见责也，贵在教师并不在侧而能谨守规则，举止安详。余无状，不能使诸生有自治能力，思之只益汗颜耳。

第三时代梦冈上四年级课堂。课堂次序杂乱已极。余初意训斥之，继以非久相习而止。此班学生且忘来校所为何事，余实深为之悲焉。下午课毕后即归家，值此困人天气，至长之光阴，唯有以横卧读书报了之。

十号　晴。到校亦不晚。第二课修身，讲独立性质，为述鲁滨孙绝岛漂流事，诸生聆之笑口咸开。闻所无闻，趣味弥永，固普通之心理，而于儿童尤为加甚，借此便利，语以古人懿行，为益多矣。

十一号　晴。晨到校亦尚嫌早。天气陡热，头部腾胀，上课讲解殊为苦恼。顾暑假期尚隔多日也。下午末课令诸生温读旧课，其声和谐如鸣鸾凤，聊足以驱睡魔。学既散即归家，阅报之外，更无所事事。

十二号　晴。到校正及上课。第一时算术，出题练习。题较难，对者又仅其大半，盖馀诸人本未甚明了，逢题较难，固应缩手。盖以余之不良于教授，无术以使之上侪于其他，误彼青年，余罪重矣。愿祝若辈慧心陡长，豁然大悟，问出余口，题出余手，皆能答能作。苟有此日，余心乃若脱重罪矣。

十三号　阴。晨到校亦正好。第一时讲修身，并未预备，敷衍称述，毫无精意，自任此席以来，此为最不堪矣，笔之以志我过。

馀上诸课，都索无生气，且诸生于规则上时有所犯，致秩序纷乱。以余性躁，戒之不悛，乃成忿怒，强抑其怒，是为大苦，以此任受此职，常如坐针毡，时思引去也。欲去又不得去，奈何！下午课毕径归。

入夜风雨大作，窗纸尽湿。农人望水眼欲穿矣，此雨甘霖也。特自苦恼人观之，已仿佛秋风秋雨，为添愁材料耳。

十八号　晴。晨到校正好。终日上课，仿佛任审判官，每一小时中，诸生之控告必七八起，非彼骂我，即此打彼，无术以使之止讼。亦余之感化力弱之故，亦余之一罪状也。

课既毕，如释重负。明日为旧俗午节，放假一日，则又喜不可支矣。急至桂芳瀹茗坐憩，老同学数人亦在，间或作枉谈，于意至适。

二十号　晴。晨到校颇早。第一课修身，讲戒迷信，自以为颇能道破迷信之无谓，乃诸生犹至多疑问，习惯之于人深矣。此害不除，社会魔障也，然除之复至难，奈何。

下午课毕，即自归家，燠热殊甚，乃即洗浴，浴罢披衣，竟体凉生。侍大人晚饮，尽一斤。久未多饮，今宵差畅耳。

廿一号　晴。晨到校至早。综计今日上课，课堂秩序较馀日为镇静，是以胸次亦略觉畅适。

——选自《叶圣陶集（第19卷）》，叶至善，叶至美，叶至诚编，江苏教育出版社，2004.12，有删节。

后宅初阶小学
钱　穆

三

余上堂，好用两种测验。在黑板上写一段文字，令诸生凝视三数遍，撤去黑板，令诸生默写。又口诵一段文字，诸生默听三数遍，令其默写。如是数次，觉杨锡麟于默听后所记常无误，意其听觉必较佳。一日，傍晚散学，余独留锡麟。余弹琴，令锡麟随而唱。音节声调果皆祥和，温雅有致。余再弹，令其再唱。余忽停弹，琴声息，而锡麟出不意，歌声仍续，意态静定，有佳趣，余大加赞赏。问，明日唱歌班上汝能一人起立独唱否，锡麟点首。又问，琴声息，汝能仍续唱如今晚否，锡麟又点首。明日，上唱歌班，余问何人愿起立独唱，锡麟举手起立。琴声息，锡麟独唱不息。诸生皆惊，鼓掌声久不息。

自锡麟捕杀青蛙事被告发，诸生虽不再告发锡麟他事，然锡麟与诸生间，终若有隔阂。锡麟一人终被歧视。自此后，诸生再不歧视锡麟，锡麟意态亦渐发舒，视其前若两人。

时学校将开一游艺会，余告英章，好好教锡麟唱一老渔翁歌。英章遂常独留锡麟在校教唱，务期尽善尽美。又特备蓑笠，令锡麟披戴演习。临开会，锡麟一人独扮一老渔翁，登台演唱，琴声歌声，悠扬满堂，众皆默坐神往。老渔翁一剧毕，最得满座之掌声。而杨锡麟乃迥出他人之上。

余近年在台北，常晤后宅镇人老友邹景衡。一日，忽语余杨锡麟毕业后事。相隔垂六十年，当时后宅小学诸生，独杨锡麟一人尚在其同镇人口中得称道，真出余意料外也。

六

是春，乃由沪上余两姑表兄弟介绍一湖南人赵君，忘其名，来教国语。教材由余与赵君洽定。若泰英章亦偕余同上班，国语课遂与体操唱歌课同为每日全校师生之共同必修课。而余之国文课则退居在后，不占重要地位。乃以作文课代之。

余告诸生，出口为言，下笔为文。作文只如说话，口中如何说，笔下即如何写，即为作文。只就口中所欲说者如实写出，遇不识字，可随时发问。一日，下午第一课，命诸生作文。出题为《今天的午饭》。诸生缴卷讫，择一佳者，写黑板上。文云，今天午饭，吃红烧猪肉，味道很好，可惜咸了些。告诸生，说话须有曲折，如此文末一语。

又一日，余选林纾《技击余谈》中一故事，由余口述，命诸生记下。今此故事已忘，姑以意说之。有五兄弟，大哥披挂上阵，二哥又披挂上阵，三哥亦披挂上阵，四哥还披挂上阵，五弟随之仍然披挂上阵。诸生皆如所言记下。余告诸生，作文固如同说话，但有时说话可如此，作文却宜求简洁。因在黑板上写林纾原文，虽系文言，诸生一见，皆明其义。余曰：如此写，只一语可尽，你们却写了五句，便太啰嗦了。

又一日，命诸生各带石板石笔铅笔及毛边稿纸出校门，至郊外一古墓；苍松近百棵。命诸生各自择坐一树下，静观四围形势景色，各自写下。再围坐，命诸生各有陈述。何处有人忽略了，何处有人遗忘了，何处有人轻重倒置，何处有人先后失次，即据实景互作讨论。

余又告诸生，今有一景，诸生多未注意。诸生闻头上风声否。因命诸生试各静听，与平日所闻风声有何不同。诸生遂各静听有顷。余又告诸生，此风因穿松针而过，松针细，又多隙，风过其间，其声飒然，与他处不同，此谓松风。试再下笔，能写其仿佛否。诸生各用苦思写出，又经讨论，余为定其高下得失。经半日，夕阳已下，乃扬长而归。如是，诸生乃以作文课为一大乐事。竞问，今日是否又要作文。

一日，遇雨。余告诸生，今日当作文。但天雨，未能出门。令诸生排坐楼上廊下看雨。问，今日是何种雨。诸生竞答，黄梅雨。问，黄梅雨与其他雨有何不同。诸生各以所知对。令互相讨论，又为评其是非得失。遂命下笔，再互作观摩。如是又半日。

余又令诸生各述故事。或得之传闻，或经由目睹。或闻自家庭，或传自街坊，或有关附近名胜古迹，桥梁寺庙。择其最动人者，或赴其处踏看，或径下笔。每作一文，必经讨论观摩，各出心裁，必令语语从心中吐出，而又如在目前。诸生皆踊跃，认为作文乃日常人生中一乐事。

如是半年，四年级生毕业，最短者能作白话文两百字以上，最多者能达七八百字，皆能文从字顺，条理明畅。然不从国文课本来，乃从国语课及作文课来。而作文课亦令生活化，令诸生皆不啻如自其口出。此为余半年中所得一大语文教学经验。

——选自钱穆著《八十忆双亲·师友杂忆》，生活·读书·新知三联出版社，2005.03，有删节。

教师日记

丰子恺

中华民国二十七年十月二十四日起 [①]

十月二十四日　（星期一）

九时十分，我第一次上课，高师班的美术。点名后首先问："刚才我在纪念周讲话，你们都能懂么？倘有听不懂的，请举手。"没有人举手。我很高兴，就对他们讲美术的范围和学习法。其言大体如下：

"美术，包含哪几种东西？自来界限模糊。中国古书中，曾把音乐也归入美术范围内。则美术仿佛就是艺术。但我主张，美术的范围应限于视觉艺术，即所谓造型美术。艺术旧有八种，即文学、音乐、演剧、舞蹈、绘画、雕刻、建筑和工艺。近添照相、电影二种。我主张在中国应再添书法、金石二种，则共得十二种。这一打艺术中，只除了文学和音乐与眼睛无关外，其余的十种均用眼睛鉴赏。不过其中演剧、舞蹈、电影三种用眼睛之外又兼用耳，称为综合艺术。其余的七种，即画、雕、建、工、照、书、金，则全用眼睛，为纯粹的视觉艺术，即造型美术。

我所规定的美术，就是这七种。七种之中，绘画实为其中心。美术专门学校中学雕刻、建筑工艺的人，必须先从绘画练习入手。学金石、书法、照相的人，倘能从绘画练习入手，必易于学成。故绘画可说是美术的基本。

因此你们的美术科，就以绘画学习为主体。此外附带学习其他各种美术的创作鉴赏的常识。大略每星期二小时中，一小时学画，一小时讲述常识。今天上课开始，我们就这样奠定修习的方案。

---

① 1938 年 10 月至 1939 年 6 月，丰子恺辗转到桂林师范学校，兼任高师班、简师班两个班级的美术课和国文课。其间，丰子恺写日记 161 篇，这里选择与课堂教学有关的部分日记。——编者注。

关于学习绘画，我今天先指示你们一个方针：绘画必从写生入手。人物是写生的最好材料。这校舍正在建筑中，各种工人来来往往，有各种服装，各种姿势。这都是我们的写生范本。希望你们于课余之暇，用小册速写各种人物的姿势，当比教室中的上课得益更多。但速写时须注意一事：将两眼稍稍闭合，看取人物的大体姿势，而删去其细部。切勿注目于细目而不顾大体。今我在黑板上姑作数例。举一反三，则在你们自己。"

十时的简师图画课。仅讲图画学习法，即上文的下半，但讲得特别疏略。因为这班里的人听不懂我的语言，举手者竟过半数。我的话风大受阻碍了。

十月二十九日（星期六）

课二小时，皆简师国文。教育厅规定用中华版师范国文读本第一册。其第二篇选的是我的随笔——《苦学经验》。这班学生有半数听不懂我的话，所以今天先选我自己的文章，朗读一遍，使他们听我的口音。朗读以前，先借粉笔之助，向他们说：

"我教你们国文，第一步先须使你们能听懂我的话。我所说的，是浙江口音的普通话，难怪你们不懂。但我即使能说纯粹的普通话，也不中用。因为你们是从广西各县来的人，而各持一说。

现在我先朗读我自己的文章，请你们仔细地听，记牢了我的口音，以后能听讲。本来，我也应该学桂林话。一则我学会了桂林话你们也不会全懂，二则我们有年纪的人舌根较硬，不便改换方言，不如请你们年青的人听我的方言，较为合理。况且，这于你们有很大的益处：这会来教你们课的先生，有中国各省的人，各省的方言你们都得听到。言语对于文化有很大的关系。你们听惯了中国各省的言语，胸襟和气魄也会广大起来，不限于广西一省，而扩张于中华全国。这种训练，在你们广西人是很受用的。"

十月三十一日（星期一）

五时起身赴桂益行乘车，返乡已八时半。即赴校上课。

今日二课，为高师美术与简师图画。今各作一能作的画交来，使我知道他们的美术修养的程度，以便规定我的教法。且此种画卷又可搜集起来，归我保存。将来他们毕业时，我可拿出来比较一下。毕竟进步多少。并可留作初相见时的纪念品。五年十年之后，我们相见，拿出这册子来看看，追怀既往，亦可勉励来者。诸生闻我此话，默默地作画了。不知他们作何感想。广西人的脸孔上，表情不很显明，我无从测知。我在教室中徘徊了两小时。

十一月一日（星期二）

校中时钟改早，与我的表不对，我到校已脱简师国文一课，约下午补授。第二课为师训班图画教材教法。上星期我请假，今天还是初次上这班的课。先请不懂我话的人举手。结果大家不举手，我很高兴。为讲图画教材问题如下：

"图画教材甚广，凡宇宙间森罗万象，无一不是图画教材。把各物的书法一一教给你们，例如今天教画马，明天教画牛，后天教画花，再后天教画鸟……十年也教不完。且所教的限于各物的某一种状态，死板而不能随意应用。中国旧时的学画法，便是犯这毛病：学画者大都备《芥子园画谱》一册，依样描葫芦，知其一而不知其二，举一而不能返三。因此多数的中国画毫无创意，大都是在抄东袭西从各种画谱中所摹得的景物堆砌起来，成为一幅。因此画中景物拘泥于古代。例如人物，必作古装；例如舟车，必作古制。二十世纪的画家，对目前景物如同不见，而专写古代状况。这是何等不合理的事！他们的工作，实在不是作画，只能称是'凑画'。你们学图画，切勿犯这毛病！要你们不犯这毛病，我不把各物的画法教你们，而教你们一个'一通百通'的方法。这方法包括一切图画教材了。

所谓"一通百通"的方法，便是训练你们的眼睛和手。我们的眼睛原来具有对形状、色彩的辨识力。人的脸貌，形状、色彩千差万别，而普通人都不认错他的亲属朋友和识者。不满一岁的婴孩，也能辨识母亲或乳母的颜貌。这足证人的眼睛，对于形状、色彩原来具有辨别力。不过一般人没有受过图画的训练，对于形状、色彩的不同，只知其然而不知其所以然。我们看到两只不同的脸孔时，辨别了他们的不同还不满足，必须研究其所以不同的地方何在。对于山水、树木、花鸟、器什的形状，亦复如是。堆积这种研究，能辨识各物形状、色彩的不同所在后，你的手便会与你的眼合作，而在纸上描出所见各物的特相。'得心应手'，即是'一通百通'。一通百通，则凡看得见的，都画得出。无论到什么地方，无论教何种学生，都可因地制宜，因人施教，而诸君在学的一年中，请努力训练自己的眼睛，我则从旁加以指导。"

下课后。在校与学生一同吃午饭。这样的饭，我有十多年不吃了。默默地吃，容易吃饱，我吃了一碗半就罢。下午在王、傅二兄的房间中休息闲谈。二时四十分，为简师补国文课。上次讲我的《我的苦学经验》，其主要目的是使他们习听我的口音。至于自白我为学的经验、勉励他们为学，却是副目的。因为我未谙他们的性格，尚不能决定教学的方针。今天我教他们读厨川白村的 Essay。因为我曾阅入学试验的国文卷子，记得以"人生于世"开篇的卷子很多，料想广西青年中犯此毛病者必有其人，故提倡 Essay 以调剂之。鲁迅先生译笔太过谨严，有几处难怪学生看不懂。经我在黑板上改译中国文式的，犹有人看不懂。懂的人亦似乎少有兴味。事后我方知所选程度太深。下次当降低标准。

四时返家，牛棚地已由工人填平，漏尚未修。明日无课，原定赴桂林。自觉疲劳，派软软（我的三女）代去。

十一月七日（星期一）

今天把远近法之理教给诸生。画中的远近法，正好比文中的文法，论理观念清楚的，不学文法也能作文。透视观念清楚的，不学远近法也能作画。故我主张远近法不必一一细说，只要把透视的道理讲清楚，使学生悟得了"把立体看作平面"的观照法，就一通百通。我想在一小时内做完这工作。提纲挈领地说了一小时，学生中有的似乎领会了，但大多数表示茫然。这恐是我的奢望了。十年不做教师，不会对付学生，把学生当作朋友或家里的孩子看，想在短期时间内教会一种技法，分明是难得成功的。

十一月八日（星期二）

昨晚阅简师的国文卷，发现没有一个完全通顺的。标点乱用，文法不通，是全班共犯的毛病。错字之多，尤不应该！这只能说是高小学生的文卷，却不配称为高中学生的文卷。今天上课，我把各卷中不通的文句列举在黑板上，当场改给他们看。并且向他们约法三章：（一）以后作文暂时不许用文言，至文法通顺而止。因为他们中有些人用似通非通的文言来掩饰文法的错误。（二）以后作文，先念一遍给朋友听。他听得懂，才可交卷。他听不懂的，都要改去。（三）标点不准乱用，字不许潦草。潦草者不给改。我初次做国文教师，起初很胆小，怕教不出。现在大失所望，但仍怕教不出。这样的文章要教他通来，我哪里来这股神力？

改了两黑板文句，不胜其头痛。快步回家，来看新生的孩子，藉以调剂心情。两三日来，几小时不见就要想着他。自笑"丈夫亦怜少子"。

十一月十一日（星期五）

今天续讲远近法，并在黑板上画"桂师"两个立体字，以为远近法的实例。讲毕，令学生亦把自己的姓名作立体字，务须注意消点的统一。这练习兼有两种作用，一方面练习远近法，一方面练习图案。桂师图案设备不周全，写生画难教。即有相当设备，一星期两小时也不够用。还不如教他们这种小玩意儿，便当一些。有画才的，自能由此获益。

十一月二十一日（星期一）

前晚学校中发生了不幸的事：高师一个学生病死了。近来学生患病者甚多。而学校没有校医，听病者自生自死。这不幸可说是应得的。

我今天第一课是高师美术。开讲之前，首先提及这件不幸之事，想表示一点抱歉、惋惜、勉励的意思。刚说了"最近我们很不幸，损失了一位同学"一句话，发现座中有人窃笑的，深以为怪！想要当场指斥他，又觉得太察察，结果恐反不好；但以目示意，严厉地讲了一番"生死事大"的话。预备将来再惩戒。第二课简师图画，我照例先讲这番话。座中又有人窃笑。我不复能耐，正想指斥，门口有人报告："敌机来了！"全堂学生鸟兽散。我也跟他们跑到了野外。我走到离校约数十步的树荫下，与一木匠南京人共坐闲谈，即闻东方有轰炸之声，继续三四次。不知何处正在遭殃！？约半小时，轰炸声与机声俱杳，乃返校。上课时间还有十分钟。但教室中空空如也。盖学生正从四野陆续返校，尚未毕至也。但见有一学生先返，正在门口质问事务主任："警报电话线何日装好？"事务主任正在搪塞应付。我想直到敌机来炸毁了校舍，扫杀了学生，警报线还没有装好呢。

十一月二十六日（星期六）

彬然早车赴桂林晤愈之。我不去，因汽车太挤，而我牙病未愈。但告彬然，多带些消息来。

今天简师国文，选读《孟子》。讲义是我自己抄的。因为校中只有老少两书记，而老者在病，少者甚忙。还是自抄，免得索债似的向人要讲义，且有"没得"的危险。简师学生国文程度太坏，作文竟有远不如我家十一岁之元草者。今选《孟子》令学生熟读，试看有无效果。我预定选二章：《见牛》及《许子》。《孟子》中此二章最长，且亦可见孟子的一斑。一年毕业的学生，只能读此二章，无暇窥全豹也。今天讲《见牛》章上半，讲到"善推其所为"，"举斯心加之彼"处，很是感动：现代社会一切乱子，都由人不能"推其所为"，不能"举斯心加之彼"而来。治人者不知从内治本，而从外统制，故乱子愈出愈多，而治终不可。我把此理详为学生讲说。他们默默地听，不知有否感动。

此理可为我的艺术科教授法的佐证。我教艺术科，主张不求直接效果，而注重间接效果。不求学生能作直接有用之画，但求涵养其爱美之心。能用作画一般的心来处理生活，对付人世，则生活美化，人世和平。此为艺术的最大效用。学艺术科也要"举斯心加之彼"，也要"善推其所为"。故虽在非常时期，图画科也不必专重抗战画。今之所为艺术教师，解此旨者，有几人欤？

十二月一日（星期四）

晨间到校，惊悉昨日桂林惨遭轰炸：自上午十时至下午三时，敌机四十架更番来袭，于市区投烧夷弹多枚，省政府全毁，中北路、中南路等处焚屋数百楹，死伤约二百余人。诸熟悉友人所居，闻均未殃及，彬然、星贤正驰出慰问。吾八点钟有讲演。题为《漫画宣传艺术》。吾本有愤懑欲向学生发泄，今已不可复遏，上台即严责一顿：

"昨日下午吾在简师教室，将自作宣传画幅悬壁上，以示壁报漫画组诸生，忽闻哄堂大笑。时吾与王星贤先生同在教室，皆甚惊奇，一时不知笑之来由。事后王先生告我，彼当日换一新衣，以为诸生观彼之新衣而笑也。我则回首细检壁报上画幅，以为恐有一幅倒悬，以致惹起此哄堂大笑也。但找求原因，了不可得。我问学生：'笑什么？'有人答曰'没得头'。原来四幅中，有一幅描写敌机轰炸之惨状者，画一母亲背负一婴儿逃向防空洞，婴儿头已被弹片切去，飞向天空，而母尚未之知，负着无头婴儿向防空洞狂奔。原来引起哄堂大笑者，即此无头之婴儿也。诸生此举远出吾意料之外！此画所写，根据广州事实，乃现在吾同胞间确有之惨状，触目惊心，莫甚于此。诸生不感动则已矣，哪里笑得出？更何来哄堂大笑？我想诸生之心肠必非木石，所以能哄堂大笑者，大约战祸犹未切身，不到眼前，不能想象。报志所报告，我所描写，在诸生还以为是《水浒传》《封神榜》《火烧红莲寺》所说：白光一道，人头落地，光景新鲜，正好欣赏，所以哄堂大笑，而无同情之感。我们的敌人颇能体谅你们这脾气，为要引起广西全民抗战，昨天已到桂林来将此种惨状演给你们看了；昨天，昨天下午，你们那组人正在对着所画的无头婴儿哄堂大笑的时候，七十里外的桂林城中，正在实演这种惨剧，也许比我所画的更惨。四五里宽广的小城市中，挤着十八万住民。向这人烟稠密的城中投下无数炸弹和烧夷弹！城中的惨状请你们去想象！现在你们还能哄堂大笑么？……今天要我来讲漫画宣传技法。但我觉得对你们这种人，画的技法还讲不到，第一先要矫正人的态度。一切宣传，不诚意不能动人。自己对抗战尚无切身之感，如何能使别人感动？……（下略）"下午五时返家，家人至此始知桂林被祸之消息。正在相与叹息，杨子才率工人挑行李一担，自桂林步行来此。言崇德、开明均幸无恙。但恐敌人复来肆虐，故丙潮将不用之物收拾为一担，着子才雇人挑来乡间，以避免牺牲。闻子才言，彼等时避山洞中，遥望城区有大火五六处，以为崇德亦在其内。幸而无恙。子才于灾后巡行城中，未见尸体，大约死伤不多，略慰。

一月十七日（星期二）

近教高师班国文，颇有兴趣。因此班高材生多，比别班能理解我话。最近白居易诗十二首，复选授词二十首，使知中国文学之一斑。后生真可怜，名为高中程度，而读过唐诗者甚少。知道"词"这个名词者亦寥若晨星。十年不教课矣。不知此是广西学生特有之状态，抑全国所有高中学生皆如此？若然，学生程度真是一代不如一代！中国文化遗产若山陵，而中国青年不能承受。可惜可痛，莫甚于此。中国教育当局应加注意。

章桂自义宁返，雇船事失望。当地只有小船二四只，且因农历过年在即，都不肯开。只得另向永福设法。

一月十八日（星期三）

授高师学生徐君宝妻所作《满江红》："汉上繁华，江南人物，尚遗宣政风流。绿窗朱户，十里烂银钩。一旦刀兵齐举，旌旗拥百万貔貅。长驱入歌楼舞榭，风卷落花愁。清平三百载，典章人物，扫地都休。幸此身未北，犹客南州。破鉴徐郎何在？空惆怅相见无由。从今后，断魂千里，夜夜岳阳楼。"讲授时颇感动，此词似为今日中国描写，使人读之有切身之感。学生中亦有动容者。

连日和暖如春，今下午忽发大风。广西天气甚异于吾江南。

二月二十七日（星期一）

明日学期告终，今日高师简师美术为最后一课。吾上课时向学生正式宣布下学期离校之消息，并嘱诸生在此一小时内以关于美术上之问题相问，以为结束。诸生有惜别之情，吾以"天涯若比邻"慰之。所发问题，大都关于画法及教法者。吾一一作答后，复作郑重之声明曰："吾教美术一学期，所授多理论而少实技。此乃吾不胜任于实技之故，非正当教法。吾之所以辞退者即为此。今后继吾者，吾希望其重实技而轻理论，以便调剂。诸生皆当明此理，切勿因后来之先生不授理论而非难之。"因闻今之图画先生大都重实技而不重理论，或不能授理论，故特先为清道，以免阻碍其进行。但私心希望继吾任者，能授理论，至少略懂艺术教育，而不为纯粹之技术家或画匠。

二月二十八日（星期二）

下午高中国文最后一课，特编讲义，题曰《国文解话》，述诗词趣事。吾为此讲，有两种意义：一则高尚之古代诗词趣话，足以引起研究兴味，对于艰苦质朴之广西青年尤有调剂感情之效。二则自 Dauder 作《最后一课》后，最后一课便带不祥之气。今吾国正在积极抗战，最后胜利可操左券。故吾之最后一课必多欢笑，方可解除不祥也。

——选自丰子恺著《教师日记》，北京：教育科学出版社，2008.03。

最后一课
郑振铎

口头上慷慨激昂的人，未见得便是杀身成仁的志士。无数的勇士，前仆后继的倒下去，默默无言。

好几个汉奸，都曾经做过抗日会的主席，首先变节的一个国文教师，却是好使酒骂座，惯出什么"富贵不能淫，威武不能屈"一类题目的东西；说是要在枪林弹雨里上课，绝对的"宁为玉碎，不为瓦全"的一个校长，却是第一个屈膝于敌伪的教育界之蟊贼。

然而默默无言的人们，却坚定的做着最后的打算，抛下了一切，千山万水的，千辛万苦的开始长征，绝不做什么"为国家保存财产、文献"一类的借口的话。

上海国军撤退后，头一批出来做汉奸的都是些无赖之徒，或憨不畏死的东西。其后，却有"我不入地狱谁入地狱"的维持地方的人物出来了。再其后，却有以"救民"为幌子，而喊着"同文同种"的合作者出来。到了珍珠港的袭击以后，自有一批最傻的傻子们相信着日本政策的改变，在做着"东亚人的东亚"的白日梦，吃尽了"独苦"，反以为"同甘"，被人家拖着"共死"，却糊涂到要挣扎着"同生"。其实，这一类的东西也不太多。自命为聪明的人物，是一贯的利用时机，做着升官发财的计划，其或早或迟的蜕变，乃是作恶的勇气够不够，或替自己打算得周到不周到的问题。

默默无言的坚定的人们，所想到的只是如何"抗敌救国"的问题，压根儿不曾梦想到"环境"的如何变更，或敌人对华政策的如何变动、改革。

所以他们也有一贯的计划，在最艰苦的情形之下奋斗着，绝对的不做"苟全"之梦；该牺牲的时机一到，便毫不踌躇的踏上应走的大道，义无反顾。

十二月八号是一块试金石。

这一天的清晨，天色还不曾大亮，我在睡梦里被电话的铃声惊醒。

"听到了炮声和机关枪声没有？"C在电话里说。

"没有听见。发生了什么事？"

"听说日本人占领租界，把英国兵缴了械，黄浦江上的一只英国炮舰被轰沉，一只美国炮舰投降了。"

接连的又来了几个电话，有的是报馆里的朋友打来的。事实渐渐的明白。

英国军舰被轰沉，官兵们凫水上岸，却遇到了岸上的机关枪的扫射，纷纷的死在水里。

日本兵依照着预定的计划，开始从虹口或郊外开进租界。

被认为孤岛的最后一块弹丸地，终于也沦陷于敌手。

我匆匆的跑到了康脑脱路的暨大。

校长和许多重要的负责者们都已经到了，立刻举行了一次会议。简短而悲壮的，立刻议决了：

"看到一个日本兵或一面日本旗经过校门时，立刻停课，将这大学关闭结束。"

太阳光很红亮的晒着，街上依然的熙来攘往，没有一点异样。

我们依旧的摇铃上课。

我授课的地方，在楼下临街的一个课室。站在讲台上，可以望得见街。

学生们不到的人很少。

"今天的事。"我说道,"你们都已经知道了吧。"学生们都点点头。"我们已经议决,一看到一个日本兵或一面日本旗经过校门,立刻便停课,并且立即的将学校关闭结束。"

学生们的脸上都显现着坚毅的神色,坐得挺直的,但没有一句话。

"但是我这一门功课还要照常的讲下去,一分一秒也不停顿,直到看见了一个日本兵或一面日本旗为止。"

我不荒废一秒钟的工夫,开始照常的讲下去。学生们照常的笔记着,默默无声的。

这一课似乎讲得格外的亲切、格外的清朗,语音里自己觉得有点异样,似带着坚毅的决心、最后的沉着;像殉难者的最后的晚餐,像冲锋前的士兵们上了刺刀,"引满待发"。

然而镇定、安详,没有一丝的紧张的神色。该来的事变,一定会来的。一切都已准备好。

谁都明白这"最后一课"的意义。我愿意讲得愈多愈好,学生们愿意笔记得愈多愈好。

讲下去,讲下去,讲下去。恨不得把所有的应该讲授的东西,统统在这一课里讲完了它,学生们也沙沙的不停的在抄记着。心无旁用,笔不停挥。

别的十几个课室里也都是这样的情形。

对于要"辞别"的,要"离开"的东西,觉得格外的恋恋。黑板显得格外的光亮,粉笔是分外的白而柔软适用,小小的课桌觉得十分的可爱,学生们靠在课椅的扶手上,抚摩着,也觉得十分的难分难舍。那晨夕与共的椅子,曾经在扶手上面用钢笔、铅笔,或铅笔刀,有意识或无意识的涂写着,刻划着许多字或句的,如何舍得一旦离别了呢!

街上依然的平滑光鲜,小贩们不时的走过,太阳光很有精神的晒着。

我的表在衣袋里嘀嘀的嗒嗒的走着,那声音仿佛听得见。

没有伤感,没有悲哀,只有坚定的决心,沉毅异常的在等待着——等待着最后一刻的到来。

远远的有沉重的车轮辗地的声音可听到。

几分钟后，有几辆满载着日本兵的军用车，经过校门口，向东向西，徐徐的走过，当头一面旭日旗——血红的一个圆圈，在迎风飘荡着。

时间是上午十时三十分。

我一眼看见了这些车子走过去，立刻挺直了身体，做着立正的姿势，沉毅的合上了书本，以坚决的口气宣布道：

"现在下课！"

学生们一致的立了起来，默默的不说一句话，有几个女生似在低低的啜泣着。

没有一个学生有什么要问的，没有迟疑，没有踌躇，没有彷徨，没有顾虑。个个人都已决定了应该怎么办，应该向那一个方面走去。

赤热的心，像钢铁铸成似的坚固，像走着鹅步的仪仗队似的一致。

从来没有那么无纷纭的一致的坚决过，从校长到工役。

这样的，光荣的国立暨南大学在上海暂时结束了它的生命。默默的在忙着迁校的工作。

那些喧哗的慷慨激昂的东西们，却在忙碌的打算着怎样维持他们的学校，借口于学生们的学业、校产的保全与教职员们的生活问题。

——选自郑振铎著《郑振铎散文》，太白文艺出版社，2013.02。

教学相长
王朝闻

《中国教育报》编辑同志要我写点有关教育的短文，这一要求促使我回顾了自己当教员的生涯。这其间有烦恼也有愉快，我在这里只谈一点教与学的关系，即所谓教学相长。

从 1927 年开始到 1952 年，大部分时间是当小学、中学、专科学校的美术教师。如果把给研究生当导师也算在内，可以说我从 1979 年到现在，又恢复了一定意义的教育工作。

1927 至 1937 年，我主要在半读半工的情况下从事教育工作。1928 年在成都上私立艺术学校的第二年，先在锦江公学小学部、接着同时在中学部当图画教员。薪金虽然微少，对于生活困窘的我大有帮助。小学生对美术较有兴趣，好教；中学生难教，主要因为大多数学生轻视美术和音乐课。

记得中学部第一堂美术课，学生给我出了个难题：王先生，听说贵校画模特儿，请你画个模特儿给我们看看。在他们看来，模特儿是裸体。"贵校"一词，表示对我的轻蔑。我解释说，模特儿是写生画的描写对象，要画就得请一位自动到讲台上来给我当模特儿。这一来，大家都沉默了，谁也不愿出来，——不愿当众出洋相。我说，你们既然不自动出来，由我指定一位行不行？大家齐声喊道："赞成！"这种回答并不意味着对我建议的尊重，还是带着一种轻蔑的意味——你自己也不过是学生，配给我们当先生吗？我指定一位脸型特征比较明显的学生到讲台上来坐着当描写对象，很快给他画了张速写。给大家看时，有的说真像。经过这次遭遇战之后，故意和我为难的事不再发生，但对这门功课较之对数、理、化等功课来，仍然没有认真学习的态度。我自己，也没有进行美育的雄心壮志，教中学生远不及教小学生热心。

1935 年在杭州艺专复学之后，每周有三个半天去高士坊小学教初小班和高小班的图画课。困难不少（要骑别人的旧自行车来回十来里路，风雨无阻；有一个男孩经常在课室捣乱，很难治），但愉快的感受也有，我领略到教学相长的好处。

我当时的教法是：除了教他们临摹我在黑板上画的东西，给他们看点图片，讲点怎样看画的知识，常有一种称为"自由画"的作业——规定选题范围，让学生自己画自己的生活感受。初小三四年级学生富于想象力，不像高小学生那么偏重解剖、透视，而是力求表现他们印象最深的东西。

记得最使我感兴趣的两幅，都是女孩子画的。一幅是在两堵高墙之间，两只猫面对面地站着；一幅是一个女孩把毽子踢得很高而仰头看毽子。她们的笔墨虽还稚拙，但那意境却很动人。这对我看画着重意境的审美趣味来说，也是很有影响的。如果我再当图画教员，主要精力更将用在启发孩子们用他们自己的感受、体验和判断，养成他们审美的自觉性和独立性，从生活和艺术中发现美以及丑。

他们那创造性的审美感受，反转来成为一种对我的审美感受的启发。

1983 年 3 月

——选自王朝闻著《从心上来：王朝闻自选集》，山东教育出版社，1998.10。

后 记

　　在我已出版的几部有关民国教育的书籍中，这一部《过去的课堂》所花费的时间是最长的。理由是直接展现民国课堂的文字太少了，而且大多星散在名家的日记、回忆录中。但即便是零碎的文字，汇集起来，也足以勾勒出一幅"民国课堂的地图"，引着我们去追寻民国教育的真谛。

　　书中若干篇文章（《感念三位启蒙恩师》《忘不了的一课》《长忆吾师》《激情孟夫子》《绵绵师魂谁继？》等），曾基于某些考虑而没有收入，可最终不忍割舍，还是选编进来。在此希望得到作者及其家属们的理解与支持。

　　感谢著名学者傅国涌先生，他一直给我无声的精神力量，他主编的《过去的中学》《过去的小学》给了我不少的灵感和帮助。

　　感谢华东师范大学出版社的编辑朱永通先生、齐凤楠女士。尤其齐编辑，是我在该社出版的几本书的文字编辑，她始终以严谨而负责的专业精神对待书稿。为了拙作有更好的质量，她提出了许多宝贵的意见，在此深表谢意。

王木春

2016 年 4 月 10 日　于东山岛

作为教师，您应该"追寻远逝的教育好时光"

收到王木春老师撰写的序——《追寻远逝的教育好时光》之时，真的有一种惊喜。

之前曾和王老师聊过普鲁斯特的《追忆似水年华》一书。我说周克希先生重新翻译了那本书，译为《追寻逝去的时光》。后来我又在周克希先生的随笔《译边草》一书中看到了译为此名的原因，即"追寻逝去的时光"表达了原著作者追忆的时光不都是好的，而"追忆似水年华"一名，用字虽美却终究错解了原著作者的意思。周克希先生将自己对翻译的情怀，对原著作者的理解融入了书名。看到王木春老师的这篇序，我突然觉得与周克希先生一样，王老师也将自己对过去的课堂、对民国名家的情怀融入了自己的这篇序和这本书中。

跟王老师认识不到两年，编辑跟作者间的那些纠结，我也经历了不少。虽然在编辑王老师的书稿《民国名家谈作文之道》时，因"民国"一词的定义与王老师有过"纠结"，我还是将我与王老师的相识以及我这两年编辑王老师的书的经历定义为"追忆似水年华"。

自2014年9月至今，我先后编校了王老师的三本书——《民国名家谈作文之道》《为幸福的人生——民国名家对话中小学生》《过去的课堂——民国名家的教育回忆》，虽然这三本书中的文章都是从不同的选本中编选出来的，但我想用《明朝那些事儿》中的一段话来表达我对此事的看法：

　　我们这个古老国度有着漫长的历史，长得似乎看不到尽头，但我却始终保持着对这些故纸堆的热情。

　　因为我始终相信，在那些充斥着流血、屠杀、成王败寇、尔虞我诈的文字后面，人性的光辉与伟大将永远存在。

　　我想王老师在翻检故纸堆的过程中，大概也是看到了"谈"、"对话"和"课堂"背后民国教育的千姿百态以及民国教育家们对教育的热爱，对学生的启发和关心，对教学方法方式的探求。所以在《为幸福的人生——民国名家对话中小学生》的序中，王老师这样说：

　　这几年，读过不少民国大家的自传，我益发感到，成功的教育固然离不开教育者点点滴滴的细节积累，但教育的细节，绝不是"兵书"类的管理技巧而已。……有心的教师，会从自己的阅历中反思和沉淀，从前辈的经验中寻找与汲取，以丰富个人的智慧宝库，提升职业的境界，并在授给学生知识的同时，和学生一道，去追寻真正幸福的人生。

　　王老师本身学养深厚，又酷爱读书，对教育及教学有自己独到的看法，所以我相信在这三本书背后同有的是王老师对民国教育家的尊重，对师道尊严的维护，以及对学生的关心和理解。这种情怀被延续到了这本书中，只不过王老师给这种情怀的释放选择了一个支点——课堂，恰如他在序中所说，"沿着前辈们受教育的经历，在民国时代种种独特而迷人的课堂景象中流连忘返"。

　　带着这种情怀，王老师将民国时代课堂中的"自由与包容"、"个性与才学"、"创意与实验"展现在读者面前。比如琦君写的《一袭青衫》，将一个平民教师的辛苦、负责、坚守写得淋漓尽致，读来让人心中酸楚而不禁热泪盈眶；程千帆先生的《最后一堂课和最后一首诗》，通过一首诗和一堂课，在无限的哀思中追忆黄侃先生的才学和个性；公木先生的《"三曹"老师》则写出了三位曹老师在办教育上的气节、在教育学生上的选择。

此书主要分三部分——小学课堂、中学课堂、大学课堂，除此之外，王老师还尽可能地将一些关于民国名家课堂教学的片段放入了附录部分。不一样的课堂，却共同展示了民国名家的课堂学习之态，从中，你可以看到有意味的课堂是什么样子的，也可以看到有趣的教师是什么样子的，更可以读出民国名家对那些课堂学习的回味。是的，过去的课堂是充满画面感的。

白头如新，倾盖如故，虽素未谋面，王木春老师依然信任地嘱我作文，实惶恐而惭愧。作为此书的文字编辑，在图书的编校过程中常感收获良多。抱持一种理解与同情的态度，很多时候，会因为某一句话，某一个观点，或者某一种教学法而幻想着进入了那样的课堂。

去年的 11 月份我编校了朱永通老师的《教育的细节》一书，朱老师用犀利的眼光和流畅的文笔，将教育中的细节跃然纸上，从中我们看到了细节背后隐藏的教育乱象。如果说那本书是对当今教育细节的归纳和反思，那么我认为，此书作者在时光中翻检故纸堆，并编纂成书，使得此书具有了寻径解惑之功能。作者试图从民国教育的时光中寻找一把钥匙，以期开启当今课堂的困兽之门，去追求自由与包容、个性与才学、创意与实验。

所以，作为教师，我想您应该"追寻远逝的教育好时光"。

齐凤楠

2016 年 4 月 13 日